LILIANA'S INVINCIBLE SUMMER

莉莉安娜的夏天

A SISTER'S SEARCH FOR JUSTICE

×

克莉絲蒂娜・里維拉・加爾薩——著

賴懷宇——譯

Cristina Rivera Garza

WINNER OF THE 2024 PULITZER PRIZE

在最深寂的寒冬裡，我終於發現，
我的內心藏著一個無法摧毀的夏天。

——卡繆（Albert Camus）

目次

I

阿斯卡波察爾科
Azcapotzalco

「時間治癒一切，除了傷口。」

|

克里斯・馬克（Chris Marker），《日月無光》（*Sans Soleil*）

在這裡，這樹枝下，你可以訴說愛

那棵樹上滿滿的是看不見的鳥。起初，我以為那肯定是榆樹，因為它孤挺的樹幹撐著蔓延的枝條，與我童年記憶中的一樣。但幾天後，我很快地意識到那其實是白楊樹，是個外來樹種，在很久以前來到墨西哥城內原生植被貧乏的此區。我們在樹下的黃色路緣席地而坐。太陽緩緩西斜，在繁忙街道的另一側那高聳的金屬柵欄後，灰色的工廠塔樓向上伸展，而幾乎稱不上水平狀的沉重電纜彎曲綿延，襯托著天空。拖車連同計程車與汽車急速駛過，還有腳踏車。在嘈雜的傍晚噪音中，鳥鳴顯得出其不意。印象中，如果我們走出了樹的陰影範圍，便再也無法聽見鳥鳴。在這裡，這樹枝下，你可以訴說愛。／在這之外是律法，是需求，／力量的痕跡，可怖的保護區。／懲罰的屬地。／在這之外，不。但我們聆聽著牠們，就某種荒謬又或許不合理的角度而言，牠們重複而持續的歌鳴帶來平靜、卻無法抹消猶疑。你覺得她會來嗎？我在索拉伊絲點燃一支菸的同時這麼問她。那位律師嗎？會的，她回答。我永遠不知道怎麼稱呼那個動作，就是雙唇緊閉歪向一邊，擾亂臉上任何對稱假象的那個動作。我相信我們很快就會見到她的，她一邊回應，一邊吐出一縷菸。反正不管怎樣，再等個半小時、甚至一小時也無妨吧。我遲疑地從側面看向她，內心得默默承認我之所以提起律師這件事，是為了逃避要求她陪我一起等待。應該說，**哀求**。我不想乞求，不想求你陪我一起在這裡再多等一下子，因為我並不知道自己做不做得到，索拉伊絲。因為我不知道何種野獸即將從我內心深處釋放出來。而現在，我們已經來到第六小時又二十分鐘，這場自中午開始的旅程，身在看似另一個城市、另一個地質年代、另一個星球。

二十九年，三個月，又兩天

我們相約中午在我留宿的地點會合。那是間由老房子改建而成的新潮飯店。白色柵欄兩側長著九重葛與藤蔓，有著一條老舊的石子路，棕櫚樹，以及玫瑰花叢。在我懷著期盼等待索拉伊絲的同時，我的目光依舊停留在另一側窗外的城市。這座城市，它歡迎所有人，卻也扼殺所有人。奢華與病態共存，不斷積累而令人難以消受——再多的形容詞都不足以描述。當索拉伊絲抵達我在墨西哥城接下來幾個秋日的歸宿時，我並不知道自己做不做得到。

我有兩件事情必須在今天完成，我在我們相擁打招呼時馬上對她這麼說。她髮絲間的肥皂香、熱水澡後肌膚透出的溼氣、她那我熟知多年的嗓音。那我們走吧，她不假思索地回答，也沒詢問更多細節。我警告她，這可能會耗上一整天。也就是在那一刻，她停頓了一下、直視我的雙眼：所以我們要去哪裡？她聲音中的好奇心透露的不是懷疑，而是期待。我沉默了。有時候，你需要點沉默讓文字在舌尖上成形，好讓其縱身一躍、賭那不可想像的一把，這未知的深潛。去下城區附近的墨西哥城總檢察長辦公室，我說。她靜默了一下，全神貫注。我告訴她，約莫兩週前，我在另一趟墨西哥城的旅途中和記者約翰．吉布勒（John Gibler）見了面，他幫助我啟程尋找我妹妹的檔案。她低下頭——那瞬間我就知道，她明白，而且懂了。我接著說，在短暫搜尋過報紙檔案庫後，約翰找到了二十九年前《報刊》（*La Prensa*）刊登的新聞報導。他設法聯絡到記者托馬斯．羅哈斯．馬德里（Tomás Rojas Madrid），當年他以意外保留的語調寫了四篇文章，記載一起二十歲建築系學生的謀殺案，文字中既無情緒、也不聳動，只是簡潔扼要地陳述了在一九九〇年七月十六日驚動阿斯卡波察爾科社區的一樁犯罪事件。我繼續解釋，後來我在知名而擁擠的哈瓦那咖啡（Havana Café）與兩位記者會面，並一起走到墨西哥城總檢察長辦公室的大樓——因為我想要遞出一份陳情書，我告訴她。一個人究竟該如何書寫這樣一封信件？又該從何得知申請這種文件的程序？

二〇一九年十月三日，墨西哥城。

埃內斯蒂娜．戈多伊．拉莫斯，墨西哥城總檢察長

我的名字是克莉絲蒂娜．里維拉．加爾薩。我以**莉莉安娜．里維拉．加爾薩**的家屬身分

來信。她在一九九〇年七月十六日這天在墨西哥城（銀荊花街六百五十八號，位於阿斯卡波查爾科區的帕斯特羅斯社區〔Calle Mimosas 658, Colonia Pasteros, Azcapotzalco Delegation〕）被謀殺。我來信申請當年公共事務部編號40／913／990—07完整的案件檔案副本。

若您需要更多資訊，請透過下方地址聯繫我。

祝好。

我再次澄清，重新取得檔案的機會微乎其微，畢竟過了這麼多年。二十九年——我補充，二十九年三個月又兩天。我再次沉默。有時候事情就是這麼困難，但今天他們該給我一個答案了，我說。

妹妹

我們決定用走的。根據Google地圖導航，這趟旅程的腳程不會超過四十四分鐘。而天氣非常好，所以我們跋涉向前，一步接著一步，隻字片語，以及更多。若不是我們正在找尋一個遭謀殺年輕女子的案件檔案，此行可能會被誤以為是個在觀光城市的隨性郊遊。阿姆斯特丹大道（Avenida Ámsterdam）是位於拉康德薩（La Condesa）的有名街道。拉康德薩是個於一九〇五年建立的波菲里奧（Porfirian）社區[1]，依然以老舊的裝飾藝術與新藝術風格別墅聞名，這些建築現在被夾在有著閃亮窗戶與屋頂花園的公寓大樓之間。而今早我們沿路行走的大道曾經是賽馬彼此較勁的橢圓賽道，所以這個社區也被稱為賽馬場（Hippodrome）。孤注一擲。馬兒並不難想像：馬蹄踢著競技場的鬆土、奔騰時的噠噠聲響、汗溼而發亮的皮膚、飛揚的鬃毛、玫瑰色的牙齦。這些馬一匹緊接著一匹，拚了命地奔跑著，而我們何嘗不是如此？過往的氣息揮之不去，清脆而銳利，滿是喧囂，充斥著我們的鼻息，同時頭頂上的遮雨棚使陽光無法穿透。然而，阿姆斯特丹大道依舊是個必訪景點。這條細長的磚頭路是個閉鎖迴路，一首否定了延續性或有限感的十九行詩。到頭來，你不過是在一個橢圓形內無止盡地兜圈子，永遠是匹與過去競跑的賽馬。

英文、法文或葡萄牙文的含糊回音經過我們，悄悄地迴盪於人行道間。然而，在墨西哥公園（Parque México）一座坡上，被野生金盞花濃濃香氣包圍著的攤販說的是西班牙文。紙類回收員也是，一邊拖著金屬推車、一邊吟誦著他的老調：舊報紙、轉賣的二手刊物。而那些建築工人們，把這個社區變成屬於文青與年輕上班族的綠洲天堂，說的則是來自遙遠高地或城市邊緣棚戶區的語言。如果我住在墨西哥，是不可能負擔得起這裡的房子的。但現在我只是個過客，利用一趟墨西哥國立自治大學的研究參訪來追溯編號40／913／990—07的調查檔案，裡頭有著安赫爾・岡薩雷茲・拉莫斯（Ángel González Ramos）的逮捕令——他謀殺了莉莉安娜・里維拉・加爾薩，我的親姊妹。我的妹妹。

我唯一的妹妹。

早已精疲力竭、早已忍無可忍、早已憤怒不止

對空間的美是很容易適應的。在這裡，這座城市吹噓著自己的最佳亮點。配戴皮革拴繩的狗、仔細規劃的圓環與石灰岩噴泉、戶外咖啡座、金光閃閃的白楊樹。我們向前衝刺，呼吸變得急促，文字傾瀉而出。我們有好多故事必須告訴彼此，有好多近況需要更新。字句迴盪在街道上，牽引著我們離開剛洗淨的拉康德薩——我們朝密巧肯大道（Avenida Michoacán）前進，在卡卡瓦米爾帕街（Calle Cacahuamilpa）左轉，接著右轉來到猶加敦大道（Avenida Yucatán）及軸心南二街（Eje 2 Sur）。你聽說那位遭人指控騷擾的教授，被禁止踏足伊比利亞美洲大學的校園嗎？緊接著，我們左轉又右轉來到阿爾瓦羅・奧夫雷貢區

1 譯注：墨西哥於一八七六至一九一一年間由將軍波菲里奧・迪亞斯（Porfirio Díaz, 1830-1915）以武力奪權並實施獨裁統治，此時期的建築大多充滿迪亞斯鍾愛的法式風格。

（Álvaro Obregón）。你讀過瓦哈卡市（Oaxaca）綠色浪潮宣言了嗎？[2]當地書展的主辦單位在裡面因為厭女被批評得體無完膚。一公里後，我們向左來到夸烏特莫克大道（Avenida Cuauhtémoc），進到了醫生區（Doctores）——從維拉斯哥醫生到希梅內斯醫生，然後，在那之後沿著停滿了車子、愈發狹窄的街道，一路到加百列赫南德茲街（Calle General Gabriel Hernández）五十六號。你看過《小丑》（*The Joker*）了嗎？味道強烈的塔可攤販、街角雜貨店、搖搖欲墜的陽臺、流浪狗。那些獨自走在街上的孩子們。天空正中央那是隻鷹嗎？

幾個月前的八月初，一群義憤填膺的女性主義者聚集在總檢察長辦公室，也就是我們現正要進入的同一棟白色建築。一位青少年被執勤巡邏中的當地警察強暴。我們要的是什麼？正義。我們要什麼時候得到正義？現在。世界各地諸如此類的口號大同小異，在同一片天空下的口舌與拳腳之間轟隆作響。人類學家麗塔．瑟加托（Rita Segato）曾提醒我們，在家庭與公共空間裡，以相同凶猛程度針對女性發動的無情戰爭背後，是「男子氣概的規訓」（mandate of masculinity），為女性與男性皆帶來了負面影響，儘管以不同形式與致命風險。「男子氣概的規訓」被定義為男性認知的支配義務，用以獲得視控制女性身體為目的的兄弟情誼歸屬感。它有助於我們理解，儘管針對女性的暴力或許表面上帶有性意涵，但它到頭來關乎的終究是權力。伴隨著對女性身體支配的是一門學問：它鼓吹將殘酷正常化，進而助長了我們理解中、名為父權的掠奪者系統。在這樣的框架下，厭女謀殺（femicide）是一種因對象為女性而犯下的仇恨犯罪。在墨西哥，每一天有十起這樣的犯罪，加害者逍遙法外，留下一連串被有罪不罰的事實刺傷、被憤怒環繞的心碎。隨時間過去，厭女謀殺逐漸變得稀鬆平常，然而這起強暴案激起了全國人民新一波的憤慨。抗議者聚集在總檢察長辦公室的金屬柵欄後，堅定地要求與機關長官對話，但最後出面對話的卻是她的發言人，再三向抗議者保證他們正盡其所能調查此案件，這時其中一名女性——早已精疲力竭、早已忍無可忍、早已憤怒不止，朝他的頭扔了粉紅色亮粉。這個既壯觀又無害的舉止替這個女性主義抗議行動贏得了一個新的名字：亮粉革命（the glitter revolution）。這些草根運動號召愈來愈多女性，更年輕的女性，在一個每天不斷騷擾人、讓人不得安寧也永遠不留喘息空間的城市與國家長大的女性們。總是瀕臨死亡的女性。垂死掙扎卻又活生生的女性。這些有如初生星球般年輕的女性，臉龐被手帕半遮、前臂與肩上刺了青，她們主張平靜且安全地生活的權利，在這片沾滿鮮血、地震頻傳、深陷暴力的土地上。她們在此挺身而出，就在我們今天所站立之處。我們踏著她們的足跡，而她們的足跡包覆了我們的雙腳。許多的足跡、更多的雙腳。我們的雙腳順著她們足跡的隱形輪廓，她們的輪廓展開包容我們的足底。此刻，我們正是她

2 譯注：綠色浪潮（*Marea Verde*，即Green Wave）泛指一系列於拉丁美洲國家發起的墮胎權運動，其支持者以穿戴綠色領巾作為象徵。此運動發跡於阿根廷二〇一五年的「一個都不能少」（#NiUnaMenos）運動，抗議殺害女性的普遍現象。

Liliana
Rivera Garza
asesinada 199
JUSTICIA
STARBUCKS COFFEE
FONTÁN

們，同時在未來也是他人。我們是他人，且始終如一。尋求正義的女性。精疲力竭的女性，彼此緊緊相依。忍無可忍的女性，肩負了幾世紀的耐心。已然而永遠地憤怒。

0029882

進入總檢察長辦公室前，你必須放下你的包包與外套，並通過安檢。午安、若您許可、請便。我們必須丟棄索拉伊絲在抵達前才剛購買的瓶裝水。外面真的非常熱，看看這身汗。在這之後，你必須在六個隊伍中擇一排隊，只為了得知接下來要聯絡哪一個辦公室，真是多謝。公務員友善得令人感到負擔。午安、請、可否麻煩您出示您的身分證件？我向對方出示了申請書編號２３９７１，收件人是埃內斯蒂娜・戈多伊・拉莫斯檢察官（Attorney Ernestina Godoy Ramos），上頭的印章表示申請書於二〇一九年十月三日下午兩點二十分收件。接著，他生成了印有序號００２９８８２的紀錄，裡面注明我的申請書正本被轉發至三個不同的管轄區。把這個紅色標籤貼在你的襯衫上，他指示我們。猩紅色的圓圈，勉強稱得上是個標誌。我同事會替你們帶路，他說。我們搭乘電梯至四樓，從那裡走過一條擁擠的走廊，地上的破舊油氈所剩無幾，直到我們離開建築、來到緊急逃生梯，那是個白色油漆斑爛的老舊金屬結構。嘎吱作響的腳步聲，一切隨時要崩解的感覺。再次回到建築內，向右轉、抵達走廊盡頭，是總檢察長辦公室的行政管理室。

小小玻璃窗後的女士盯著電腦螢幕工作，看都不看我們一眼，向我們保證她正洗耳恭聽。她的指甲十分修長，頭髮半黑半金。請稍等一下。她在系統中輸入序號，螢幕上顯示了什麼，即將從印表機出來。我的呼吸暫停，在那幾秒鐘以為那就是我尋尋覓覓的檔案。這就是那個瞬間嗎？我敢現在就把它全部讀完嗎？索拉伊絲將手放在我的左肩上。然而，那份文件只不過是一張紙，上面標記著十月十六日，列出了可能持有、或曾持有過我尋找中檔案的三個管轄區。當身處狹小窗口另一端、像被監禁般的女士告知我，要取得這麼老舊的文件是很困難的，當下她的眼神真的是哀傷的，還是一切都是我的幻想？她說，如果檔案不在這裡，那麼它有可能在集中檔案庫（Concentration Archive）。那集中檔案庫在哪？有很多個地點，要看檔案的性質。突然間，我想都沒想就問她有沒有可能重審案件，或是重新立案？這是我第一次思考這個可能性。她深吸一口氣，再次看著我。她說，我不是律師，但是我知道一事不二審，任何人都不能因同一罪名而再受審判，法律是這麼規定的。但他從來沒有被審判過，我說。她低下頭，欲言又止，轉而告訴我，你先去警察與刑事統計總署（General Directorate of Police and Criminal Statistics），就在這棟大樓裡面，回去樓梯那、然後右轉——那裡的人可以向你解釋一切。

不尋常

我們要找的官員正在開會，不過辦公桌電腦螢幕後的那位女士也許可以幫助我們。申請書編號？你說是一九九〇年的案件，對嗎？她記得。是的，她的確記得。她在幾天前才和上司討論過這份申請書，因為要搜尋這麼久以前的文件是件非常不尋常的事，讓她一直惦記著這個請求。你知道嗎？她問。知道什麼？實際找到文件是更不尋常的一件事。我小心翼翼地轉向她，態度保留地想著，我所聽到的是個倉促發表的意見，還是那簡短的句子其實意有所指，一種含蓄的譴責。我忍不住，我不得不捫心自問：為什麼我花了這麼久的時間？三十年來發生了好多事，尤其是死亡。它不曾停止發生。數以千計女性的死亡。她們的屍體在此，圍繞著我們，絲毫沒有觸碰地面，與我們並肩徘徊。在我們身後。在我們合十祈禱的掌間顫抖著。在我們說話的嘴角邊。在我們的膝後伸展著。她們在這裡，緊貼著我們的皮膚，深植於我們的悲傷。這些是她們的面孔，在貼滿路燈柱的海報上，在報紙的版面上，在窗戶的反射中：事發之前的、復仇或妒忌之前的、在愛之前的，她們的神情。時間凝聚收縮，然後再次鬆開。一年、三年、十一年、十五年、二十一年、二十九年。我低下頭看著桌子完美的水平邊緣，以指尖——以舉世最為吝嗇的方式，緩慢地滑過它。我感到挫敗，不由自主地嘆息。我再次抬起頭、下巴、眉毛，據說群山隨著時間的起落就是如此緩慢。我看見了她：她光滑的肌膚、直順的髮絲、潔白的牙齒、框住安詳眼神的黑色眼線。他們有強制接受客服訓練嗎？還是他們根據經驗知道，我們所有人都是心碎滿地，罪惡感深重又憤怒地來到這裡？她的聲音甚至比她的肌膚柔軟，指示我們下樓到位於二樓的地方調查副檢察總長辦公室。那裡的人可以告訴你些什麼，她說。

追悼詞

警察、律師、穿著高跟鞋的女人、身著格紋圍裙的奶奶、受害者，我們在狹小的電梯裡並肩站著。回到二樓，右手邊綠色櫃檯的一名員工要我們往前走到另一個小窗口。在官方備忘錄，序號００２９８８２，編號／３００／１４０９８／２０１９，如此證實：僅此要求提供編號４０／９１３／９９０—０７案件檔案的完整副本。附件Ｗ／Ｎ。副檢察總長指示：謹供您參考與後續追蹤，以便此事依法處理；您必須參照對應的檔案編號，提供副本至此副檢察總長辦公室。檢察官辦公室監督代理人，霍埃爾．門多薩．奧爾內拉斯先生（Mtro. Joel Mendoza Ornelas）。二〇一九年十月十七日。那名人員沒有把文件交給我，而是讓我們偷瞄一眼。他說，你把正式身分證件影本帶來，我就幫你處理。他不斷地重複這些字，享受它們帶來的不可置信與挫敗喪志。我身上現在就有，我一邊說，一邊拉開後背包。你可以印一份影本嗎？當然不行，你能想像每天有多少人來這裡嗎？他得意地賊笑。樓下出去的對面，你就會看到一台影印機了。在出去的路上，我們經過一張彩色海報，印著斗大的日期，**十月四日**。在它旁邊的牆上，黏著一張如洋蔥皮般薄透的紙，上面追悼詞的對象，是二〇一七年五月三日被男友謀殺的墨西哥國立自治大學學生，雷思維・柏林・里維拉・奧索里奧（Lesvy Berlin Rivera Osorio）。

「遭男友謀殺的學生」，看似多麼順口的一句話。雷思維・柏林・里維拉・奧索里奧。要一氣呵成地寫出這句話，代價是兩年以來不懈的抗爭，加上雷思維的母親要求嚴謹法律調查的堅持。阿拉塞利・奧索里奧・馬丁尼茲（Araceli Osorio Martínez）依然痛苦，仍舊替愛女哀悼。她走上街頭，加入了其他尋討正義的人群。她向媒體喊話，時常強力地譴責針對女兒的惡劣誹謗。她很年輕，她常常喝啤酒，她喜歡跟朋友出去晃，她的性生活活躍。那又如何？雷思維絕非妓女，也不是酒鬼，或毒蟲。即便她是，或曾經是，就能合理化她的謀殺嗎？阿拉塞利・奧索里奧・馬丁尼茲是多麼地勇敢且不屈不撓！她很快地聯絡了墨西哥全國各地的人權組織，並迫使總檢察長開庭審理。在律師小百合・埃雷拉（Sayuri Herrera，現為墨西哥城首個專辦厭女謀殺的檢察官辦公室負責人）的領導下，經過了長達兩年備受關注的審判過程，加害者最終被宣判有罪，並被判處四十五年的刑期。一開始，在他辯稱雷思維的死是雷斯維自己造成的時候，有少數人是相信他的。更準確地說，只有那些習慣懦弱地指責受害者的那些人，才會認為雷思維是死於自殺。當新聞消息開始流通，大家才明白雷思維被發現的時候，脖子綁著黑色電線被吊在校園內的電話亭裡——要說雷思維是自我了結的，實在是令人難以信服。自那時起，那份判決書總像剛出爐般地熱騰騰，如電流流竄我的脊椎。那個消息讓我熱淚盈眶，促使我走向此地，這段長行，這份承諾。另一個世界是有可能存在的，莉莉安娜。另一種愛。我們經過樓梯間，在走下一層樓梯時，我忍不住拉了一下索拉伊絲的手肘。你看到了嗎？關於雷思維的那個？有，我看到了。你有看到日期嗎？索拉伊絲把頭從右往左一傾。什麼日期？十月四日是我妹妹出生的日期。

雷思維與莉莉安娜。重複的「L」音迫使我用舌尖抵著上排牙齒，將口腔兩側的空氣擠出。一種邊音。她們本來有可能成為朋友嗎？她們本來有可能一起狂歡，秀髮上下甩動、閃亮而狂野，在人群中隨著昆比亞音樂起舞嗎？她們本來有可能以防窒息、勒頸、突如其來的死亡，而在夜深人靜時奔向彼此、幫忙彼此嗎？齒齦邊近音。莉莉安娜、雷思維。她們**是**——我改口以現在式代替過去式，她們的確**是**朋友。

這天發生的一切都像是一則加密訊息，一個鬼魂、幽靈、幻覺會從中升起的小巧潘朵拉盒。匕首。當我們帶著我的身分證件影本再次回到建築物內，我張大了嘴，堅定地往地方調查副檢察總長辦公室的窗口走去，彷彿奇蹟即將發生。我的雙眼充滿莫名其妙的希望。現在你必須去公共檢察官辦事處（Public Prosecutor's Office Agency）編號二十二號，在阿斯卡波察爾科，那名人員若無其事地說，一邊將文件遞給我，並自己留存一份副本。他這是在幸災樂禍嗎？在那面無表情的臉孔之下，是否有聲竊笑呼之欲出？這是接下來即將發生的事：我們必須橫跨整座城市才能知道剩下的事情。我必須警告你，大家都會在午後三點時外出用餐，他若有所思、終於憐憫地補充說明。他們在那之後就下班了嗎？他們預期要在晚上六點回到崗位上。是這樣嗎？是的。我們算了一下時間，如果我們動作快的話，或許可以在他們的午休時間前趕上。但假如我們真的在午餐前找上他們的話，他們想必會又餓又無精打采。與其倉促行事，我們偏好做和他們一樣的事——我們選擇先吃飯再說。

在人群上方揮舞的手

總檢察長辦公室位於墨西哥城下城區附近。走路十六分鐘就可以到達位於希爾頓飯店一樓的餐廳「艾爾卡登納」（El Cardenal），就在阿拉梅達中央公園（Alameda Central）對面和藝術宮（Palacio de Bellas Artes）旁邊。狂熱的活動橫掃殘破的人行道，討價還價的顧客絡繹不絕，試圖引起玻璃櫃後、身著藍色圍裙員工的注意。在他們身後的層架上，是滿滿的錫製、塑膠製、還有金屬製的商品。因為聲音過於嘈雜，所以我們沒有並肩行走，而是成一列縱隊，偶爾以之字形的方式前進。索拉伊絲走在我前面，替我省去了與對向人潮拚搏的麻煩。當我看著她的背影，看著她熟練地用手肘在人潮中開路的模樣，我才意識到自己並不知道她對這一切做何感想。如今我已經認識她許多年，起初以職場導師的身分，後來以同事和朋友的身分，然而我們幾乎沒有談論過莉莉安娜，更別說她的死亡。我們鉅細靡遺地檢視過和彼此分享的書籍、新電影與老電影、政客和詐騙犯的花招。我們在最令人難以理解的時間點放聲大笑，嘲笑行跡可疑的男人或不為所動的女人，甚至會一邊模仿他們的動作與聲音，一邊啜飲咖啡或大口喝酒。我們一起咯咯傻笑。她是否曾拾起我未完成的句子，在我屢次試著吐出文字、編造場景、點綴角色與其意圖，卻在最後一刻放棄說出口的時候？她知道嗎，又或者，她設想？有時我們彼此的間隔拉得更大，大到我害怕她隨時會消失在我的視線裡。她在這裡、帶著路，是出於支持，還是同情？索拉伊絲——你來這裡，是因為你知道，還是因為你想知道？假如讓我自生自滅、在街上失落、面對過去，我不太確定自己是否撐得過這天剩下的時間，而這一切隨時都會發生。就在那當下她轉過身，在人群中尋找我，那燦爛的笑容如雲朵般開闊。你來不來？她說。我得承認，一切無關製造或分享知識；是這隻手，在瞬間有了自己的意志，向前往上伸去，試圖抓住你的手。欣喜若狂。在交通號誌燈的紅色反光下，人們談論夏天。已經過去的夏天，即將到來的夏天。其餘的話語消逝在飢餓與正午的烏煙瘴氣之中。有時候生命中的一切，甚至包含身體，都顯得真實不過。

胃酸

人可以在痛苦之中享受人生嗎？這個老生常談的問題，在名為哀悼的永恆期間反覆不斷地出現。關於罪惡感的討論很多，卻沒什麼人談論羞愧感。罪惡感可能帶來在愉悅、快樂、陪伴上合理的懷疑，甚至是理性的疑慮。另一方面，羞愧感是一扇緊閉的門。幾乎沒有任何事情是如此地耗費心神，如此地注重細節，如此地讓人自我厭惡。毫釐程度，令人疲憊，廢寢忘食。在莉莉安娜死後，時間彼此堆疊，她的名字變成了禁語，而放棄任何可能的追求、不去打斷那支羞愧感與痛苦的無盡之舞變得愈來愈重要。這反覆上演的儀式，我們銘記在心的編舞，某種近乎宗教的東西。這從來都不是個有意識的決定，但是它非常殘酷。現在，每當我們進到餐廳，在桌邊就坐、食物送來的時候，那沉寂多年的譴責再次浮現。你有資格品嘗這新鮮的起司、這個南瓜花、這個辣椒醬嗎？你承擔得起這盤乾麵、這份烤章魚、這瓶冰涼礦泉水帶來的愉悅嗎？你配得上餐桌對面這位如此心甘情願、盲目地跟隨你踏上此行的朋友的信任嗎？食物一如往常地，塞滿了嘴巴，在喉嚨卡住，但是與二十九年前不同的是，現在的我知道，要細細咀嚼每一口，並在話語間控制好上頜骨、咽頭、食道。現在的我知道，如何有意識地等待胃酸一點一點地分解食物，直到食糜成形。我甚至打了個嗝，不過是端莊地。這是吃飯。這是下定決心，繼續尋找你。

蟻丘之地

徒步到阿斯卡波察爾科是不可能的事。我們沒有搭乘大眾交通工具，而是叫了台Uber。我們想要準時，我們想要在所有人預計從午休時間返回的晚上六點前，抵達阿斯卡波察爾科一區的二十二號辦事處。路途中，整座城市看起來更加灰暗。或許是因為光線接近日落時分的自然變化，或許是天空中的汙染物質，又或是隨著我們遠離歷史悠久的舊城區，那些建築工地的反射所致。或許那只是悲傷而已。距離我上一次看到特拉特洛爾科（Tlatelolco）的三種文化廣場（Plaza de las Tres Culturas）周圍的建築已經有一陣子了，那裡在一九六八年曾發生一場學生大屠殺事件。當法國青年走上巴黎街頭，抗議資本主義、帝國主義、消費主義的摧殘時，數以千計的墨西哥學生對抗日漸獨裁的政權，但是他們沒有成功。他們的文字與熱血抵抗國家的刺刀。他們的憤怒，他們的希望。下一個，則是墨西哥城十六個區之一的阿斯卡波察爾科，在納瓦特爾語（Nahuatl）中意為「蟻丘之地」。根據神話，在第五個太陽誕生後，魁札科亞托（Quetzalcóatl，又稱羽蛇神）肩負著重新創造人類的使命。為了達成任務，他必須進入冥界米克特蘭（Mictlán），將死去男女的骨頭一個一個地帶回。螞蟻們渺小而有紀律地如軍隊般前行，不僅引領魁札科亞托進入米克特蘭，幫助他裝載逝者的骨頭，還帶回了賦予新生命可能的玉米粒。

恐懼如同往事，以朦朧的形象現身。記憶就像是張舊照片，在遺忘已久的照片堆中因反覆而細微的摩擦而模糊。完整的構圖在一片紙張上消融：曾經穿梭生與死之間的螞蟻，如今悄悄經過皮膚，連結了外與內、歷史與事件、神話與傷口。一個刺孔，一個裂縫。隨著我們距離記錄我妹妹之死的警方報告愈來愈近，螞蟻爬過身體器官的內側，緊貼著組織與黏膜，穩穩地向前進，直到牠們抵達最私密的皺褶、裂痕。地表上的採集者，地面下的掠食者。雖然螞蟻拓殖了地球上的每一個角落，但顯然不以此滿足的牠們，現在穿梭淋巴系統、大腸、靜脈與動脈精密的網絡、舌下隱藏的那面。在汽車後座因恐懼而麻痺的我，必須將牠們甩開。我必須強迫自己伸展手指或抖動腳掌。我必須閉上雙眼，然後，我必須再次將它們張開。一個眨眼。這些螞蟻背負著一億三千萬年的歷史，但一切都發生在眨眼之間。時間收縮，時間自我分解。大約一億三千萬年前，一隻黃蜂變成了螞蟻，而多虧了開花植物的擴散，螞蟻存活了下來。時間自我延長。大約八千萬年前一隻螞蟻被困在琥珀中，然後弗式蜂蟻（*Sphecomyrma freyi*）的化石出土了。時間逐漸稀釋。一九六六年，由愛德華・奥斯本・威爾遜（E. O. Wilson）帶領的科學團隊，在實驗燈下成功辨識了碎屑。膜翅目、擬態、廣腰亞目，這些字緩步離開，跨越了米克特蘭的邊界。它們離去，一個接著一個，文字與螞蟻，外骨骼保護殼上背負著逝者的骨頭。

或許我們正在進入米克特蘭，又或許我們正在離開米克特蘭。索拉伊絲，我們該如何確信呢？

從特帕內克人（Tepanec）控制豐饒的墨西哥谷開始，到一四二八年被駭人的阿茲特克三方同盟擊敗為止，阿斯卡波察爾科一直都是強權的領地。這個公共檢察官辦事處充滿了打扮邋遢的公務員與骨瘦如柴的官僚，建築本身因疏於管理和預算刪減而年久失修，探員匆匆離去勘查犯罪現場並指認屍體，而飽受打擊的死者家屬來到此地尋找資訊——這裡曾是一個帝國指揮核心的事實，令人難以置信。

天啊

我們在門口守衛的女警面前停下，她引導我們前往另一個櫃檯，由另一名女子來為我們指引方向。我給她看了讓我們來到阿斯卡波察爾科的那份文件，她意味深長地搖搖頭。她問我，你是莉莉安娜嗎？我對這個提問大吃一驚，但忍不住認真思考起來：我是嗎？我有可能是嗎？我若有所思地盯著她。索拉伊絲回答，不，那是她妹妹。那名女警趕緊道歉。她再看了一次文件。天啊，她說。然後，那個表情出現了；我依然無法分辨那是真正的同情，還是在客服手冊學到的某種表演。我們需要見瑪莎．派翠西亞．薩拉戈薩．比利亞魯埃爾（Martha Patricia Zaragoza Villarruel）檢察官，但是瑪莎．派翠西亞．薩拉戈薩．比利亞魯埃爾檢察官還沒有來。我幾乎快昏倒或哭泣。我們可是從城市的另一頭過來的，我們說。我為了這件事等了二十九年。不過她的祕書在，她打斷我們，讓我們免受挫折。淚水。她可以幫助你。我們到了樓上，有兩名男子正在替水泥地鋪上新的馬賽克磁磚。沿著牆面的是一排排舊塑膠椅，還有一些表面漆成黃色與棕色調的金屬桌子。要不是我知道這是個活躍運作中的政府辦公室，這裡很容易被誤認為是某個戰區的臨時避難所。三十年來發生了好多事。死亡發生，死亡從未停止。在通往我們無法辨識的辦公室窄廊門口，一名擁有完美綠眼的女子歡迎我們。當她在系統中輸入序號時，一份全新的文件出現了。檔案不在這裡，她不帶感情地告知我們，這個案子由阿斯卡波察爾科三區的四十號辦事處負責。

阿斯卡波察爾科區

阿萊特・伊拉扎巴爾・聖米格爾女士
公共檢察官辦事處監督代理人
主管機構AZ—3
提呈

依墨西哥合眾國政治憲法第二十一號條文之條則；墨西哥城檢察官組織法規則第五十九號與第六十號條文，由本機構持有人核發之協議Ａ／００３／９９之第二十七號條文第三與第四節，由地方初步調查副檢察總長辦公室之檢察官辦公室監督代理人霍埃爾・門多薩・奧爾內拉斯先生簽署之編號３００／１８２７／２０１９檔案，以及由總檢察長辦公室私人祕書里戈貝托・阿維拉・奧多涅茲女士簽署之檔案００２９８２，以此提交由Ｃ・克莉絲蒂娜・里維拉・加爾薩簽署之提案，並依此申請初步調查編號４０／９１３／９９０—０７之完整檔案副本。

故，我指示您依照法律同意並充分告知提案人。

目前暫無其他事項。祝好。

謹啟

地方檢察官

牠們是真實的嗎？

我們必須繼續往北走。伊拉扎巴爾的辦公室位於文化大道（Avenida de las Culturas）與軸心北五街（Eje 5 Norte）。這個區域是埃爾羅薩里奧住宅區（El Rosario Housing Complex）所在之處。你不可能錯過的，那位祕書一邊說，一邊在發皺的紙上寫下地址。你可以給我一份文件的副本嗎？我問她。我以為她會感到不快而翻白眼，但她卻從座位起身。稍等一下，我拿給你，她說。我想要今天的所有文件，未來等待著我的所有文件。壞消息的囤積者。從二樓的窗戶向外看，是一座有著發育不良樹木與殘破座椅的公園。在那裡，那些廢墟之中，她在這個旅程第一次浮現。一個幻影，她的髮絲。她昂首闊步，鴿群盤旋上方。那股邁向永恆的自信。我正要說出她的名字。我正要說：莉莉安娜。然後微笑。

但是我們必須繼續前進。

外頭，塗有水泥的灰色煤渣磚牆往天空伸展。在這個社區的兩千七百二十三個街區中，沒有任何生態保護區。阿斯卡波察爾科的五十四座公園裡，沒有任何本土物種，只有柳樹與栽植的松樹。雷梅迪奧斯河（Los Remedios River）是唯一流經這一帶的水體，乘載著工業廢物與垃圾。無數女人的屍體在那沉沒，卻在下游重新浮起，靜靜地漂浮在舊工廠與都市荒原周圍。少數的綠地，包含特佐佐莫克公園（Parque Tezozómoc）、費雷里亞（Ferrería）地鐵站旁的北阿拉米達公園（Parque Alameda Norte）、伊達爾戈廣場（Plaza Hidalgo），以及一九七四年創立的大都會自治大學（Universidad Autónoma Metropolitana，簡稱ＵＡＭ）的校園。這是莉莉安娜的地盤，是她雙眼所及之處。那些在抵達四十號辦事處時歡迎我們的鳥群，也都屬於她。在這片荒蕪之中，牠們從何而來？從哪個遙遠未知的地方移居而來？牠們是怎麼活下來的？

牠們是真實的嗎？

紀錄不會永遠存在

男子越過他的鍵盤，頭也不抬地告訴我們，阿萊特女士不在，但預計會回來。也許今晚七點，也許更晚，也許遲早，她在附近的高中開會。我們要等嗎？我滿心期待地詢問索拉伊絲。當然，她說。在等候室，有幾排橘色塑膠椅、宣傳海報、有著富美家桌面的書桌。這是四十號辦事處。你想跟我一起到外面抽根菸嗎？索拉伊絲問我。我已經很多年沒抽了。你感覺怎麼樣？我們在路邊坐下並伸展雙腿時，她這麼問。衰老的青少年，不受世俗禮節束縛的女人。

菸霧與夜晚漸弱的燈光交融。一名女子突然出現，她走上人行道，經過我們身後，並將東西扔入垃圾桶。小心，坐在這裡可能會惹蟲上身，她說。什麼樣的蟲？我問。蠼螋，舉個例子。我完全不知道蠼螋有什麼壞處，但出於本能地將右手伸到背後，拉緊襯衫。然後眨眼間，她像是瞬間移動似的，站在四十號辦事處停車場入口的兩名警察身邊。那名女子點燃了一根菸，接著像索拉伊絲一樣，抬起頭，望著毫無遮蔽的夜空，雙唇微閉並吐出菸霧。一氧化碳、臭氧、二氧化硫。剛點亮無數白熾燈的工廠在更遠之處矗立著。本日最後一個輪班。而凌駕這一切的，是名為夜空的東西，混亂又模糊。在這裡，在這裡，在樹葉與看不見的鳥鳴之下，我們不受傷害。在這裡，我們可以訴說愛。在這裡，在這裡，在這辦事處周圍的這片地盤，我的妹妹去世了。

我說錯了：她在這裡被殺害。

根據逮捕令，他在這裡殺了她。

一九九〇年七月十六日早上，兩三名警察離開這個辦事處，前往位於帕斯特羅斯社區的銀荊花街六百五十八號。一通緊急呼叫，一個情況未明的社區。負責報導此案的記者托馬斯・羅哈斯・馬德里，或許在上班路上打開過這扇門。鑑識報告與照片還有證詞首先抵達了這裡。在這裡的某個時間點，初步偵訊編號40／913／990—07檔案被四處傳閱。在這裡，法官根據收集到的足夠文件發出了安赫爾・岡薩雷茲・拉莫斯的逮捕令。他早已逃之夭夭，也從來沒被抓到。他仍逍遙法外。

或許，二十九年前我也在這裡。

伊拉扎巴爾的其中一名助理經過我們，出於同情而讓我們進去、坐在她的桌邊。那位律師、也就是她的上司，並沒有我們正在找的檔案，她無比耐心地解釋著。那位律師、即她的上司，是負責未解案件單位的主任。如果他們叫你來這裡，只是因為有人認為那麼久以前的檔案可能被保存在這。我所聽到的，是一個機會。你看這裡，她指著電腦螢幕，既像是指導我們但同時絕望地繼續說。她輸入密碼及案件檔案編號。看到了吧？系統已經無法辨識了。我們看到了。我在十一年前來到這裡的時候，他們把整個作業系統都換掉了，而我確定在那之前也有換過，她解釋。但總有些檔案被保存下來，對吧？我提問，深信所有文件終將在國家死寂的檔案庫裡，找到屬於自己的位置。她點頭同意，有些檔案在集中檔案庫，但即便在那個地方，也是有時效的，它們沒辦法永遠留在那裡。千萬不要以為紀錄會永遠存在，她看著我的眼睛這麼說。我停止呼吸，也沒眨眼。我動也不動，一群螞蟻緩緩地爬上我的四肢，留下了一條發燙的足跡。我的身體開始凍結，突然間我恍然理解到，沒有了這份檔案，我妹妹生命在官方紀錄上留下的痕跡將不復存在。沒有了這份我尋尋覓覓的檔案，她在地球上的經驗將毫無價值。她的記憶，將被抹去。當我試圖逃離此刻，我告訴自己，未來的我將說，正是在此刻我知道自己必須書寫，取代這份我可能永遠也找不到的檔案。我沒有其他選擇。未來的我將說，就是在這一瞬間，我明白了寫作如何反抗國家。

如果你們想要聽律師親自說明，就在這裡等她來吧，身心俱疲的助理說。

你路途上的強暴犯

直到二〇一二年六月十四日，厭女謀殺才被墨西哥官方承認，在聯邦刑法典中認定為刑事犯罪：「第三百二十五條：殺女罪為基於性別原因，而蓄意剝奪女性生命之犯罪行為。」在那天之前，厭女謀殺被稱作情殺。被害者是放蕩不羈的女人、難以管束的女孩、無畏上帝的女人。她們被檢討，為什麼她非得穿成這樣？她們被指謫，女人必須先自重，她一定是做了什麼才落得這個下場。是她父母的錯。她做了一個錯誤的決定。她們被譴責，那是她活該。語言的匱乏令人難以負荷，語言的匱乏束縛著我們、使我們窒息、絞殺我們、射殺我們、凌遲我們、孤立我們、譴責我們。在二〇一九年的國際終止婦女受暴日（International Day for the Elimination of Violence against Women），女性主義團體Las Tesis在智利聖地牙哥市中心演出〈你路途上的強暴犯〉（A Rapist in Your Path），引起了全球廣大迴響。無論我人在哪裡，或身穿什麼，那都不是我的錯。如此純粹，卻令人震驚的文字。那是已經活用的語言，是許多倡議者與倖存者在法庭與廣場上、在熱鬧的遊行中與餐桌上使用的語言，但幾乎不曾像二〇一九年冬天那般影響廣泛。如此地鏗鏘有力，有如刀刃般尖銳，勢不可擋的真實。父權體制是名法官／因我們的出生審判我們／而我們的懲罰／就是你們視而不見的暴力。

你知道我第一次打電話給地方檢察官請求正式會面時，對方問我在找什麼嗎？索拉伊絲專心地吸著菸，她用指尖夾著菸的方式，還有她把菸靠近臉龐、將菸輕巧地放置雙唇間的方式，帶有某種難以形容的感覺。你懂嗎？我聽到大吃一驚，突然愣住，不知道該怎麼回答。我支支吾吾，我遲疑了。我說，我在尋找她的檔案。空氣中菸霧彌漫，我們身體間那股陳年氣息。就這樣？電話另一頭的聲音堅持著，困惑不已。那是厭女謀殺。／凶手逍遙法外。／那是銷聲匿跡。／那是強暴。通話中那當下我便明白，我所請求的事物是多麼地渺小。那是多麼地微不足道：一份檔案。不，我害怕對方掛斷電話而急促地說，不，我在找其他東西。強暴犯是你。菸霧構成的形體升起，一點一點地消逝在空氣中。我想要找到凶手，讓他為罪行付出代價。我再次陷入沉默，忍氣吞聲。我終於說出，我尋求正義。然後我附和著其他聲音，又再說了一次。我以絕對的清晰，再一次重述，這次更加堅定。這個壓迫的國家是個男性強暴犯。我尋求正義。無論她人在哪裡／或身穿什麼／那都不是她的錯。我要替我的妹妹尋求正義。強暴犯是你。

有時候，你得花上二十九年的時間才能大聲說出來，在和總檢察長辦公室律師通話時大聲說出來：我尋求正義。有時候，你必須花費永恆的時間才能回到阿斯卡波察爾科，在樹葉的庇蔭下席地而坐，渾身因恐懼顫抖，滿腹懷疑，聆聽著難以置信的鳥鳴。

LIANA
RIVERA
GARZA

JOYERIA RELOJERIA Y REGALOS
Liliana

我們決定回家的時候，天色已暗。空手而歸。現在，阿斯卡波察爾科三區的四十號辦事處幾乎空無一人，但是門口的警察陪我們走到人行道等待我們的Uber。只是以防萬一——我們轉頭困惑地看著他時，他這樣告訴我們。你們不應該在這裡獨自等車。獨自？我們心知肚明地交換了眼神，但因為太過疲累，就忽視了這句話。這次的司機是名女性。這會花上好一段時間，她用手機看了導航後宣告。這個時間路況堵塞很嚴重，而且你們又要去城市的另一邊，她既煩躁或懊悔地說。路況好像一直都這麼糟，我瞥見眼前成群的車尾燈一邊說。是啊，她深吸口氣改口說。塞車總是邪惡的東西。車子緩慢移動，煞車與加速同時進行。雖然交通號誌正常運作，綠色和琥珀色和紅色在空中閃爍，但一到路口總是馬上堵塞。一聲喇叭，兩聲，不計其數。焦慮又灰心的司機，猛地將額頭靠在方向盤上。她再也受不了了，今天已經夠糟了。

拿去吧，索拉伊絲遞給她一顆糖果。別擔心，我們很快就會脫離這裡了。謝謝你，我平常不是這個樣子的，我通常都蠻能忍耐，她的聲音十分破碎。除了今天。索拉伊絲和我互看了一眼，笑容慘淡。司機逮到另一位駕駛一時分神，趁機切換到唯一車流有移動的車道。煞車，油門。在十月的時節，落在擋風玻璃上的雨水完全不合時宜，然而水滴卻好似現在是夏日一般，廣泛而陌生地散布。煞車。

檔案也會死去，我咕噥著，感到挫敗。

當一切靜止，在雨水、停滯不前的車陣與破裂的人行道交織而成的結停留時，我試圖尋找天空。憤怒就像認命，無能有如恐懼。這只是開始，索拉伊絲說，坐在座位邊緣，右手環繞前座椅背。她想要與我面對面，正面迎擊。我們來到蟻丘之地，現在我們必須深掘，就像地下掠食者。司機為避開塞車，開進了愈來愈窄的小路，但卻也愈來愈迷失方向，或者不確定如何避開導航上新路徑所提示的塞車路段。她在後視鏡裡的眼神淒涼，毫無動靜，透露了關於絕望我們所需知道的一切。檔案可能會死去，索拉伊絲說。但它們總會殘留下痕跡，肯定會的，沒有別的可能了。你是位歷史學家，你懂的更多。她邊說邊點頭，雙頰因熱忱微微發紅。她堅定的信念觸動了我。即便那並非事實，即便檔案與人無異，終將被迫消失，不留一點痕跡，她的堅信仍然徹底地撼動了我，而我瞬間知道了下一步。我明白我必須雇用一名律師幫助我找尋那份檔案。當律師在錯綜複雜的法律系統中，履行我提出的文件紀錄請求，並與檔案消失理由直球對決的同時，我必須重建檔案庫。從車窗向外看，試圖尋找墨西哥城上方的天空時，我意識到我必須製作出國家無法提供的文件、報告、證詞、訪談、證據，用自己的檔案庫來取代官方的檔案庫，僅屬於我們的，關於觸摸與呼吸、聲音、親近與情感的寶庫。我要賦予存在的不僅僅是記憶而已，還有記憶的主人本身。我瞥向索拉伊絲，突然間準備好面對接下來即將發生的一切。我第一次大聲說出，如果那份檔案悄悄溜走，莉莉安娜在世上存在的官方蹤跡將蕩然無存。如果那份檔案消失不見，找到並逮捕凶手、將他繩之以法的機會也將化為烏有。永遠地。審判必須舉行，判決必須宣讀。

她看著我，堅定不移。

正義必須得到伸張。

保重了，司機在我們抵達目的地時說。你也是，我們告訴她。我們到了，雙手插在口袋裡，動也不動。蓬亂的頭髮，乾枯的皮膚。我們走遍了整座城市，如士兵跨越了整個戰場。我們穿越了時空。我們失去一切，卻也得到救贖。瞬息之間。儘管我們一點也不餓，卻還不想就此道別。我們一句話也沒說，就開始在樹下邊走，邊尋找餐廳。我們沒有訂位，所以打算就去任何現場有位子的地方。結果剛好空位在餐廳後方，十分靠近匆忙焦慮的服務生通往廚房的動線上。這會花上好一段時間，索拉伊絲覆述了阿斯卡波察爾科司機向我們打招呼時說過的話。就在我們要點前菜與氣泡水前，我看到了他。你絕對不會相信，我馬上告訴坐對面的索拉伊絲，她因為面對我而看不到入口。不要轉頭。我低頭向下，但依然看著身穿藍色襯衫與亮麗領帶的男人走向我們的位置。是誰？她滿心好奇地繼續問。他一看到我就認出了我，他快速轉身，與身後牽著他的手的女人相撞。她不明白發生了什麼事，但是她並沒有沿原路往回走，而是繼續往我們這桌的空位前進。現在他背對著我，用手肘將她推向出口方向。你還記得我們聊到的、遭人指控騷擾而被禁止踏足伊比利亞美洲大學校園的那位教授嗎？索拉伊絲瞪大了雙眼。真的假的？她忍不住大笑。我不敢相信，她說。你往左轉身就會看到他了。他跟同行人坐在入口旁的位置。索拉伊絲終於轉頭，然後——在瞥了他們一眼之後，在確認了他們在這裡之後，那位遭人指控騷擾的教授，在一間時髦的餐廳與一名少女同桌，在確認了他在那件事之後仍安然無恙，那些遭人指控性暴力的男人、遭人指控大大小小的侵犯的男人、遭人指控對女孩與年輕女性與老人的身體加諸難以想像的暴行的男人，他們仍安然無恙，總是可以若無其事地繼續過他們的人生之後，她別過頭、回到原本的姿勢。我現在真的需要來根菸，她說。要不是親眼目睹，我會以為那只是自己的想像。或病態的玩笑，或平庸的謊言。但是你正親眼目睹，我告訴她。我正親眼目睹，她點點頭。我們不必再次附和彼此，也無須多言，但同時我們舉起裝有礦泉水的玻璃杯。我們會把父權搞得天翻地覆，我們說，附和無數女人的聲音。父權不會自己崩解，我們必須推翻它。一起，我們說。

然後我們為此乾杯。

十月四日

我們活在事件的餘波，而那很漫長。為了取得初步調查編號40／913／990—

07而造訪墨西哥城總檢察長辦公室的隔日，我與父母去了墓園。那天是十月四日。至今，莉莉安娜在地底下的時間比起她在地表上的時間還要多出許多年，肥沃的火山土包裹著她的骨頭。今天本來會是她的五十一歲生日。今天是她的五十一歲生日。太陽天秤，上升魔羯，生肖屬雞。我們三個依然在這裡，受邀參與屬於她生命與記憶的慶典。我們帶了一把鋤頭要掃墓除草，還有幾桶水。墓碑小而方正，她的名字與生卒日期以金色銘刻。沒有碑文，沒有裝飾。二十九年以來，我們從沒忘記帶上從同個攤販購買的鮮花。在外面，墓園邊界外的世界，我們或許會被認作是正常人。在生鏽的鐵柵欄另一側，我們行走吃飯、向朋友打招呼、慶祝勝利、表達哀悼、參加課程或派對。在外面，生命毫髮無傷地展開：事業、書本、旅程、生日、孩子。但是在這一側，徐徐微風先是撕裂了火山頂，再深思地以冰冷雙翼輕觸我們的肺，在這裡我們是純粹的悲傷。時間的流逝是個謊言。時間被困住了。這裡有具動彈不得的身體，困在時間的鉸鏈與螺栓之間，暫停了時間的節奏與順序。我們沒有長大，也永遠不會長大。我們的皺紋是虛假的，是我們本來可以、卻沒能擁有的人生的生硬表現。蛀蝕的牙洞、脆弱的骨頭、灰白的髮絲、麻痺的關節——不過是隱藏了重複、累贅、副歌的一種冒充。我們被反鎖在罪惡與羞愧的泡泡裡，不停地問自己：我們漏掉了什麼？這是回音。秋天的陽光總是美得令人驚嘆。我們為什麼沒能保護她？風吹過歐亞梅爾冷杉（oyamels）的低語，清晰可見的松樹。

父親不肯放下鋤頭，而即使在八十四歲的高齡，他仍堅持親自除草，彎下腰拔去頑固的雜草，或在一切方法都不管用的時候，親自以歷經風霜的雙手鬆動土塊。沒多久，他就氣喘吁吁、汗流浹背。當父親在她墓邊辛勤工作，暗地裡默默拭淚的時候，我好奇每一天有多少次，他憶起了莉莉安娜，想起了大約三十年前總檢察長辦公室官員向他索取的金額數目，只為了繼續調查莉莉安娜的厭女謀殺案。不可省略的賄賂。每一天有多少次，他自責當年沒有足夠的錢？警察大隊長與探員口中汙穢又粗暴的文字，張著血盆大口猛獸的文字，加諸在莉莉安娜的身體、莉莉安娜的生命、莉莉安娜的死亡之上的文字，又是多麼頻繁地在他耳邊迴盪？每一天有多少次，他呢喃了**正義**這個詞？最脆弱無助的時刻，是無話可說的時候。一九九〇年的夏天，究竟有誰能夠雙手高舉，以真確與誠實的信念所賦予的力量說出：**無論她人在哪裡或身穿什麼，那都不是她的錯**？在那個不存在**厭女謀殺**這個詞，也不存在**親密恐怖主義**（intimate terrorism）這個術語的世界，究竟有誰能夠如我現在一樣，毫不遲疑地說：我與我妹妹的唯一不同，只在於我不曾遇到謀殺犯？

你與她之間唯一的不同。

在這樣的世界裡，保持沉默是哄你入眠的方法，莉莉安娜。一個笨拙又糟糕的保護方式。我們壓低聲音，與你一起與世隔絕，只為不讓你暴露在誹謗、病態的好奇心、矛盾的同情眼神之下。我們壓低聲音並輕放腳步，縮小自己的存在，試圖消失或是再次成為鬼魂。你該怎麼逃避生來老愛歸咎的那些人的攻擊、中傷、斜眼睥睨？你該怎麼向人解釋，即使是那些立意良善的人，如果我們的世界更加正直，有什麼事情就會是顯而易見、一覽無遺的？我們嘗試躲避針對你的騷擾，躲避針對你的譴責，針對在你身邊手牽著手的我們。我們是多麼地寂寞不堪，莉莉安娜。我們從未感到如此地孤苦伶仃，如此地漂泊無依，如此地遠離人性。在一個大男人主義的血盆大口向我們撲來的城市中，我們孤軍奮戰，比任何時候都還要孤立無援——要不是你讓她去墨西哥城、要是她乖乖待在家裡、要不是你給她這麼多自由、要是你有教她怎麼分辨好男人和壞男人。我們不知如何是好。面對不可想像之事，我們不知所措。所以我們閉嘴。我們用沉默替你裹屍，默默吞下有罪不罰、貪汙腐敗、正義缺席。孤獨而灰心喪志。心碎不已。和你一樣，我們與死人無異。和你一樣毫無生氣。當我們爬行在流逝日子的陰影之下，這一切揭開的同時，死去的女人在我們之中大幅增加。當名不符實、所謂的毒品戰爭（War on Drugs）肆虐村莊與城市，無數人的鮮血灑遍了墨西哥，同時也走向更多的燒殺擄掠，更多的死亡。我們已經數不清有多少人了，不是嗎？愈來愈多的女人，無論年輕或年老，來自中產階級或知名社區，都倒在暴力的槍口下。她們的肉身不過是國家死亡數字的延伸。如此多人的夢想與細胞，她們的笑聲，她們的牙齒——灰飛煙滅。而凶手持續逃跑，那些躲過不存在的法律和只屬於他人的監獄的逃犯，向來享受著有疑唯利被告的原則、意料之內的道歉，還有來自毫不退縮地檢討被害者的那些人的支持。即使是多年後的現在，他們仍質疑女孩的決定、女孩的不辨是非、女孩的千差萬錯。但那一天終於來臨，而多虧其他人的力量，我們與其他人可以開始想像，甚至深刻領會，事實是，我們也有資格伸張正義。你值得正義。在那麼多人之中，你，也應得正義。我們可以與他人一起，大聲奮鬥，領你來到這個正義語言的面前。

我們幾週前才清理過她的墓，看看現在的模樣，又全部長出來了，父親說。事情已經不如從前了，他堅持著，從未放棄。他感到疲憊，是真的；他喘不過氣，確實；但他從未放棄。我的母親坐在墓碑的右手邊，心不在焉地輕拂著草地，卻時不時地哀聲嘆氣。她望向天空並且嘆息。偶爾，隻字片語從包圍我們的沉默僥倖地逃出，彷彿它們是發生在別處、或其他時空的對話碎片。**看呀**、**水**、**山頂**、**住宅**、**命運**、**幸福**。我永遠不知道我們在每次拜訪的過程中對莉莉安娜說了些什麼。但是我確信，我們每一個人，都以自己的方式與她說話。我相信她也有所回應。這是我第一次在你身邊，卻不感到羞恥。這是我多年來第一次知道，我可以好好地說出你的名字，而不會雙膝跪下、倒落地面。還有其他人，還有好多其他名字。一個回聲，以及更多。然後，還有這個：永遠歡迎我們埋入你身體的擁抱，我的妹妹。這是你全名的模樣：莉莉安娜・里維拉・加爾薩。你本人。

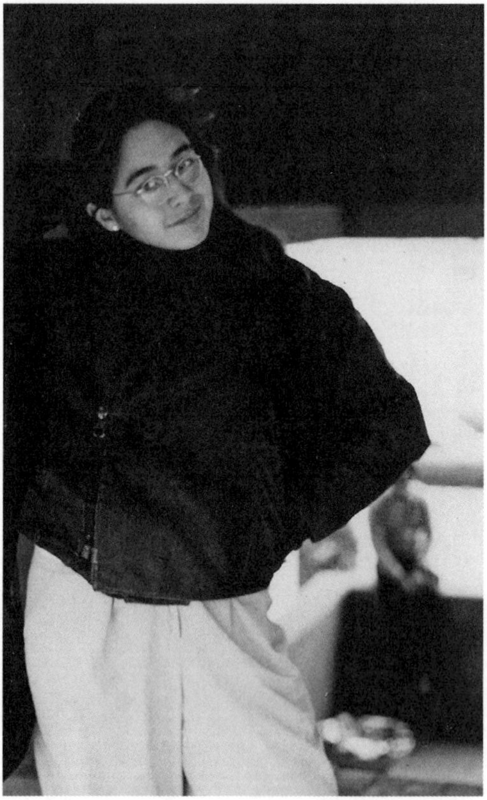

II

這片天空，藍得要死
This Sky, Annoyingly Blue

「啊，我覺得像被火燒著了！我真想出去外面。
真希望我變回小女生，野蠻卻很堅強、自由自在，
受了傷害只會哈哈一笑，而不是像現在一樣發瘋！」
｜
艾蜜莉・勃朗特（Emily Brontë），
《咆哮山莊》（*Wuthering Heights*）

寫作與祕密

童年的結尾是一個吻。那個睡夢並沒有長達數百年，那豐滿的嘴唇也不屬於白馬王子，但那名為童年的純潔期待總算以一個吻劃下了句點。雙唇彼此交疊，牙齒，唾液，短促的鼻息，睜開的雙眼。童年的結束，是祕密的開始。我永遠不會忘記一九八二年一月二十二日。那真是個奇妙的一天。還有四月二十八日。五月二十日。一九八二年十一月三十一日，下午兩點半至三點之間，我的初吻。在這個吻之前，莉莉安娜曾大量地寫作。她在小張方格紙上寫下無數句子給自己，寄出許多寫在筆記本撕下的紙上的長信，交付滿是塗鴉與窩心訊息的生日卡片、耶誕卡片以及情人節卡片，上面有著她精心描繪的簽名。她在同學的筆記本上偷偷摸摸地刻寫了一整頁，等到對方在數小時或數天後發現時，她們一邊放聲大笑，一邊試圖查出她行事的時間或地點，她趁哪個空檔伺機而動、她是如何避免被發現的。她用我們共享的機械打字機Lettera 33，在圓柱捲筒捲起US Letter size紙張，敲打出無比漫長日子的冗長描述，裡面滿滿的不外乎是鏡子、沉默、重複。莉莉安娜寫下文字，以表達她的感受與看法，也與他人交流。出於直覺，她很清楚寫作是種消弭距離的科技。她渴求親密、友情、信任。現在，圍繞著初吻的祕密證實了寫作還可以讓她在某種程度上掌控屬於自己的經驗。無論寫作作為庇護所，還是太空船，那都不是重點，只要寫作可以引領她深入自我。而寫作確實可以實現這件事。從那一刻起，莉莉安娜不僅書寫日常生活，也書寫愈來愈多她不能、或寧願不大聲宣布的事情，那些她大可談論、卻選擇獨自珍藏的事情。很快地，那份沉默成了她的日常，她每天的練習。

莉莉安娜確保自己永不忘記那美麗的一九八二年十一月三十一日。然而，那名男孩的名字或事發地點依舊模糊不清。但唯有事實本身是重要的，事件本身是重要的：肌膚達到了極限，它興奮而好奇，頭也不回地向前躍出。我的初吻。這是你的手，莉莉安娜，向身後留下的事物緩緩地揮手道別：噴發的奇瓊納爾火山（Chichonal volcano）、再度貶值的披索、在當地上映的《E. T.外星人》、全球暢銷的《顫慄》（*Thriller*）。此刻，莉莉安娜向前跋涉，與此同時，她也不忘回首她的人生，將其一起帶向了未來。每一張紙條，即便尺寸再小，最終都進到了她的紙箱。莉莉安娜依照自己的一套邏輯，囤積了她的文字，有條不紊而貪婪飢渴地。寫著短詩的餐巾紙屑。摺過千次的發皺便條紙，上面有著朋友們匆匆寫下的圖文接龍（exquisite corpse）[1]。信件與其草稿，全都被修改和更正過。公車與電影票根上，刻寫了文字。莉莉安娜正踏出她的童年，同時，她也正開始建立屬於自己的檔案庫。她不輕易遺忘，

1 譯注：圖文接龍是由超現實主義藝術家發想的遊戲。參與者輪流在同一張紙上書寫或繪圖，每完成一段便將紙張摺起傳給下一人繼續創作。此遊戲在一九二〇年代超現實主義藝術圈廣為流行，是激發集體潛意識與合作的實驗性技法。

充滿自信地在這條路上飛快地跳躍著。過去她曾寫作，但在那個吻之後，寫作將成為紀錄，以某種身外之物，藉由自發或偶然出現在他人眼前，賦予了祕密的存在。實質的存在。

青春期正是這個檔案庫的名字。

紙箱

它們一直在那裡，龐大而笨重地，排排站在衣櫥層架的最上層。七個紙箱和三、四個漆成薰衣草紫的木箱。莉莉安娜的所有物。喪禮過後幾天，我們從她在阿斯卡波察爾科的小公寓取走了它們。該怎麼處理逝者的個人物品？該如何解釋它們保有的觸感、它們的氣味、殘留於布料或木屑的微小粒子？一抵達我們父母在托盧卡（Toluca）的家，我們整理了她的書籍與筆記本、設計圖、海報、玩偶、衣物、鞋子，然後將這些東西放入以大寫字體仔細標示的箱子中。彷彿我們會遺忘似的。彷彿有那麼一點錯認它們的可能性。接著，我們將它們一個個地搬到衣櫥中曾用來儲放空行李箱或冬衣的層架上，試圖藉此賦予翻攪我們內心的混亂一個外在指令。箱子們矗立在那，不動聲色。在我們尋找多年沒穿的舊外套或舊鞋子時，它們直盯著我們。它們的凝視掃過我們的後頸，沿著脊椎骨，一節一節地往下。當我們父母搬離曾與她共享的房子，搬至往西幾公里處的新家，那些箱子們也在某個衣櫥的最上層層架找到了新的歸屬。那個新家承諾的，若非一個新的開始，則至少是新的環境。一個停戰協議。三十年來，那些箱子從未被打開。三十年來，它們一直在那裡，肉眼可見，卻遙不可及。

如今，過了這麼久，你終於做好準備面對的不只是悲劇，還有對悲劇本身的理解。是什麼讓你釋放了這份感受？你該如何確定，此時是提問的最佳時刻，以及更重要的，你是否終於做好準備聆聽答案了？我不知道。我只知道，一旦我在總檢察長辦公室提出了第一份申請書，我就沒辦法停下了。失眠的夜晚與突如其來的潰堤隨著秋天過去愈加頻繁。但**哭泣**是個如此柔和的詞，只不過是個圈套。某種淺顯易懂的東西。橡樹和木蘭花團團包圍著屋子，它們的枝條向屋內望去，而在那裡發生的事情，在別處也同時發生著。我人在休士頓的家，但同時也行走在時間的外圍。哀悼強行衝出，哀嚎而慟哭。多年來，哀悼成為了單人儀式，我帶著從名為挫敗與羞恥的嚴格學校習得的沉著，默默參與。風的存在。千個鬼魂的力量。每當我感覺到胸口有股壓力在蔓延，聲帶間某個類似嗚咽的東西在蠢蠢欲動時，我便會讓自己從當下抽離，並打開她的房門。門把上的手、一道斜光中漂浮的塵粒、她的書本、她在兒時每天早晨看見的海報。我將來會怎麼樣呢？她在其中一封信中曾如此好奇著。筆記本、她的鉛筆與畫筆、她的短裙、泳衣。還有那個刺痛過去、撕裂現在的問題：現在的我是誰？我曾經有個妹妹，然後突然間，我什麼也沒有了。我們曾經是兩個人，然後轉瞬間，卻只剩下其中一人。當你被迫失去了姊妹，你又是哪一種孤兒？我人在休士頓，但心卻在別處，一個連我自己也不理解的地方。

莉莉安娜的喪禮結束幾天後，當親友們已離我們遠去、消失在他們的日常中，我在家獨自哭泣，在她的房間裡，以我想像動物或石頭哭泣的方式。高聲的尖叫，矛盾的安靜。刺耳的聲音悄悄經過家具，在它嘗試、也許迫切地尋找出路時，在地上的灰塵中留下了清晰的路徑。來自外太空或我體內深處的咆哮。不管那是什麼，它占據了房間，接著是房子，然後籠罩了天空。沒有人聽見，但它卻將空氣撕裂、一分為二。那幾天下著雨，滂沱大雨。那聲音從未知的世界傳來，同樣地，與即將誕生的世界溝通著。就是它，相異物質間那緩慢而嘎吱作響的摩擦聲。某種有著損壞邊緣和一股惡臭的東西，某種無形的東西。你必須環抱腹部在地上蜷縮成胎兒的姿勢。你必須遮住臉龐。你必須乞求。最重要的是，你得乞求。

時間停滯不前。

所有一切，都在這裡，原封不動。一陣波濤，不可逾越。從未成為過去的往事。

然後，就像三十年前，在休士頓某些驚醒的夜晚，我確信這一次，我也做不到，又再一次地。我確信痛苦和羞愧和罪惡感將通往真相的門緊緊關上。

若有人問我，我會說我不知道。某一天，你起床，眼前的世界是如你所見的原有樣貌，卻在瞬間變得不堪一擊。或是某一晚，你從惡夢中醒來，汗流浹背、喘不過氣，明白你無法繼續下去了。有一扇門，通往不歸路的門，而某一天你知道自己必須握著門把，向右輕扭，打開那扇門，然後走過它。你清楚明白；你的骨骼明白，你的髮尾明白，你啃咬的指甲也明白。我仔細看過那段時間的幾張便條，並且開始向鄰近的家人提問。我拜訪阿姨，參加以往向來刻意迴避的成年禮（quinceañera）[2]儀式。我撥打電話。曾和莉莉安娜要好的同齡表親以單音節字句回答，而更年輕的親戚卻喋喋不休，沒完沒了地。在某個時間點，他們都會面有難色地低下頭。抱歉，我不記得其他事情了，他們說。有些人會流淚。我很快地明白，我們知道的太少，那是如此顯而易見的事實。一個天真的女孩，淪為操縱者日復一日的暴力犧牲品。一個或許太自由的女人，一個自律的泳者，一個蓄勢待發的迷惘年輕女子。一個乖巧而溫順的年輕人，格外地無視危險。一個慣性說謊者，一個傑出的學生，一個過於不諳世事的青少年，一個一輩子的朋友，一個充滿愛的女人，一個草率的孩子。有段不光彩過去的某人。這些畫面大幅增加，以許多故事、甚至是我自己的回憶描繪而成，厚顏無恥地彼此互相矛盾。儘管如此，結果都是一樣的：三十年的沉默。崩潰四散的恐懼或無法承受痛苦的恐懼或死於悲傷的恐懼或羞愧感的恐懼，被釋放的羞愧感，各種顏色和紋理的羞愧感，有著罪惡感外表的羞愧感，反之亦然。這些恐懼讓我們變為共犯。我們全都在場，像是廢棄博物館中

2　譯注：在拉丁美洲的文化中，有慶祝女孩十五歲生日的習俗。這樣的儀式在拉美各國依照國情各自有所不同，有的家庭會為女兒舉辦舞會邀請親朋好友餐嘆，也有的會舉辦遊行、或者餐會派對廣邀人們加入慶賀。

的雕像交換著眼神，同時間那些紙箱在遠處看著我們。不動聲色。這次我是否有辦法打開它們，面對所有物件的存在，它們的內心？

據實以告

瑞秋・路易斯・斯奈德（Rachel Louise Snyder）在《以愛為名的暴力》（*No Visible Bruises*）中寫道，愛正是家庭暴力，特別是親密伴侶謀殺（intimate partner homicide），與其他犯罪行為的不同之處。沒有其他的極端暴力行為依賴如此普世的意識形態。有哪個心智正常的她會舉手反抗愛情？成千上萬被伴侶謀殺的女人可以輕鬆回答這個問題，又或者說，她們真的有辦法回答嗎？在回答這個看似簡單的問題之前，處境危險的女人和我們其他人一樣，需要足以辨識風險因素和極度危險時刻的語言。這個語言往往是匱乏的。在墨西哥這樣的國家，直到最近，即使流行音樂都毫不掩飾地讚美男人出於嫉妒或極小的挑釁而謀殺女人的行為。在這裡，要創造出那樣的語言一直都是場英勇的奮鬥，那些勝利，無論多渺小，都屬於那些竭力質問父權之日常暴力運作的倡議者。每一場小小的勝利都至關重要。以當街搭訕（catcalling）為例，多年以來，街上男人的口哨聲、嘶嘶聲、揶揄都被視為無害的行為，男人讚頌女性美是公共生活本質的特點之一。無論如何，那曾是所有年齡層的女性都必須經常面對的經驗。經過好幾個世代的女性主義者的努力，這些行為才被譴責為當眾騷擾。據實以告。鍛造一個新的詞彙與讓世界煥然一新的觀念，需要的是時間和怒火和同心協力。職場騷擾，歧視，性暴力。強暴犯是你。成千上萬的女性在家庭內外遭受折磨與殺害，要揭開隱藏如此暴力的面紗，並不容易。眾人合力下才能創造出一個夠精確、夠強大、夠廣傳的語言，以警告女性來自親密伴侶暴力，那威脅的手與預知的氣味。

專攻家庭暴力案件的密西根護理師賈桂林·坎貝爾（Jacquelyn Campbell）所做的研究，最終促成美國國內首例「危險評估」（Danger Assessment）工具的採用。坎貝爾根據照護無數病患的個人經驗，設計了測驗問題，藉此評估（並斟酌情況診斷）那些帶著瘀青、骨折或勒痕來到急診室的女性所面臨的危險程度。在這之前，醫生往往認為這些事件屬於病患的私事，於是避免過問病患受傷的來由，卻因此使得女性不受保護。坎貝爾設計的測驗讓醫護人員能夠以公共衛生事件的角度，來診療針對女性的暴力行為，並且給予這些病患及更廣義來說的女性，一個辨別所處情況嚴重性的方法。

坎貝爾制定了列有二十二個家庭暴力風險因素的清單，包含藥物濫用、持有槍枝和嫉妒成性。自殺威脅、勒脖或性侵。與親友斷絕來往、施暴者的自殺威脅、跟蹤行為也是明顯的跡象。一份完整的虐待目錄。一種我們從前視而不見，現在清晰可見的製圖法。如果在一九九〇年的初夏，莉莉安娜有機會接觸到這份醫療評量，或許她就會相信不可置信之事：

一個聲稱深深地、甚至激烈地愛著她的男人，可以奪走她的生命。她就會有辦法確認她所感受到、但需要在認知上奮力一躍才能承認的事：她深愛、或曾經深愛的男人，是個千真萬確的威脅。愛——這份愛——是攸關生死的問題。在她的信件與大學筆記中，莉莉安娜近乎順手地記錄了他嫉妒成性、自殺威脅、跟蹤行為的事件。但是，還有更多嗎？

殺人暴力普遍被理解為本來理性且不具攻擊性的人在情緒上的突然爆發。不過，坎貝爾指出，「家庭殺人案唯一面臨的最大風險是之前的家暴發生率」。很少人在初犯就殺死他們的伴侶。全球的數據都證實了《以愛為名的暴力》中的一場訪談節錄裡，坎貝爾告訴斯奈德的：「危險的程度依照特定時間而變動。危險度在受害者試圖離開施暴者的當下激增，並在接下來的三個月維持高峰，再來的九個月則微幅下滑。一年後，危險度大幅降低。」

有沒有可能，莉莉安娜曾面臨的那些愈發危險的跡象，就存在衣櫥最上層層架那些如此靜止而低調的紙箱裡？我們曾經看得見的一切，尤其是我們視而不見的事物，是否麻木而殘缺地，就存在那個箱子中？

字跡

對筆跡學愛好者而言，手寫信是通往靈魂的優先通道。抄寫者不為人知的人格、深藏不露的欲望或長久以來的執念，都可以略知一二，從字母的大小、線條的顫抖或規律、字詞的間距、大小寫之間有無關聯性，還有墨水筆或鉛筆被從紙上提起的方式。或許那就是為什麼知名作家的手稿擁有如上癮般忠誠的擁護者：彷彿讀者在私人信件或日記中可以偶然發現印刷書籍中察覺不到的，駭人聽聞或羞恥之事、絕無僅有的事物。事實是，就像教室中的其他事物一樣，學習以手書寫往往是僵化的學習方法的結果，是領著微薄薪資的老師所實行的各種研究計畫的一環。社會的體操。我們學著把鉛筆夾在拇指與食指之間，活動手肘並彎起背，如此一來，我們在雙線筆記本，以不同的施力反覆地塗鴉之下，字母一點一點地浮現。我們都參與了這個被塞．湯伯利（Cy Twombly）化為藝術的練習：潦草描繪的水平狀螺旋圈圈，在一行行近乎藍色和紅色的線條上。跟我同世代的學生，被教導以一行行彼此相連、經常微微向右傾斜的文字來書寫草書。我妹妹的世代則是拋棄了難以閱讀的草書，轉而學習以正楷書寫：她筆下的文字由不連貫的字母組成，每一個字母都是各自獨立的單位。島嶼一般的字母，宛如群島的句子。上述兩種情況造就的，與其說是獨一無二或非比尋常的字跡，那種屬於作者獨家性格的印記，倒不如說是暴露了抄寫者的世代以及地區或階級出身的筆法。

莉莉安娜的字跡總是令人驚嘆。

莉莉安娜花了很多時間書寫和修改信件，通常是在從線圈裝訂的橫線筆記本撕下的紙張上。有時候她會送出這些訊息，有時候則是自己保留。有時候她兩邊同時進行：寄出正本，保留一份副本在自己的檔案夾裡。她也寫便條給自己，通常是以第三人稱單數，便條中她會與身處同一時空、卻全然不同的莉莉安娜開啟一段對話。她使用鉛筆、色鉛筆、原子筆。某些特定場合，她則會選擇接近酒紅色的棕色墨水鋼筆。她也會將信件打字在來自我們母親工作的大學辦公室的牛皮紙上，或是打字在原本因錯誤或錯字而報廢的校正本所使用的US Letter size紙張上。她心血來潮地書寫，帶有一種語言的膽識，毫不避諱隨意的玩笑或突如其來的東扯西扯。她在安靜的時刻書寫，因疲倦或無聊而隨性地按字母順序寫下朋友的名字，或是無止盡的待辦事項。她在每一天與慶祝的時刻書寫。她書寫後來整理成校正本的草稿。她反覆檢查自己的寫作，著魔似的。她會謄寫自己的整份筆記或個人書信，頻繁而最小程度地反覆修改，直到用字遣詞合她的意，直到那一刻，她才肯放手。她與那些文本的關係，既是表達的關係（她不只一次強調過她藉由這種練習來自我排解的需求），也是批判性探究的關係——她所書寫的東西，即使只為自己所寫下，也體現了遠超過僅僅是個人告解的形式標準，挑戰了文學的傳統觀念。舉例來說，她經常在信函中開玩笑地用附注開頭，然後順序顛倒地繼續書寫，藉此質問公認的信件書寫順序。她也大量而不懈地謄寫詩歌、書籍名言佳句、完整段落。莉莉安娜是這個家族貨真價實的作家，無庸置疑。

她中學與高中時期的字跡有品味又精巧，然而身為建築系學生的那段時間使她對於各種物質性的感知更加敏銳，其中也包含了寫作。在阿斯卡波察爾科，大學生的她使用的筆法，傳達出一種嶄新的個人風格。某種不可轉讓的東西，無法模仿。每一個字母的固定形狀，尤其是她文字的直線縱向感，來自對書寫各方面前所未有的嚴謹控制。她的個人特質從兼具優雅與獨特的字跡，也從她摺疊紙張的手法浮現。她的信件是名符其實的摺紙炸彈，在讀者的手心炸開，增添了神祕與同謀、快樂與淘氣的共同體驗。即使是三十年後的現在，打開她的信件依然是慎重的操作。一旦信件掙脫了信封的束衣，或是書籍或筆記本壓實的內頁，就必須小心處理，拎著其中一角，依照它自己的速度與意志，一點一點地展開。最終，那封信函拋下立體的錯覺，心不甘情不願地，順勢地重返平面的狀態。

對於作家莉莉安娜而言，一切都是計劃好的。內文本身仔細交代了紙張材質與尺寸的選擇，以及紙張與墨水的顏色，信件的尺寸，句子在橫線之上或下、在角落或正中央的位置。別忘了塗鴉、繪畫與貼紙策略性的融入。來自莉莉安娜的信件是一封邀請函，邀請讀者前往一個廣闊而複雜、有點孩子氣、有點奇怪的個人世界。有趣。那個世界所屬的人逐漸掌握組成自身的材料，同時也深知連結與參與是寫作最終而真實的目標。

莉莉安娜堅持不懈地寫作，直到生命的最後一天。設計過的長信、課堂筆記邊緣潦草的字跡、俐落且仔細地反覆抄寫的詩歌、歌詞。她最後一次拿起她的紫色原子筆，是在一九九〇年七月十五日上午十點三十分。根據她的死亡證明，在十八個小時之後，莉莉安娜停止了呼吸。

liliana
liliana
rivera
garza

馬鈴薯

太初之始，便有馬鈴薯。引誘我祖父母一路向北來到美墨邊境的是棉花，但是將我的核心家庭推往墨西哥中部高地的，是馬鈴薯。我的父親在蒙特雷（Monterrey）一間私立大學拿到農藝科學工程師的學位，但在奇瓦瓦州（Chihuahua）德利西亞斯市（Delicias）一間公司工作幾年後，他仍試圖回到校園生活。於是，他申請了查賓戈自治大學（Universidad Autónoma Chapingo）的研究所，而當他成功錄取時，我的母親同意了：我們將冒險南下，拋下我們熟悉的一切，氣候、食物、他們的朋友、口音，為了一個改善我們生活的機會。他成為一名遺傳學家，一名植物育種師。他一畢業就得到了兩個工作機會，一個在下加利福尼亞州（Baja California）的恩森那達（Ensenada），另一個在墨西哥州的托盧卡。恩森那達與墨西哥東北部的塔毛利帕斯州（Tamaulipas）距離太遠，而後者是我們每年夏天前往拜訪家族與度過耶誕假期的地方，所以他們並沒有認真考慮恩森那達。新的改變，更多道別，重新安排的物品與作息。我們在雨季正旺時，趕在秋季學期開始之前抵達了墨西哥緯度最高的城市托盧卡。莉莉安娜當時四歲，依舊非常地——有些人會形容她過度地依賴我母親。一九七四年七月十六日，我的父親以植物栽培研究員的身分簽下第一份工作合約，正好是我妹妹死亡的十六年前。

馬鈴薯屬茄科茄屬草本植物。當父親想要在造訪國家農業研究院（National Institute for Agricultural Research）的研究員間引起騷亂時，他會不經意地、幾乎是順帶一提地談到，馬鈴薯真正的原產地並不是安地斯山脈，而是附近的托盧卡火山（Nevado de Toluca）丘陵地帶。這個挑釁屢試不爽。有了母親準備的豐盛飯菜，以及搭配餐後談話的酒精推波助瀾，研究員們花了大量時間爭論他的論點之荒謬。無論他們來自祕魯或聖彼得堡或瓦荷寧罕或慕尼黑，或是男是女，西班牙文說得好或不好，一切都不重要。他們以科學證據反駁父親的說法，笑聲難以掩飾他們內心的敵意。他們搬出歷史數據，也提及田野觀察。莉莉安娜與我從門縫間看著他們。我們模仿他們激烈地比手畫腳和各式各樣的口音。我們把鉛筆放在嘴裡，假裝吞雲吐霧。我們模仿他們的動作，盤起腿並同時將手舉向空中。他們的笑聲同時是我們的笑聲。偷偷地嘲笑他人，發展屬於自己的諷刺啞劇，讓我們不僅僅是姊妹——我們是共犯。

我們在悶熱潮溼的溫室度過無數週末。在那裡，父親研究著致病疫霉（late blight），那是一種真菌，它臭名昭著的事蹟之一就是當年摧毀了愛爾蘭的馬鈴薯作物，引爆傳說中的十九世紀馬鈴薯饑荒，進而導致超過一百萬名移民外流到美國。我們花費無數午後測試我父親在廚房實驗出的馬鈴薯薄片：味道、甜度、口感、顏色、大小。你最喜歡哪一種？我們花費數不清的日子在火山坡上上下下，涉過冰冷的水流，在陡峭的路上氣喘吁吁，只為了一瞥野生馬鈴薯白色與丁香紫的花朵，而父親則利用它們的基因來研發對晚疫病免疫的新物種。我們吃著馬鈴薯，呼吸著馬鈴薯。馬鈴薯曾是我們的神。在火山的周圍，我們為了不靠打火機油升起篝火，花上數小時收集乾燥木屑或樹葉或斷掉的樹枝，如同母親教我們的那樣。我們花費了無數日子解讀戲劇性的高地天空：高積雲、積雨雲、捲層雲。

我們住在查賓戈校園內研究生宿舍時所吃的當地食物，是過去身為邊境移民的我們難以想像的：蘑菇、墨西哥粟米松露（huitlacoche）、葩葩洛（pápalo）、橢圓玉米餡餅（tlacoyo）、藍玉米、普逵酒（pulque）。在托盧卡，這份名單又變得更長了：綠色的西班牙辣香腸（chorizo）、葉菜（quelites）、野生蘑菇、傳統燉菜（romeritos）、骨髓湯、豬肉香腸塔可（tacos de obispo）、墨西哥奶酪三明治（milk cream Mexican sandwiches）。遠離含糖食物和街頭小吃的嚴格飲食，更凸顯了這些菜餚的異國情調。有一次，一位研究院實驗室人員邀請我們全家參加在托盧卡火山坡上的烤肉聚餐。熱羅尼莫（Jerónimo）在逃至格雷羅州（Guerrero）並在托盧卡安定下來前，曾是卡瓦尼亞斯的游擊隊員（Cabañista guerrilla）[3]，一場一九七〇年代的無地農民武裝行動，對國家當時的現代化意圖造成威脅。

3 譯注：此處指的是墨西哥一九六〇至八〇年代的骯髒戰爭（Dirty War）。游擊隊組織的領導之一是盧西歐・卡瓦尼亞斯（Lucio Cabañas）。

在烤肉聚餐上，他帶了一隻用薄紗棉布仔細包裹的羔羊。他專業的雙手將火種堆疊在石頭陣中央生火，並架設了可以把肉放在火焰上邊烤邊轉動的木造結構，他的女兒則在一旁吃著我們帶來的巧克力和棉花糖。那味道讓我們感到驚訝。那幅畫面：兩個來自遠處的家庭，齊聚在一座聖山山坡上的篝火邊。大人們低聲交談，滔滔不絕。令人平靜的文字附著熾熱閃耀的木炭上，卻只能在輕微不過的陣風下隨之而去。他們的話語短暫地懸掛在歐亞梅爾冷杉的樹枝上，最終卻一點一點地往山上振翅而去，直到縱身跳入火山口的太陽湖（Laguna del Sol）與月亮湖（Laguna de la Luna）中。文字四處漂浮，絲毫不驚動水面。文字游著泳，平靜地向前划水，雙臂交替著。文字吸氣又呼出，形成了隨地球毫米轉速一起移動的緩慢節奏。這是一段對話的模樣。隨後談話消逝，如同陽光，一點一點地，愈發薄弱，煙消雲散。此時寒氣逼人，但當我們在無人斗膽打破的沉默中開車返家時，我們的嘴唇上殘留著在沉睡的火山上，由前游擊隊員烘烤的美味羔羊，就在記憶的皺褶上。那是我們得到最接近歡迎的事物。

在父親的一張舊照片裡，還是青少年的他在棉花田旁騎著一匹馬。他腰桿挺直，雙手熟練地握著韁繩。他正準備微笑，但在最後一刻臨陣退縮——比起害羞，那更像是謹慎的舉動。一種可能被認作是平靜的不尋常信念，透過十五歲的凝視隱隱閃爍著。或許要親眼看到那張照片才能明白**遙遠**兩字，**在外面**這一副詞，還有**我是自己的避難所**這句話的意思。莉莉安娜和我不需要照片就知道我們並非當地人——而這裡碰巧是我們的全世界。我們在飯桌上、上學前，還有夜晚入睡前聽到的，是每一扇門都是出口。尋找那出口是我們的例行公事。如果出口不存在，我們必須自己打造出一個。我們自他方或更遠方而來——那是個指令。我曾在某次家庭晚餐的紛爭後猛力甩門。母親等著我回來，廚房早已乾乾淨淨，然後她十分平靜地告訴我，這是其他人生氣時做的事，我們家不來這套。我們的祖先克服了一切，貧窮、文盲、棉花產量的衰退，而我們是其後代。我們的祖先甚至從一九一八年的流感大流行活了下來。我們活著純屬偶然，而那偶然本身，作為奇蹟，就是我們的救贖，她直言不諱地這麼說。讓其他人去絕望吧，讓其他人在無法運用智慧或洞察力或耐心時大力甩門吧，讓其他人浪費他們的時間與才能吧，因為我們——來自遠方的我們、自由自在的我們、克服一切的我們，有更重要的事情要做。明白嗎？母親的聲音在平靜中帶著威脅，沒有絲毫勉強。一丁點的猶豫不決，都意味著背叛。我們是有著四位國民、變化無常的主權獨立共和國，對外面的世界幾乎無所求。那是我們的力量，我們系統的祕密。當時沒有人想得到，除了我們四人以外，有人可以成為那聯盟的一員。

儘管我們早已一路從東北到中部穿越了大半國土，但在抵達托盧卡時，我們並未準備好面對這座以物質與收入衡量一切的工業城市，還有它冷漠的風氣與嚴苛的階級制度。多年來我們抱怨托盧卡：氣候、無趣、狹隘、平庸。托盧卡三個字，意思是不幸地。雖然我們喜歡這裡天空的雲層，也總是把握機會造訪火山口，但是我們每一天都抗拒著托盧卡，一點一點地。顯然我們只是這裡的過客，特別是兩個女兒。要不是父母替我們報名了游泳課程，這個保守、缺乏活動、恪守男女有別的城市，能夠給予兩個前景看好女孩的事物實在少之又少。

當年我們抵達這裡時，我還不到十歲，卻在交到朋友之前就趕緊逃離了。我不惜任何代價地避免扎根立足，但是莉莉安娜在那裡度過了她的童年，以及青春期。莉莉安娜在那片藍得要死的天空的保護下長大。

友誼長存

女孩們相伴前往廁所交換祕密。她們向前邁步，留下咯咯傻笑，這團躁動不安的螢火蟲，吸引眾人目光。她們身穿學校制服，週末時則穿著牛仔褲與緊身T恤，凸顯了微微隆起的胸部。她們依然穿著白襪和橡膠底的皮鞋。她們長長的頭髮綁上彩色髮帶，紮成了馬尾。她們尚未塗上指甲油或畫上眼線，但很快地，她們會無緣無故地不再在學校運動場上東奔西跑。她們會被教導端莊，體面，女性氣質。直到那時，她們仔細觀察彼此，打量彼此，試探彼此，背叛彼此。沒有比她們口中更加殘酷的批評。她們也愛著彼此；不，她們愛慕著彼此。或許世界上沒有比青少女之間交換的信件更熱情的情書了。

莉莉安娜的檔案有一大部分是來自她女性朋友的書信。這類書信不但數量最多，也是最用心竭力地被寫下。一封女性朋友的書信不僅僅是以文字裝飾的一張紙：媒介與訊息本身同等重要，也正因如此，每封信件都綴有彩色邊框、亮粉、多種貼紙（其中以Hello Kitty稱霸）、不同墨水、打了無數遍草稿的信件，甚至是乾燥花草。不只是一封信而已，它們每一個都是郵件藝術品的小小範例。

在這個社會，市內電話仍是父母以嚴格的熱衷監控的奢侈品，打電話並不安全，拍電報則絕對不可能。但是寫信很簡單——只需要幾張筆記本內頁，或必要的話，購買一張品質好的棉紙或帶有特殊邊框的色紙，以及一個信封。如果手邊沒有信封的話，把信紙用複雜的手法摺起來並用膠帶或彩色標籤密封，也綽綽有餘。接著，就可以趁課堂空檔間，近身交手，親自將信件交給收件人；又可以像是無心碰巧似的，留在背包裡或夾在書本裡。獻殷勤式的驚喜。

莉莉安娜時常前往美墨邊界，拜訪表親與結交新朋友。緊密的關係對她來說非常重要，而她的信件歷經過長途與短途的旅行。例如，她最早從一九八三年就收到了從阿納瓦克（Poblado Anáhuac）寄來的信件，而且不只來自與她同齡的女孩，阿黛拉・奧羅斯科（Adela Orozco）、派翠西亞・卡斯提歐（Patricia Castillo）、阿蜜莉雅・里維拉（Amelia Rivera）、雷蒂西亞・赫南德茲（Leticia Hernández Garza），也來自逐漸喜愛上她的年長阿姨與鄰居。莉莉安娜按時回信給所有人，培養彼此之間的感情。她也與游泳比賽認識的朋友互通長信，例如從密巧肯（Michoacán）的莫雷利亞（Morelia）寫信給她的魯道夫．羅培茲．岡薩雷茲（Rodolfo López González），即使後來搬到加州英格伍（Inglewood）時苦於適應新城市，他也從未停止寫信。時間，在那紙張與信封充滿愛的累積過程，充滿了時間，生理時間與心理時間。少女綻放的時間。

「我希望你明白，世界上沒有人像你如此了解我。」莉莉安娜和她的朋友頻繁地通信。雖然她們時不時提過強硬的母親或專制的父親，卻不曾詳盡闡述。她們不談論兄弟姊妹。任何猥褻的親戚或街頭騷擾的事件，在這些信件中也都不知去向。她們不太為家務事操心，學校或考試也不令她們煩惱——提及老師的時刻稀有又短暫。偶爾她們互相祝福考試順利，但僅止於此。她們為了許多過失，再三地透過信件道歉：為了某些在斷章取義下可能被誤會的的言行舉止；為了手中早該分享卻沒能如此的資訊；為了此時有機會澄清的謠言；為了和敵對陣營的女生交談。提出與接受道歉是一門艱深的藝術，透過她們牢記在心如迷宮般的規定維持著。青少女的臉皮很薄——一句惡言足以讓淚水潰堤；一點格格不入就能造成傷口，唯有時間才能治癒，如果真有可能的話。最終，如果一切順利，女孩們向彼此宣誓永恆的愛。小莉莉安娜（Lilianita），她們經常如此稱呼我妹妹。最親愛的朋友。我真正且唯一的朋友。莉莉哈娜（Lylyhanna）。她們感謝彼此的諒解，發誓沒有什麼事情可以摧毀她們的友誼。她們發誓患難與共，友誼長存直到時間的盡頭。

但是女孩們寫信多半是為了談論愛——更準確地說，談論對男孩們的愛。她們聲稱沒有人真正了解自己，所以她們向彼此分享不能讓別人知道的祕密。她們一起摸索尋找新的領域：愛是欲望的別名。周遭的大人們以為他們的女兒沒有性衝動或性欲，或相信即便有，她們也能被馴服，尤其是在重視嚴格的天主教思想的家庭。儘管如此，女孩們逐漸進入了那未知的身體現實。賀爾蒙發揮了作用，想像力也是。在長長的信裡，在不避諱幽默的嚴謹描述下，她們的窘境一個個浮現：她愛慕的男孩正在和另一名女孩約會；她不喜歡的男孩太過死纏爛打；男孩不接受她的分手。她喜歡的男孩搬去了另一個城市；一位別的班級的男孩派他的跟班告訴她想要約她出去；她喜歡的男孩曾與她輕吻過；她不喜歡的男孩一直送她蠟紙信。那樣是正常的嗎？那種事也曾發生在她身上嗎？她的建議會是什麼？在她們拋下順從與乖巧與童年的堅實基礎時，那些信件成為一起前行、彼此保護的方式。透過這種輕輕偽裝成純真的祕密溝通，她們互相警告源源不絕的危險：她們點名該避開的、拘謹又傲慢的男孩，明確地指認劈腿的、冷血的或純粹只是粗魯的男孩。她們很清楚、也確保其他女孩知道那些滿腦子只想上床的男孩。

換學校或邁入新的年級令她們感到害怕。改變迫使她們質問自己是誰，即將成為誰。「為什麼？為什麼非得這樣呢？」接近中學尾聲時，雅絲敏（Yazmín）如此疑惑著。「我以為我不在乎離開這個可笑的教育機構，但結果我是在乎的。我非常在乎，但不是因為勞爾（Raúl）、奧斯卡（Oscar）、馬塞拉（Marcela）、克勞迪婭（Claudia）或亞莉杭卓拉（Alejandra）和西西莉雅（Cecilia），他們可以做任何他們想做的事。但是……你，莉莉安娜，既堅強又脆弱的你……我的人生會變得怎麼樣呢？你的又會變得怎麼樣呢？我們將來會變得如何呢？人生是否會繼續無情的競賽，死亡是唯一終點線的競賽？是的，這個人生，總是過分地走往死亡。如果你早就知道死亡在盡頭徘徊，而它帶來的只有痛苦，那麼欲望、理想、目標，甚至未來又有什麼用呢？莉莉安娜，我不想要與你分離。我非常愛你！」

雅絲敏同時也是十四歲的莉莉安娜所收到最黑暗的信函作者之一，那時是一九八四年四月：「來自遙遠的那裡，物種初生與第一個人類出現之時，混雜了殘忍與溫柔之物遠道而來。這人是征服者，渴望黃金與榮耀，他擄掠每個國家，只為隨後將之拋棄，悲傷而挫敗。每一個孩子都是父母充滿或缺乏愛的真實產物。當一個孩子的出生來自那殘酷與悲傷，來自戰勝者的血洗掠奪與戰敗者的駭人落敗，他必須強硬又柔軟、殘忍又聖潔，也必須與母親的悲傷共舞流淚，在父親生下他時為其犯下的暴行復仇。」

在紙堆中撕下的一頁的紅線上，由鉛筆所寫下的一封未署名的信，以匿名筆跡不祥地宣告：「莉莉安娜——要是你少了你照耀的事物，那麼你的快樂會是什麼呢？我仰慕你，你那溫柔的眼，可以甚至不帶妒忌地思考極度的幸福。你的凝視純粹，而你的嘴絲毫不掩飾你的厭惡。現在你正在改變，你已成為了女孩，你甦醒了。在那些依然沉睡之人中你該何去何從？你像是在大海中獨自活著，海水承載著你——你真的想要躍至陸地上嗎？你想要再一次拖著身體來到這片土地嗎？你愛男人嗎？男人對你來說太不完美了。男人的愛會殺死你的。別往男人而去！留在森林吧，隨野獸而去，而不是男人。為什麼呢，難道你不想當一隻熊群中的熊，鳥群中的鳥，就像我一樣？」

我討厭他們以這種方式愛我

一九八四年六月十日，那是個星期天，莉莉安娜第一次寫下了安赫爾・岡薩雷茲・拉莫斯的名字。那肯定是個多雲的傍晚，初夏的雨水啪嗒啪嗒地落在屋頂上。她八成躺在雙人床上，雙腳包著厚羊毛襪。一名青少女的房間：淡藍色格紋床罩、環繞床邊的圓孔床裙、精緻的枕套。就在樸實的床架上方牆上，切格瓦拉（Che Guevara）和瑪麗蓮夢露（Marilyn Monroe）的海報從側邊遙望著彼此。右側則有金門大橋，一隻海鷗永遠地棲息在空中。就只是偷懶一下，偶爾她會這麼說自己。懶洋洋、只是毫無動力。假如她探出窗外，就可以感受到從火山上襲來的冰冷空氣拂過臉龐。她也就可以看到神聖的山頂上，那溫柔而壯麗的白雪。然而，她卻留在房間內，幻想著她最近在若望鮑思高健身房（Juan Bosco Gym）遇見的、健壯又殷勤的男子。在健身風氣盛行前，那個私人機構多半吸引了專業舉重運動員或自以為是的模仿者。莉莉安娜聽從游泳教練的建議，在中學畢業之際加入了這個健身房，好在下水前加強她的腿部與手臂力量。安赫爾幾乎可說是馬上喜歡上了她，問起她的名字、電話與住址。但是莉莉安娜反應遲鈍。如果她喜歡他，她會自己保留祕密好一陣子。如果她受寵若驚，她也不會透露真實的感受。安赫爾是個煩人精，她如此告訴每天下午陪她一起運動、直到雙雙喘不過氣的朋友卡拉（Carla）。他總是不容拒絕，她邊說邊翻白眼，對一旁鬼鬼祟祟的他置之不理。安赫爾將莉莉安娜的反應視為挑戰並加倍努力。他提早抵達，準備好在門口迎接她，然後只要他可以，他會留在健身房舉重或和健身房老闆聊天。他通常會在櫃檯為她們留下預付的一瓶運動飲料或幾瓶果昔。有一次，他邀請卡拉上他的車，問她莉莉安娜是否也喜歡自己。她有跟你說什麼嗎？他好奇。卡拉不想失禮，但也不想說謊。她沒有提到你，她面無表情地說。拜託，卡拉，幫幫我嘛，他拉了拉她的手肘，半開玩笑地說。卡拉嚴厲地看著他，考慮著他的請求：他的年紀看起來比她朋友大不少，無論如何幾乎是成人了，是她們學校或游泳隊朋友圈以外的人。她到底在他的車裡要幹嘛？你只需要告訴她我是個好人就好，他不肯罷休。女生總是會聽同性朋友的話，對吧？我不能那麼做，她說。為什麼不行？因為我不認識你，她回答。可是你現在認識我啦，他反駁。我替你們在櫃檯留的飲料你不也喝得很開心，不是嗎？卡拉打開車門衝回了游泳池。

莉莉，你猜怎麼著？她說。

180684

今天我沒有用原子筆寫因為它不在我身上。我借給安赫爾了。我喜歡他，我非常喜歡他。我不覺得說我真的真的很喜歡他聽起來很老土。因為一些**蠢原因**讓我決定愛上他。莉莉。

在托盧卡一間位於好社區的中學待了三年後，莉莉安娜在位於城市外圍、曾是農業與畜牧業用地上的安赫爾．瑪莉亞．加里貝五號高中（High School No. 5, Ángel María Garibay）註冊入學了。夏天綠意滿布的山丘與平原，在收成時節後由田地的金黃光輝取而代之。色彩的輪迴。托盧卡的舊市中心十分遙遠，連結了墨西哥城和這座投資者與工廠工人城市的工業走廊也是。在西邊遠處，則是擁有悠久陶藝傳統的原住民小鎮梅特佩克（Metepec）。公立高中座落於一片無主之地，在無人斗膽稱為郊區的邊陲地帶上，有著與我們家族新居相似的簡樸建築。聖卡洛斯住宅區（Residencial San Carlos）是新型住宅社群，由高牆保護的豪宅中聚集了政治家、商人、毒梟等輩。房地產經紀人被其成功所鼓舞，以新興的中產階級為目標而將土地賣給複合式住宅。除了投機買賣和最大化利潤，沒有都市法規牽扯其中，因此在一九八〇年代中期，梅特佩克的外圍（市郊）變成了介於農業發展和都市應用的某種過渡空間，這也體現在莉莉安娜高中的走廊上：農民和商人的孩子們——在田野工作的人們和擁有經濟能力而非血統的男孩們——全都來到了這個倉促落成、不適合的校園，且經常與零星牛隻和羊群共享空間。莉莉安娜踏入校園時才正要十五歲。她首先遇到的人之一就是安赫爾。

莉莉安娜結束高中的第一個學期時，有著自豪甚至自誇的成績，那時她在一封打字的信中確認了他們的戀愛，收信對象是她人生中斷斷續續但穩定保持通信的同輩表姊，雷蒂西亞・赫南德茲・加爾薩：

雷蒂西亞：

我不認為你有任何值得你賠上性命的煩惱，所以我也不打算問，好嗎？

問題是我也沒有要為任何事賠上性命，而即便如此，我也沒必要寫信給你，但既然我已經放假而且現在懶得做其他事，我決定要寫信給一位從不（我說了算！）回我信的表姊……**你**。

我想過在暑假拜訪你，但由於我在兩週後有場州際2A游泳比賽，我必須練習……真倒霉！我要怎麼做——但千萬別以為我放過你了……**我可能會順道路過**（不是從天而降）！

你猜怎麼著？就是呢，你的表妹莉莉安娜非常用功，她高中卑鄙的第一年成績不錯；順帶一提，我已經發現你去考了入學考試，還有你害怕你沒有通過（真是忍無可忍了）。我真的覺得你會高分通過……（我很肯定）。

你還記得我以前是調情大師嗎？不過，那種瘋狂的狂熱已經是過去式了，現在我只會一點點。自從我升上高中，還有跟我中學所謂的朋友們發生的事情後，我就只有三個最好的朋友（我不喜歡大家用的術語：男朋友）。布拉斯（你記得他嗎？）、長舌男（賽薩），還有安赫爾——那就是他的名字，不多也不少！噢！噢！對了，還有兩個超迷戀我的調皮男，其中一個已經走出來了，但另一個還是糾纏不休。**該死**。

啊！還有另一個來自莫雷利亞的男孩（我說了算），他是跟游泳隊一起來比賽的，**就這樣**！他十五歲而且參加過很多全國聯賽等級的比賽，我在十月會見到他（應該），好啦他的名字是璜．卡洛斯．特列斯。**我厭倦一直談論傻蛋了**。

你可能在想為什麼你的醜小表妹小莉莉安娜要用打字機寫信，答案是因為我的手寫字（經常有多餘的字母）變醜了（我打字也不是多厲害，但請考量到我現在是躺在床上把打字機放在肚子上並一邊看電視）。

你知道嗎？**我好累**，（更好的說法則是）**我累了**……意思是我要去休息了，確實（我說），我寫作時沒辦法休息……這也是為什麼我要停止繼續寫下去了……而這個意思就是：

再見。

附注：小心摺紙。

一個學期後，接近一九八五年六月的尾聲，莉莉安娜寫下三則給安赫爾的訊息：第一則，寫於二十八日週五的晚上九點三十七分，告訴他現在她感到平靜且想要做一場關於他的夢；第二則，寫於二十九日週六的晚上八點三十二分掛完電話後，感謝他對她的信任，並讓他知道她已經開始在寫給他的另一封信了；第三則是非常短的訊息，寫於時間已褪去的綠色紙片上：

你讓我時常大笑而我因此更愛你了。

這些是這對戀人一時激動所寫下、就像自我說服當下感受為真的典型短箋。爆發的情感尚未被編碼，毫不費力地進入了浪漫愛情的故事。許多戀人都曾寫下這樣的短箋，更多的戀人也將如此，但莉莉安娜將它們全保存了下來。那就是不同之處，她的不同之處。書寫的迫切與存檔的欲望同時出現。那也是為什麼我們有辦法分辨，區區幾個月後的盛夏之時，在八月，當時莉莉安娜正為暑假做計畫，而她與安赫爾的相處狀況卻已急轉直下。

在一本封面上有著白色Hello Kitty的小筆記本（拜訪叔叔的農場是我最喜歡的事情／向

田野中的動物打招呼），在她待在我們父母家鄉小鎮邊境的三週間所用的日記本中，安赫爾不再是笑聲與平靜的來源。實際上，因為莉莉安娜從未明言的原因，此時的安赫爾只帶來煩惱與不屑。

300785

昨天和今天我比以往都還要喜歡荷賽·路易斯·戈梅茲。我做了一個有趣的夢。我希望可以永遠地記得。我知道我會的。我只想記下這些關鍵字：銅紅色地毯、螺旋樓梯、**那個東西**、貧窮、**那個東西**、迫害、**不**。好吧，我不太確定。

050885

伊莎貝和我已經說好了一起度假的日期。她跟我都想要儘早出發，這樣我們才不會在這裡無所事事。我們明天下午五點出發。我希望有時間去墨西哥社會保障研究所。我等不及見到荷賽·路易斯。希望他會赴約，如果他沒出現我會殺了自己（好啦，說說而已）。對了，安赫爾打電話給我而我只想對他破口大罵。我現在（**早就**）受夠他了。希望在那裡（波布拉多）他們不會一如往常地讓我難受。

060885

我們明天出發！（真是鬆了一口氣）。更正：週三。

我去游泳並且和貝托聊到馬林、潘喬、賽薩發生的事。我想我們是錯的那一方，所以我們和參加區域比賽的人開了會。我認為我們達成了某種妥協，但一切已經一去不復返。我們的教練胡里歐則是答應他會嘗試改變。我和荷賽・路易斯見了面並且一起胡鬧——他、方塔納、還有奧斯卡。我覺得他們三個都喜歡我……而他們三個我也都喜歡！噢！噢！對了，其中一個跳水選手（**赫拉多**）喜歡我，我也很喜歡他，反正我和荷賽・路易斯之間也沒戲唱了。安赫爾剛剛又打電話給我了而我覺得我對他態度很煩躁，但一點也不後悔。

080885，在克雷塔羅

我們剛從托盧卡抵達，我們在兩點半離開那裡。這是一趟平淡無奇的旅程，我希望繼續這樣保持下去。

現在大約是早上八點。我人在馬塔摩洛斯的公車站。往波布拉多的公車剛才拋錨了。**運氣真差！**

我們從克雷塔羅搭乘克雷塔羅三星巴士[4]，公車227號，座位非常糟（正對著廁所）。我們在九點抵達聖路易斯波托西州並在九點半離開；我們在兩點半抵達維多莉亞城[5]

但我不確定我們幾點離開那裡，我猜是三點。我們大概在六點四十分抵達這裡。一切都好，除了這個：等待。

現在大約十一點。我已經在這裡了。儘管一度差點錯過公車，但我們總算成功搭上了九點的車。我得到了溫暖的歡迎，但看到一成不變的事物也讓我十分沮喪。

090885

我剛起床，除了托梅阿姨以外所有人都還在睡覺。我覺得三週對我的精神狀態來說實在太久了。現在才早上六點五十二分……卻已經非常炎熱。**高溫讓我如此地煩躁！**

180885，週六

今天我比昨天晚起床。我沒有睡好。我不知道自己在想什麼。我沒有做什麼特別的事情（這裡不曾發生特別的事情）。今天有舉辦那種愚蠢的舞會，眾多婚禮的其中一場。我希望大家都去參加好讓我有些獨處時間（更多？）。

4 譯注：即Tres Estrellas de Querétaro。
5 譯注：Ciudad Victoria，位於墨西哥東北部，是塔毛利帕斯州首府。

我有想到荷賽・路易斯，我的荷賽・路易斯。我不需要說明我想了些什麼。希望赫拉多記得我。我對安赫爾太嚴苛了。他以這種方式愛我是他的錯……是他們的錯而我討厭他們以這種方式愛我。

昨天晚上我跑了兩公里左右。感覺還可以。

語言同時揭露與隱藏的能力。窗戶與簾子。望遠鏡與霧。某個碩大而透明的東西，遊走在一九八四年六月首次拼出安赫爾的正楷字母，與一年後一九八五年八月的談論之間。一定發生了什麼事。莉莉安娜沒有明言是什麼，但那件事的結果透漏了比事件本身更多的訊息。她說，有種愛的方式使她心煩、使她不快，她逃離它，抗拒著它。再者，那種愛的方式是她認為不屬於自己的。那是他們的錯，要就怪他們。那是他們的責任，尤其是安赫爾的。莉莉安娜無所畏懼，幾乎立即而堅定地對令她震驚並困擾的事物做出反應，那個奪走了大笑進而帶來厭惡的事物——她形容自己煩躁而嚴厲，但說她並不後悔。然而，當時發生了什麼事，導致如此極端的轉變與強烈的反應，在檔案中卻依然不見蹤影。那不知名的，或許是不可命名的，莉莉安娜決定不說，或不能說。或難以言喻。

蘋果愛好者

21068

阿德里安：

我在十分鐘前掛掉電話（我當時在跟你講電話）去看電視。我正靜靜地坐著（吃東西）然後螢幕上跳出了工程師的廣告（就像被施了魔法一樣）。「這是工程師最常見的形象（某種東西）……諸如此類。」然後我真的很想寫封信給你（這裡的「你」就是阿德里安）。於是，我起身，停止吃東西（以這樣的順序），到我的房間（簡直是一團亂），嘗試清空我的床（失敗），拿出了方格筆記本（我最喜歡的就是你和方格紙了），我尋找一支筆（以防萬一，不需要用到有雞圖案的筆了，我會用原子筆），然後我開始寫字。**噢！然後就這樣。**不多，不少。我來了：

莉莉安娜如何寫信給阿德里安（萊昂斯、瓦倫西亞、弗朗切斯科、潘喬、帕可等人）**的記事之結尾**（終）。

莉莉安娜給阿德里安的信之開頭：哈囉！（只有問候）。

信的內文本身（或「自」身，都一樣）：我非常愛你（而我「永遠」會打敗你）。

信的結尾本身或自身：掰。假哭／好吧（沒錯！對，為了你！）（什麼！你還真的相信了，**瞧你得意的呢！**）

再見（希望不是「再」也不「見」）：

好吧（再一次，因為我離題、走另一條路、改變話題等等）。

信的結尾的結尾：

結束了……

附注的開頭（就是信末那個PS啦，你這個傻瓜！）

附注

附注文字：注意我隨時間過去改變（時間是支箭頭）。

附注內的訊息*：

*備注（查一下）：附注是無聲的。

留言：

1. 我不知道瑪麗蓮怎麼有辦法一直笑（自從我買下她以來）。

2. 馬非常口渴（牠們不停地喝水）。
3. 沒有一輛車通過金門大橋（的確罕見）。
4. 海報中那些有羽毛的朋友們（好一個特質！）從不厭倦飛行。
5. 切格瓦拉非常地小心（他總是用眼角餘光偷看瑪麗蓮）。
6. 莉莉安娜．里維拉．加爾薩。蘋果、幸福、其他許多事物的愛好者。阿德里安的女朋友（**呸！**）。高中第四學期的學生（哈哈哈）。你認識她？不認識？啊！這個嘛，她喜愛大笑，從不孤獨；她喜歡和朋友一起大笑，她就是喜歡讓他們感覺良好（雖然她有時候會搞砸）。四個孩子（璜與阿德里亞娜．倫登、莉莉安娜．貝爾川與奧斯卡．羅夫萊斯）的母親，打算領養第五個（薩爾瓦多．迪利茲）。離婚（和璜．布拉斯）。纖瘦、直髮。不容易照顧她溫柔的小小自我。老實的小丑（來自阿泰德兄弟馬戲團）。她沒有所謂的朋友，但她確實可以信任幾個人（阿德里安、霍奇爾、阿圖羅）。夢想成為一名水手，行走世界，勇於學習許多事物，被接納，被愛。你找不到她嗎？這個嘛，她不喜歡熱牛奶，她生氣的時候（抱歉，我是說，當她吃到豬肉、貝類跟魚的時候）會渾身不對勁。她曾一度夢想成為吉他手，後來她覺得自己會成為畫家，而她在十六年人生的大部分時間都夢想成為一名專業游泳選手，但……總是有絆腳石。有些事情阻止她做這件事（**那些事情並不重要**）。她十六歲時墜入愛河，似乎一切都發生在一九八六年的四月和五月之間（跟誰並不重要）。她永遠不會忘記她的初戀（真是個天大的笑話）。有些人為她瘋狂，但沒有人像阿德里安一樣愛講話（這就是為什麼她無時無刻都在想著他）。最近，她注意到蓋比（沒錯，蓋比）每一天慢慢地疏遠她，但是她也覺得蓋比沒有錯，因為莉莉花太多時間耍花招了而且（我該怎麼說呢？）。好吧，我不知道怎麼說這件事（對查瓦、阿圖羅、方塔納等等）。而且，她漸漸地認為她對阿德里安沒禮貌只因為一直跟他們待在一起（但他們讓她很開心）。你必須理解她……（她非常無辜（……））。

幻想

好了，我在這裡，嘗試寫點什麼讓我擺脫內心的一切，擺脫自我……好吧，我不知道。「你給我的愛就像陰天……事情就是那樣，一個騙子，一個女人。」這就是我從外面聽到的……好笑吧？好吧，我覺得好笑，大笑跟微笑，沒錯：小朋友，你的笨蛋朋友小丑會給你□□□□□他只需打通電話給XXXXXXX並告訴我們孤獨之地的首都，在那之前我會用我的歌+++++++++++來取悅你，早安，小——朋——友——！

這件事實在是太蠢了，對吧？）（）（）。一切都很奇怪，應該說，我一想要感受自己在一切之外它們就變得奇怪，於是我決定用奇怪的角度看待一切。沒錯，聽著：如果我在一切之內，一切都看似正常，但如果我不是的話呢？……誰知道呢？我想要花時間談論特定時刻的每一人……在特定時刻，什麼？說實在，我不知道。我只是面向窗戶然後看著藍天，藍得像我小時候有的幻想牌色筆（當然是最淺的藍色，天藍色）。是的，我開始使用這些筆的時候是個小女孩，那時我不再想要簡單的色鉛筆，而是麥克筆，還有幻想牌色筆，所以我父母買了一些覺得可能有用處的麥克筆（麥克筆對大家有用除了我以外）。我擁有幾個小箱子，不超過三個。好了，這些是我使用過的所有顏色。現在我有用剩的筆，還有太陽的顏色，抱歉，是光，陽光的顏色，我用這些還有之前的色筆，畫我想畫的一切。我現在想要用黃色來畫加布里埃拉，用很多顏色來畫奧斯卡，給他全部的彩虹，那會很漂亮的，對吧？用綠色畫卡羅，紫羅蘭色畫賈絲敏，藍色畫方塔納，咖啡色畫阿德里安，紅色畫阿依達，白色畫霍奇爾，紫色畫賽薩，黑色畫瑪莎·門迪奧拉，酒的顏色（我愛喝酒、大喝、狂飲）畫曼努爾，粉紅色畫胡里歐，彩虹畫奧斯卡，彩虹畫奧斯卡，酒瓶綠畫查瓦，米色畫托喬，皇家藍畫阿圖羅，彩虹畫奧斯卡。

對某些事保持緘默

「可敬的」先生（哈哈哈）：

你稱呼我為騙子……我不知道，我不確定這樣的稱呼是冒犯還是奉承，因為我知道，我確實是個騙子，儘管我不認為我會多喜歡那個詞（為什麼你沒有換另一個詞？）。好了，好了，現在沒有時間處理那個了，是吧？我們當時是我們……我們當時說我是個「騙子」（有其他名字的選項）。啊，我會告訴你我被那給逗樂了。你可以發明數不清的事物並且真正地感受它們，為何不？（你只需要去嘗試）之後再去招惹人們（……）不，不，我不是在指什麼特定的事情，只是在別人只能臆測我、猜測我獨有的事物時（那也是為何這些事物在一開始就屬於我），能知道別人真正想法的感覺還不賴。

哎，我不知道，我現在感覺像任何一個荷賽．路易斯，我（打從心靈）很遺憾地說，如我總是告訴他的，所有的謊言都含有無限的真實，你只需要尋找它，不過……就像我相信的那樣，我發現這位可敬的先生喜歡被消化過的一切，那好吧，算你倒楣。

我想要問你一個（或一些）問題：如果我們不對某些事情保持緘默，這個可憐的世界會變得怎麼樣呢？假如一切，我的意思是所有一切，都攤在陽光下呢？沒有祕密可言？那是多麼無聊，對吧？

你溫和的僕人，事實是，這件事在某些日子是一回事，在其他日子又是另一回事，你懂嗎？我不會說那是善變（那會是一樣可怕的缺陷）而是相對性（自然而然地出現在有思想的生命體（或至少嘗試思考的生命體））。

一如往常，「這取決於態度，往好的一面想」……（好嗎？）

你知道的，有這麼一位我覺得比我更了解我自己的人，而這讓我處於劣勢，因為我愛她，因為這個人知道我發生了什麼事，而我無能為力……這是沒辦法的事。那個人，是男或女不重要，從來不問我任何問題。這個人發現了我，我不知道是否有意為之，但就是這麼一回事！

我想那是確認你永遠會有一個人在你身邊的唯一方法：就像是草稿，你可以一點一滴地，釐清想法、感受和行動。切勿一次到位，因為如此一來就再也沒有祕密了，再也沒有為什麼。那麼……那樣究竟有什麼意義呢，你懂我的意思嗎？

這片藍得要死的天空

我是個探索者。我想要嘗試新事物；也許會有更多痛苦和寂寞，但我覺得這是值得的。

我知道還有更多的事物，在這四面牆，與這片藍得要死的天空之外。沒有真正地愛著，你怎麼能愛得如此深刻？

米蓮娜

米蓮娜

米蓮娜

米 蓮 娜

米蓮娜

米—蓮—娜

你不懂得愛

就跟所有的姊妹一樣，我們也會爭吵。小時候，我討厭莉莉安娜偏偏在我只想獨處的時候當我的跟屁蟲。我會說，不要煩我，我在想事情。讓她惱火的是，雖然我們的母親送我們一起上學，但我總是第一個被放行的，因此我的不情願、我的無法早起或我欠缺對她的時間的體恤，總是導致延遲而危及了守時的她。而她在意準時。她鄙視我雜亂的房間、我的衣著是多麼不雅、我的極致不修邊幅。我恨死她的絨毛動物玩具、Hello Kitty全面入侵家裡、她的時尚品味。當女孩們為了讓額前的波浪瀏海蓬鬆起來而開始使用髮膠時，莉莉安娜也跟進了。我則是嗤之以鼻。老土、消費主義、女人味。她聽流行音樂，成為了Flans之類少女團體的粉絲，那是身為墨西哥國立自治大學激進的社會學系學生的我所厭惡的。因為我在外型上的相似度和其他事情，讓一道沉默卻不容質疑的界線將我分到了父親的那邊，莉莉安娜則是母親那邊。雖然當時她們之間的相似度被忽略了，但在家庭照片中卻顯而易見：她們都很高挑，有著修長的雙腿和粗直髮，濃眉大眼，豐厚嘴唇。我的妹妹一直都是個美麗動人的女人。

我們之間有過最深刻的一次討論是關於愛。日期不明，但地點清楚地在記憶中湧現：那是我們，莉莉安娜和我，在一輛停在莫雷洛斯市場（Morelos Market）前的車裡。又是在托盧卡。托盧卡，意思是灰色的雨，意思是悲傷的鳥，意思是不幸地。托盧卡與它該死的藍天。那肯定是個冬日，因為燈光清晰而稀薄，精準地切斷了人行道上的群樹陰影。我母親下車去買東西，而才剛與她發生爭執的我在後座雙拳緊握地輕輕移動。我恨她，我說。咬牙切齒。我恨她。

我記得莉莉安娜趁著母親不會聽到，非常平靜地說：發生的事情是這樣的，克莉絲蒂娜——你不懂得愛。這句話讓我大吃一驚。那陣子我花了很多時間思考愛。自從我上了大學，我反覆思考的就只有階級鬥爭與愛。愛阻礙了我，使我瘋狂，使我窒息。我恨死了愛。

當我的女性朋友分享她們的愛情故事，為了邂逅的瑣事及事件表面上的必然而心花怒放時，我只能將其解讀為服從、缺乏自由、專業失敗。很多人說想要環遊世界、達成某種成就，但她們最後卻墜入愛河，接著以懷孕收場。不久後，她們的人生已成過去。不久後，她們自己已成過去。必須有人阻止愛，必須有人拒絕愛。在那些日子裡，我大部分的時間都在書寫對抗愛。不是宣言或短文，而是故事。短篇故事。有這麼一位女性角色——自稱席安（Xian）的年輕女性，迫切地、幾無勝算地，逃離向她承諾愛的男男女女。愛就是這麼一回事，捏造和全然地相信謊言，她說。席安在書頁間永不放棄，拒絕離開我的故事。很快地，我有了三個，接著四個，然後更多的故事。我仍然不知道，當莉莉安娜在車上堅定地說我不懂得愛的時候，我其實正在寫我的第一本書。

她說出那句話的模樣，隱含著彷彿她知道身為她姊姊的我未能理解的事物。如此地睿智，也如此地愚蠢。如此地狹隘，如此地自私。她的文字中是否藏有超齡的智慧呢？那就是人們所謂的認命嗎？她並不是在試圖說服我；她並不是在對我做出評判。從她唇間傾洩而出的，只是事實的陳述罷了。你不懂得愛，親愛的姊姊。那你就懂嗎？我不禁想問。但是我被迷惘與憤怒，主要是恐懼，蒙蔽了雙眼，迫使自己閉上了嘴。我知道答案，我打從心底知道答案。

我從未懷疑莉莉安娜的愛。更好的說法是：我從未懷疑莉莉安娜是愛我的。我對其他人抱有疑慮，男朋友、朋友、親戚、甚至是我的父母。我認為那些因我的無神論而和我斷絕聯繫的親戚並不愛我，而那對我來說無關緊要。那些厭惡著在他們眼裡看來浪蕩、對我來說卻是自由的都市生活的人們並不愛我，而他們對我來說無關緊要。我認為與我漸行漸遠的男朋友，或毫無理由地不再和我交談的女性朋友，他們都並不愛我，而我一點也不在乎。我逐漸相信父母堅持要縮限他們最初灌輸我的自由，也是他們缺乏關愛的鐵證。我懷疑他們所有人。但在這世界上，我總感覺自己被保護著，因為我知道——我非常確信，無論發生什麼事，到頭來，莉莉安娜總是會愛著我。

我盲目地、絕對地、真心地，相信她愛的能力。

如果你知道我會變得怎麼樣呢？

這是我的筆記本的最後一頁，或者說，從背面數來的第一頁，你懂我的意思吧？端看你怎麼看它，因為「這取決於年輕式思考，取決於正向思考，取決於焦點」。難道你不喜歡那個廣告嗎？啊，我可是蠻喜歡……（所以呢？）（沒什麼）。

我現在的心情是如此（徹底地）懶洋洋，也非常想睡，而當你受這兩種狀態所苦「但儘管如此」也討厭在醒著的時間睡覺的這種情況下，就會有非常大的衝擊，你知道會發生什麼事嗎？就是呢，在睡意和懶惰之外，會有股難以解釋的蠢勁大量冒出（那現在正發生在我身上），以至於你甚至想要隨地坐下，或躺下或跪下。然後就這樣，你無可避免地開始想著，又想著，然後你轉身看了看牆上的時鐘，然後想到你母親就快要到家了，然後你需要付學費，然後今天你沒有見到安赫爾，然後你不想要去泳訓。你也想著你不想再受訓了因為沒有安靜的環境你是不可能發展你的專注力和體能潛力的，然後你想到你的考試日就快到了，更重要的是你擔心，但是你的擔心不足以讓你起身、拿起筆記本、用功讀書，對吧？

是這樣的，當你處於這種狀態的時候，某種類似的事情也會發生，因為那正是一樣的事情，是吧？如果你不知道如何表達你在想什麼，那麼某件對你來說非常奇怪的事情就會發生，那就像是思考自己是否是正在寫作的人這種事，彷佛……**然後突然間！**（像是被施了魔法）你想起了一個夢（我不知道我何時做的），但它一出現就馬上消失而你就也忘記了。然後現在你又更想睡了，然後又更想。然後，噢，你的背發癢了，你因為無法舒適地抓癢而感到煩惱所以憤怒地抓癢，天哪，你在想為什麼他們在游泳池放這麼多氯？那讓我的皮膚真的變得很乾！最糟糕的還不是乾燥，而是乾燥的皮膚所散發的：好癢。於是你繼續想著游泳池，還有氯，化學元素是Cl，它除了癢癢的感受之外還留下一種所謂物質的特殊氣味。然後你想起了化學課還有其他事物但它令人作嘔，所以你寧可與之和平共處而不管它。和平。該死。如果和平真的存在呢？如果世界上沒有人處於飢餓呢？如果正義存在呢？如果人們真的欣賞他人本來的樣子而非其長相或形象呢？如果我睡著了呢？如果你知道我會變得怎麼樣呢？然而我昏昏欲睡，我厭倦了觀看以及尋找關愛、理解、平靜，我也厭倦找到了全部，厭倦因為尋找事物而感到抱歉，就算我找到它們，它們不會填飽我，它們也無法滿足我。也許是因為我尋找它們的手法太過粗糙（或太細緻）了。好吧，我不知道，但事情就是這樣而我睏了，我依然想睡，而我正陷入夢境。噢！嗯，什麼？噢，沒事，現在沒發生什麼事，這一刻，這渺小、美麗、愚蠢、微不足道的瞬間。

接著你閉上雙眼，想像看見非常美麗的事物，花朵，許多、許多的綠色和藍綠色花朵，花朵遍布你全身，在你腳邊，到處都是，然後你帶著這個念頭入眠，接著你的母親終於抵達並叫醒了你。然後你感到生氣，心想你看過（至少過去五年內）許多人漸漸衰老，而一想到自己一旦到了人們加諸在我們身上、作為青春限度的某個年齡，就會被視為老去，心裡就感到受傷。真可憐！

接著你全身都痛。然後你想那是因為你至少開始做些什麼了，就是這樣！

III

我們活像個女魔鬼，活像個臭婊子

We Go Like She-Devils, We Go Like Bitches

你懂我的意思嗎？

21051987

雷蒂：

事情應該看起來井然有序，但這次我會說事情應該是亂七八糟。所以——

再見，向各位問好

莉莉安娜

我剛剛在看像是兩百年前拍的一些照片就馬上想到要寫信給你。我們當時真的好年輕，我是說，更年輕，而我因為想避免暴食，開始做能讓我轉移注意力（至少十分鐘）的事情。我們就這麼長大了，這讓我感到不可思議。你有感受到自己是如何長大的嗎？除了我的月經，還有我純真的小小身體從六或七歲或十三歲開始發育之外，我沒有其他經歷改變的證據。該死！

你什麼時候要來拜訪？嗯？

你在高中過得如何？就我所知，你註冊主修人文學科。我主修數學物理，或和它相等的，就我理解這在你們那等同於精密科學，之類的。我上的課非常有趣：幾何學、繪畫、微積分、物理學，還有我真心享受的事物。

你有改變嗎，雷蒂？現在你想事情的方式不一樣了嗎？你可能以為我對改變這件事有創傷，但看來我只是剛剛才恍然大悟。

你好嗎？嗨，你好嗎？我很好但工作很多。

你知道嗎？事情發生了，我不知道那是很多還是很少，但很重大。總之，這些事決定了自己身上另一人的現形……我以前不覺得會有破壞一個人多年以來想法的情況，但看來似乎是有的。

你懂我的意思嗎？

沒錯，就是那麼一回事。

這只是個小小的便箋，來自某位非常愛你的人，不只是因為我們是表姊妹，甚至更不是因為偶然，純粹因為是你。

拜託回覆我，

莉莉安娜

激情

一九八七年初的大學罷課將世界搞得天翻地覆。當時我已經完成學士學位的課程，但還在寫論文的過程中，要根據我們在城市南方的棚戶區貝爾維德勒社區（Belvedere）做的實地研究，寫出兩百頁關於墨西哥城都市群眾運動中的女性參與。除此之外，我在校內以助教身分教授一門基礎課程，還在位於托盧卡的公立大學墨西哥州立自治大學（Universidad Autónoma del Estado de México），百般不願地註冊了碩士學程，並且分配到了幾門課程的教學工作。我不再住在大學時期由父母幫忙負擔、有著落地窗的寬敞臥房，而是在城中貧民區的破爛小窩勉強糊口，或是在朋友家客廳當沙發客，並試著入住共享社區卻以失敗告終。我沒有錢，但享受自由，那意味著我終於逃離了父母的控制。我定期搭公車前往托盧卡，但大多數時間只是為了在政治學系教授社會學課程。我常常直接返回墨西哥城，反而鮮少順路拜訪老家，那個隨時間過去，讓我愈感窒息的家。

也就是在那段時間，我得知了安赫爾的事。

莉莉安娜和我沒有互相分享親密祕密的習慣。在人生早期，我們不知怎地達成了對性與愛避而不談的默契。我們常常談論我隨身攜帶的書籍——那些書籍並非我親自購買，而是我的無政府主義朋友們從城內不同書店和商店「徵用」而來的。我們談論我帶回家的黑膠唱片，它們通常是我趁學校店內特價時用教師折扣購入的。海梅·羅培茲（Jaime López）和羅德里戈·岡薩雷茲（Rodrigo González）。《與艾米莉亞的錄音時光》（*Sesiones Con Emilia*）。尤潔妮亞·里昂（Eugenia León）。我們談論政治，談論改變這個讓我們都感到難以承受的世界是如此地困難，談論貪腐的政客和白色工會[1]，談論在遙遠國度開打的戰爭，談論我在墨西哥城邊緣的貧民區親眼目睹的貧窮。我們最常談論女性，例如我的女性主義視角讓我看清父親如何限制了母親的人生，或女人事實上是次等公民，沒有完整的自主權且普遍被當成未成年人般對待。莉莉安娜聽過我自詡為女性主義者，毫不掩飾地且不只一次。在最嚴肅憂鬱的時刻，我們談論一年前從車諾比洩出的輻射，在那個當下正在穿越窗戶的可能性。你能夠想像嗎？我們喋喋不休地談論我們想要踏上的旅程。非洲、舊金山、喜馬拉雅山。巴黎永遠都在我們的清單上。我們著迷於自由：愛的自由、享受自己身體的自由、來去自如的自由。誰管我做什麼，阿拉斯加與迪納拉瑪（Alaska y Dinarama）這麼唱著，那曲調我們都記得滾瓜爛熟。隨心所欲的神聖權利。

我一直以為，那個頻繁地來找她、有著一頭金髮和黃褐色雙眼的結實男人，只是個過

1 譯注：即*sindicatos blanco*，為墨西哥特有的工會類型，由雇主所創建，主要是為協助雇主管理勞資關係，故此類工會幾乎沒有實際會員，也不主動代表勞工。

客。莉莉安娜遲早會忘記或一旦在墨西哥國立自治大學或大都會自治大學開啟新生活就會擺脫的，那種在老家時會交的典型男友。

安赫爾從來沒有踏入我們老家，因為唯有我們主權獨立共和國的四人可以進入這個家裡。與其說是攸關保守或道德，不如說是單一事實的日常確認：我們現在是四個人，未來我們也將是四個人。但是當他騎著重型機車，或記憶中時而是紅色時而是黑色的改裝雷諾汽車抵達時，我們都注意到了。我們瞥見他不是在房子前院附近、就是對街公園旁，耐心地、深情地等待。我們揶揄他，肆無忌憚地。我們在他的車接近我們家時告訴她：你的司機剛剛抵達了。我們告訴她：叫他去買些麵包，叫他去幫我們跑點腿。莉莉安娜對這一切感到困惑和些許煩躁，笑著打哈哈過去。她會語氣薄弱地說，拜託，安分點，不要這樣。從我聽他說話的幾次經驗來看，他很明顯地有發音問題，因為他的「r」音總是拖得太長。要不然，就是他只是個被寵壞的小孩，或是笨蛋，或兩者都是。他是個棕色皮膚人民國度中的白皮膚（güero），這點成了他的優勢。他矮小但壯碩，有著那雙健身房練出的手臂與肩膀，緊貼著身體的上衣，黑色皮衣夾克，能輕易地被視為一名帥氣、粗頸的年輕男人。他看起來就像個麻煩人物。他替家裡位於皮諾・蘇亞雷斯南大道二〇〇六號（Avenida Pino Suárez Sur 2006）的修車廠工作。繁忙的道路。他的家由一系列昏暗的房間組成，同住的人有守寡的母親厄瑪・拉莫斯（Irma Ramos），姊姊薇若妮卡・碧翠絲・岡薩雷茲・拉莫斯（Verónica

Beatriz González Ramos），她同時是最近剛生下喬納森・埃弗倫（Jonathan Efrén）的單親媽媽，另外還有兩位可說是來去自如的妹妹。莉莉安娜與安赫爾只相差兩歲，但他們卻生活在兩個截然不同的世界。

在莉莉安娜寫於一九八七年元旦的第一封信中，她提到自己正在節食而且打算在二月以前瘦下來。她也向雖然未指名但肯定是住在阿納瓦克的收信人宣布，她剪了新髮型並「把她的直髮燙澎了」。她對成果相當滿意，她寫道。而那簡單的快樂，一種幸福與滿足的普通狀態，讓她娓娓道來日常生活的小事：有位表妹來家裡住了幾天，而她對擁有「一個假妹妹」感到愉快；她準備法式吐司的才能；她生命中缺乏盛大場面。正好在她隨意署名的方格紙底部邊界處，她因無話可說而停筆。儘管有些無聊，她感到平靜：不見風雨的天空。

從檔案庫中可以清楚得知他們在一九八七年初開始約會，因為在一九八七年七月二十六日首次正式分手時，莉莉安娜提到如果安赫爾花了兩年來贏得她的芳心，如果他們早已交往了六個月，那麼她期望自己會用更少的時間來忘記他。他是怎麼輕輕鬆鬆地回到她人生的？直到那時，安赫爾都還只是眾多追求者之一：曾試著挽留她的注意力卻以失敗告終的年輕男人們。她和她其中一個游泳教練阿德里安・萊昂斯・瓦倫西亞（Adrián Leonce Valencia）約會過一陣子，但是他搬去了墨西哥城，而儘管他有持續寫信，這段關係還是很快地淡掉了。她一直深受隊上游泳和跳水選手吸引，但是什麼認真的事情都沒發生。她清楚男孩的目光著迷於她那纖長的身體，並沉浸在那份關注的喜悅裡。她清楚他們和她調情的時刻，而她也會趁興致來調情回去，刺激、充滿好奇、蓄勢待發地掙脫童年之爪。她明白她是被喜歡，甚至是被渴望的。一九八七年的二月十四日，安赫爾寄給她一張巨大的紅色卡片與一束鮮花。他以他們互動中的暱稱慣例直呼她為小莉莉安娜，在那行以大寫字母、毫無標點符號、草率寫成而難以閱讀的句子裡，他說：

你知道當我說出或寫下我對你的感覺時無論如何無論該如何說出或寫下結果都會是一樣的。我非——常——愛你！

他在位於維拉達路三一四號（Villada No. 314）、電話3—36—63的水晶花店（Crystal Flower Shop）買下這束花，裡頭還附上了一張小卡，文字間夾雜拼寫錯誤：**我本來因該在這一天寫下。為了某個特別的人。但更好的是。為了某個非常特別的人。安赫爾。**

情人節卡片本身就是個奇怪的工藝品。它的設計是把雙面刃。霧面的卡片正面塞滿了一行行的愛心，印著一句問句，但問句卻矛盾地以驚嘆號結尾：「親愛的，你知道誰非常愛你嗎**！**」懸疑是驚喜的一部分——你必須打開卡片，才能知道答案。立刻躍入眼簾的是由驚嘆號環繞、自成一格的**你**。**我**，而非愛。**我**，而非一個名字。**我**凌駕一切。遠在底部的小小字體，印有普通的字型和普通的句子：情人節快樂。莉莉安娜有注意到這個嗎？賀曼牌（Hallmark）卡片上難以遮掩、蠢蠢欲動跳向她的，是安赫爾的「我」，從卡片衝出撞上了莉莉安娜的雙眼。他的「我」，而不是他的愛，身兼媒介與訊息。在他用鮮花與巧克力盒轟炸她，在學校和家裡來來回回，以及她描述為他的「激情」、某種不留餘地的關注之下，一位十六歲的女孩有能力辨別名為控制的威脅之爪嗎？莉莉安娜與安赫爾很快地成為高中的風雲情侶檔，大膽的俊男美女。非比尋常。想像一下：高挑又優雅的女孩，和鎮上騎著吵雜又新潮機車的笨重男人手牽著手，現在無憂無慮地、分明自由地在校園外圍逗留著，一邊抽著菸喝著啤酒。她一定覺得自己很特別，他一定感到很有成就感。在她的世界，在我們的世界，是否存在著一種語言，足以辨識即將到來之事的初期危險徵兆呢？

到了五月，莉莉安娜心懷疑慮，還有一種模糊的不安，那被她交替稱呼為神經緊繃和歇斯底里，成了她書信裡的汙點。由托羅爾德・迪金森（Thorold Dickinson）執導的一九四〇年英國心理驚悚電影《煤氣燈下》（*Gaslight*）中，一名男子為了逃脫謀殺與搶劫的罪名而不擇手段，說服他的妻子患有精神問題。在渾然不知丈夫從隔壁房屋進入閣樓的情況下，她注意到腳步聲和忽暗忽明的煤氣燈，然而丈夫卻堅決地否認，聲稱她失去理智。幸好，一名機智的警探即時揭發了這場騙局，然而在現實生活中那樣即時的介入往往不夠。莉莉安娜愈加頻繁地使用諸如**歇斯底里**或**歇斯底里的**等等詞彙來形容自己，她的信散發出與那些忽暗忽明的煤氣燈一樣的閃爍燈光。她經常懷疑安赫爾是否已經厭倦了她，同時也抗拒著那看來不過是無稽之談的想法。

我想愛、激情和理解是沒辦法很快地消失的，對吧？是的，我知道事情有可能在眨眼間結束，或至少有那麼一瞬間失望只是浮現一下，就摧毀了一切，是吧？不過是個瞬間，在一個瞬間。時間將成為什麼？我依然無法理解那是什麼。時間。我知道，它可以被衡量，但時間究竟是什麼？

激情這個詞。這是它第一次出現在莉莉安娜的語彙中，而這也不會是最後一次。

五月二十二日下午十二點半，一封來自安赫爾的信帶給了她一些寬慰。安赫爾向她道歉，承認他是個傻子、是個自私的男人，並向她解釋他一直在處理「理事會議」、「法律程序」、「因為我不配合他們而在背後捅我一刀」的人們。就在那裡，在全是大寫字母又沒有任何標點符號的字裡行間，安赫爾些微迂迴地聲稱那些對他帶來負面影響的問題，造成他「神經元阻塞而不願向你多做解釋」。

「原諒我，」他說，「但是我今天沒有心情談論政治。我不知道如何開啟那種對話。拜託，別認為我會一直是這副德性。我向你保證我不會再造成你更多的不舒服或問題。我會離開那個，但請你明白，有時候，一個人這麼做有別的理由。我不覺得政治討論是值得生氣的事。安赫爾上。」

「我會離開那個。」他這麼說，試圖彌補並討好莉莉安娜。後來的手寫隨筆會揭曉，**那個**，並不是某個小鎮的某處或某種癮頭，而是一個人。她的名字是阿拉賽莉（Araceli）。他答應莉莉安娜，會和他偶爾為「其他原因」而重修舊好的前女友阿拉賽莉徹底地分手。

情況並沒有好轉。一切在七月二十六日晚上九點四十五分終於爆發，變得支離破碎。

親愛的安赫爾：

我想要寫下好多事情……你知道嗎？總之，我早已害怕那件事。你沒有辦法忘記她，忘記阿拉賽莉。我感到非常傷心。沒錯，傷心；甚至不是丟臉。是我太傻，以為那是有可能的，覺得你做得到。安赫爾，為什麼？為什麼事情非得這樣？我沒有反對任何事，沒有人可以掌控我們的感覺、我們的疑慮。

薇若妮卡沒有必要告訴我，為什麼我得從你姊姊那裡得知這件事？為什麼你沒有告訴我？我會理解的，真的。為什麼？為什麼我親自問你的時候，你沒有說點什麼？

我沒有像表面上看起來的脆弱。天真，倒是沒錯。是啊，我愛上了你。我第一次以這種方式去愛，而現在我孤獨一人。

為什麼我還沒找到在尋找的東西？或許我想要的東西太過完美、崇高，太過純粹或純潔。

不，我不會放棄。我會繼續尋找（也許等會……）不是現在。我還太愛你了。

你跟她說了些什麼？你在親吻她嗎，你在撫摸她嗎？現在。此時此刻！！！

先是跟我家人之間的這些事情，然後這件事。這個世界上還有老實人嗎？

不過，反正我愛你——我花了兩年才做到，也許我可以花更少的時間停止繼續。希望。

愛你，

莉莉安娜

「無論你決定往哪裡走，只要你不放棄，我都會繼續支持下去，因為沒有比讓我們做自己更加糟糕或更加神聖的責任了。」

L.

附注：我不該遭遇這種事，我知道**我真的不該**！

莉莉安娜不斷地增加和刪減段落，反覆打字寫信，直到兩天後她完成了一份最終稿：

親愛的安赫爾：

我真心感到非常困惑（這感覺最強烈）、傷心和丟臉……你能夠輕易地忘記事情嗎？你能夠忘記這些事嗎？……我做不到。我不知道該說幸好還是不幸，但我是十七歲女孩中少數有價值觀的人，你知道……例如，誠實，還有那些附帶的奇怪東西。我說的不是道德或是守規矩，我基本上指的是讓我們可以愛人與愛自己的事物……愛，沒錯，純粹的愛，不只是傾注一人的自私的愛，還有為了周遭一切，為了所有人的……也許我是個笨蛋，但是我堅信我是對的。

事物在你眼前（或眼後，如果你偏好的話）經過，如果你感興趣，就把握它們，否則最好也最明智的做法是放手……我不能理解，我就是沒辦法，為什麼你握住了我，只為了在後來做這件事……為什麼你就是不讓我悄悄地離開？難道是我活該嗎？我知道不是。噢！我有過千頭萬緒，腦袋一片混亂。

我不譴責你記得或甚至愛過另一個人，不是那樣的。在感情，在疑慮……是很難控制的，但我沒辦法想像的，是你沒有跟我說，是你沒有告訴我……那對我來說是多麼地骯髒，其實是十足地卑鄙的事……你不能說我不應該問這方面的事，或這些不關我的事，因為我有權利知道，是的，我們在一起的六個月（還是兩年？），充滿話語的六個月，充滿許多事物的六個月，准予我知的權利。

安赫爾，為什麼？如果我沒有要求你的甜言蜜語，如果我沒有乞求你的關愛，為什麼你要把它們給予我呢？……為什麼要帶有如此多的激情？我從未想像你這樣，而即使是現在我還是難以置信。我從不認為你是個壞人。我知道你脾氣差、好鬥、固執，甚至有點傻氣，但是壞人？我的上帝啊（好啦，不是真的我的上帝，畢竟我沒有），不是的。

你覺得我太軟弱、太脆弱，所以沒辦法理解嗎？表面上看起來或許如此，但我並不軟弱，我絕不。我曾經支離破碎但重新站起來了。我不是在說我的人生是齣希臘悲劇因為並非如此，但是我想我的父母教育我是為了要我變得更好，去創作並學習，而不是讓我挫敗……

總之，在我的長篇抱怨之後，我只能說如果我花了一年才愛上你，我希望忘記你只需要更少的時間。

我知道，我遲早會找到自己在尋找的東西。

我想你不會想回覆這封信，更別說找我了，而鑒於這個情況，我會想辦法把你的東西送回「你」家。

（有一段時間是）你的，

莉莉安娜

附注：為什麼我非得要從薇若妮卡那裡得知？真是太丟臉了。

附注的附注：**我知道我不該遭遇這種事情！！！！**

這不公平！！！

（用幾句話說）

一九八七年七月的某個星期一，墨西哥，托盧卡

我們餘生的第一個七月

一九八七年，七月二十八日，星期二

我以為這個月會像其他月分一樣過去，就像我人生中的其他月分，就像任何一年的七月，但絕對不是這樣。今年我將開始上大學（希望如此），而那代表的一切是不可忽視的。今年七月我從高中畢業，勉強過關，但我還是做到了。今年七月我陷入難關。今年七月我極度地悲傷，所有事物都有結束，就連最屬於自己的事物也不是永久的，親眼看到這個真是醜

陋。我不是想暗示悲傷是令人不快的狀態，不是的。我想我逐漸喜歡上我的悲傷，甚至我的孤獨也讓我越來越喜歡……我不知道還能說什麼，但我有很多書寫的渴望：書寫我的想法、書寫我的夢想、書寫灰色的天空和人們的苦難……書寫。

昨天我遇上一場傾盆大雨且立刻全身溼透。我無法抗拒那麼做。的確，我後來感到寒冷難耐，但我並不在意，即使當我感冒，渾身不適時也是。我感覺棒極了，事實上，還有些清淨（不是因為我之前沒洗澡）。我感到前所未有的孤寂，就在肌膚表面。我與全世界之間的差異是如此地真實。

入學考試

在安赫爾與莉莉安娜的第一次分手期間，我正處於只想要自由的人生階段。我當時在工作，但最重要的是我活在完全的自由中。我參加墨西哥城市中心擁擠的遊行，接著是瘋狂的派對，在那裡偷來的威士忌、自製大麻蛋糕、掛滿黑紅旗幟的窗戶是種常態。人群中的男男女女盡情跳舞，並脫去衣物，左手放在胸前，高聲唱著〈國際歌〉（The Internationale）。闔上雙眼。我熟知這首曲目且滿懷熱情地唱著。我抽菸並寫作，我寫作且抽菸。我四處漂泊，身上只有笨重的Lettera 33打字機和一疊白紙。我的文學想像人物席安，也如影隨形。

席安以自己的方式，做到了我沒有勇氣做的事情。或是情況正好相反？我去不了非洲或廷巴克圖（Timbuktu）[2]，但是我可以跳上火車逃得夠遠。我曾有幾次這麼做，出於一時衝動。沒有行囊、身無分文。有一次，我和一位聲稱愛我的寡言男孩去了沙漠；其他時候，就像那個夏天，旅途則有了意想不到的轉折，像是在墨西哥南部的格雷羅州海岸停留。我們在兩地之間，在鄉村美景的映襯之下，受到腎上腺素的刺激，勉強地一齊寫下了宣言：我們並沒有相愛。我在出發的前一晚遇見這位旅伴，開啟了持續好幾天的對話。我們在擁擠的公車站乞討，用得來的錢購買當下能買到的最便宜車票，我們偷偷地躲在老舊的火車廂，我們搭上了載滿橘子的卡車便車。我們讀著龐德（Ezra Pound）的詩集，大聲地且投入地。我們偷竊火腿和牛仔褲和高級巧克力，在當地餐館用它們來交換食物。我們在瓜納華托（Guanajuato）看了一整輪免費的德國電影。我們在蒙特雷吃著烤羔羊。我們在坦皮科（Tampico）呼吸著海風。我們在火車尾端車廂，雙手高舉向路上的孩子們揮手道別。在家鄉等待我們回去的，是一座陰雲籠罩、毫無靈魂的城市。如果我懷有幻想／如果曾有瘋狂的激情，理由／就沒有必要／花上數小時／一壺又一壺地喝下／這灰暗的寂寞。而那座怪物一般蔓延的城市，偶然地讓我們走在一起，也很快地將我們拆散。有一段時間，我住在一位表親公寓裡的一間臥

2　譯注：西非國家馬利共和國（Republic of Mali）的城市，歷史上曾為伊斯蘭文化重鎮。

房，他眼神閃閃發亮地告訴我，某個被謀殺女孩的鬼魂時常出沒於此。不久之後，我在荒涼的布宜諾斯艾利斯區（Colonia Buenos Aires），找到了一間有著亮面木地板的大房間，它幾乎是在醫療中心前方，距離法國墓園非常近。我的房間位於一棟可疑大樓的二樓，大樓不祥的入口有著彩色的都市塗鴉。我的窗戶俯瞰一條狹窄的小巷，從那裡你可以聽到流浪漢或無賴騙子兜售偷來的汽車零件或古柯鹼。或是從美國引進的非法商品。或是大麻。

一九八七年九月二十一日，當莉莉安娜來到墨西哥城參加大都會自治大學的入學考試時，我就是住在這裡。由於學生罷課，大都會自治大學不得不重新安排考試日期和秋季的開學日。莉莉安娜在考試的前一晚來和我住，隔天一大早就離開公寓去趕搭地鐵。我透過客廳的窗戶目送她離去。她大步快走。她的直髮在稀薄的早晨空氣中左右擺動著。大城市中的一名美麗女孩。幾個星期後，當她在錄取名單上看見自己的名字時，我們得知建築系位於阿斯卡波察爾科校區。於是我透過大學朋友圈，開始為她打探靠近校園的租屋處。

「等我長大後，我想要當一名吉他手。」她曾在某個青少年時期的筆記中寫道。她也想要成為一名畫家，不定時地去上素描、水彩、木雕課程。她認真考慮成為游泳選手，但很快地明白她的速度以州際比賽的標準來說相當不錯，卻沒有好到可以參加全國比賽，更別說國際比賽了。她曾考慮主修基因學，如同我們的父親。跟遺傳有關的東西，她說。但是高中時期的畫畫、微積分和幾何學課程讓她知道自己可以成為一名優秀的建築師。她也有參加當地的公立大學，也就是墨西哥州立自治大學的入學考試，而且也通過了。但是當她收到大都會自治大學的錄取通知時，她沒有一絲猶豫。她將前往墨西哥城，就像我當年一樣。

十月三十日，就在莉莉安娜已經準備好離開托盧卡開啟她的成年生活時，安赫爾在Scribe筆記本的黃色紙張上，寫了封短箋告訴她，他過得很糟糕。他再一次道歉。他後悔「沒有辦法或一直無法通過入學考試」，並且看似佯裝不帶個人感情地宣布，他正在準備申請護照的文件且打算離開。「如果我成功地離開了，」他補充，「我會盡快趕回來，準備再次參加考試。」這份樂觀並不長久。在他抱怨著「我不能將你帶在身邊而且我得乖乖聽話。這一切令我打從心底作嘔，原諒我」等等感受時，他長久以來的挫折感便不言而喻。儘管他沒有明說旅途的目的地，但他提及官方文件就暗示了他將前往國外，且非常有可能是美國。

請收下你父親的關愛

12／X／87，在烏普薩拉[3]

莉莉安娜：

3 譯注：Uppsala，瑞典第四大城市。

生日快樂和非生日也快樂！祝福你一切順利，尤其是你即將到來的期末考。你出生的時候我正在準備一場考試——那是個非常美麗的時刻。你的誕生。我在你出生時去醫院看你，你是個如此胖乎乎、可愛的寶寶。你的媽媽有好好地照顧著你。

謝謝一切。

非常愛你的父親

安東尼奧．里維拉．佩納

8／X／87，在烏普薩拉

莉莉：

首先，我想要恭喜你通過了墨西哥國立自治大學的考試，同時我也想要詢問你關於校園、學程，還有你個人計畫的更多資訊。現在我們只有在週末才會見到彼此，我們也將非常想念日常的對話。與你們兩個分離讓我感到難過，不久之前你們還只是小女孩。但是生命的進程就是這樣，而我們必須為未來做好準備，不過這並沒有改變我因為不能天天見到你以及現在見不到你母親所感受到的痛苦。我真心希望這一切很快就會結束。我覺得你與克莉絲蒂娜之間的關係是一系列情況使然的合理結果，而有共同的大學生活環境將會改善你們之間的溝通。知道你們身為姊妹的同時也是朋友，讓我感到非常滿足。我希望你一切安好，好好照顧自己。

話說回來，克莉絲蒂娜確實惹了點麻煩（確切來說是跟家族之間）。就這個狀況來說，距離是最好的解方，畢竟事情不會因為一句簡單的「對不起」和幾滴眼淚，或是不惜代價的和事佬就解決的了。那件事情只牽涉到我們家族而我們會決定該怎麼做。生命中有好多美好的事物值得我們的關注和時間，而你豐富的人生才正要開始。充滿自信地前進吧，不要猶豫。你的父親，安東尼奧·里維拉·佩納。

一九八七年十月二十日，在烏普薩拉

哈囉莉莉！

最近過得如何？我希望一切都好。莉莉，拜託，在墨西哥城好好照顧自己然後試著理解當地人（Chilango）他們才不會為難你。我現在比以往任何時候都還希望自己人在墨西哥，但情況不太一樣了（因為我在錯誤的時間攻讀這個博士學位）。事情進展順利，但是遠離你們的時間所付出的代價是多麼地高昂，我無法見到你並在你身邊支持你。有時候這一切變得令人難以承受，讓我想要重新考慮原本的計畫。我真希望可以快馬加鞭，但是出版論文並非我說了算，也必須考慮到指導教授和審稿人的決定。

莉莉，既然現在你跟克莉絲蒂娜都在墨西哥城，請好好照顧你們的飲食，尤其是克莉絲蒂娜，我不知道最好和最均衡的飲食會是什麼，但我知道多樣化的天然食材可以讓人保持活力和精神，避免疲憊、也抵禦城市的環境。你的未來不可限量。如果你的母親可以跟你們在墨西哥城同住一陣子，讓你循序漸進地適應這段轉換期，而不是像你現在這樣速戰速決的話，我會非常高興。你才正開始走向獨立的階段，一切或幾乎所有事情都將由你作主，但是有你母親的直接支援總是比較好的，我是這麼覺得。我們應該在克莉絲蒂娜的大學時期就這麼做，但是她以強勢女性之姿作為回應（雖然我有時候認為她非常軟弱）。人生的美好之處在於它所幸地提供了我們支持所愛之人的機會，這是我最喜歡做的事情之一，而我也將繼續支持她和你。

我很高興你喜歡大學（我不記得它的位置了），至於繁重的課堂與學業，這個嘛，那就是一個機構的聲望所在了。理所當然地，這些地方的畢業生都記得天下沒有不勞而獲的好事，偶爾那個代價是高昂的。確實會有絕望或寂寞的時刻，甚至事情不會如你所願地發展，但是那些都會在你的成就中有所回報，進而讓你有勇氣下更多的決心繼續前進。當然，美好的事物不會憑空出現，你必須刺激它們，為了它們而努力。一個人的實力並非取決於身體上的力量；真正的實力關乎心理上的力量，更重要的是意志力。意志力促使你基於人生一路以來所獲的觀念與原則向前進。人生中將會有許多選擇，而我全力支持你所選擇的學習領域。

我跟我在烏普薩拉的同事說，我收到來自一名年輕女孩和一名較為年長女孩的信。當我把你們的年紀告訴他們時，他們忍不住笑了。我經常忘記你們兩個都已經不是小女孩。有幾天，我寫得比其他天還要多。在出發前往墨西哥之前，我必須把預計出版的三份論文準備好。我之前在哥本哈根查閱資料，還可能得去一趟英國，但這只是目前與野生馬鈴薯議題相關的暫時計畫。請收下你父親的關愛。安東尼奧．里維拉．佩納。

像個臭婊子，像個女魔鬼

我將《戰爭無關緊要》（*The War Doesn't Matter*）原稿投稿至聖路易斯波托西州國家短篇故事獎（San Luis Potosí National Short Story Award）時，心中懷抱的勇氣比希望還要多。我在大學時期參加過幾次文學工作坊，但是在第二場工作坊被除名了，因為我與講師對奧克塔維奧．帕斯（Octavio Paz）的看法相反，進而惹惱了他。我持續寫作沒別的理由；因為在這個經濟危機、貨幣貶值、自由民主蕩然無存、國際戰爭使得人生艱難困苦、近乎不理想的時代，那就是我的自發反應。就像莉莉安娜，我持續寫作，是因為別無他法。

席安的故事線非常地脆弱，由彼此稍有關聯又各自獨立的故事組成，譜出某種搖搖欲墜、易碎的小說，隨時都可能散開。那是我當時對墨西哥城大概的想像。我感覺像是被困在孔洞組成的網絡，然而矛盾的是，我無路可逃。席安喝了太多酒、逃跑得太遠、撒過太多謊、失敗了太多次。她和男男女女的關係曖昧不清，帶有一絲相當隱晦的感情，徘徊不去而如汽車廢氣或酒精蒸氣消失的悲傷激情。一切終將消失在她所在的城市，尤其是她的生存意志。

在其中一則故事裡，一名男人綁架了席安，為了得知紅髮無政府主義者茱莉亞（Julia）的去向，而其下落從書的一開始就是個主要的謎團。你也愛上她了嗎？下流的老人。女孩挖苦地問，接著挨了響亮的巴掌。除此之外，綁匪很有耐心。他任她在一個寬敞的白色公寓中自由行動，她在那裡什麼也不做，只是浸入陶瓷浴缸的溫暖水中，回憶著往事。她記得最清楚的是茱莉亞。她是如何用當場捏造進行的計謀，遇見了她。茱莉亞是如何相信共謀，而非真相，才是這個世界上真正重要的事物。給我取個名字，你想怎麼叫我都可以，她在她們如旋風般遊覽城市時這麼挑戰席安。席安很快地替她取名為泰莉（Terri），因為這個女人的確，「泰」糟糕了。女孩們沒有工作，只有與地下激進組織之間頗為反覆多變的聯繫，她們成天搭著搖搖晃晃的火車旅行，在近乎瓦解的社區四處打探，或是坐在年久失修的大樓階梯上。就在那個當下，一隻黑狗前來，不起眼卻充滿威脅，齜牙咧嘴。泰莉不怕輕摸她。是惡魔，她告訴她的朋友。你怎麼知道？很明顯啊，你看看她——她不是在尋找主人，就是準備好把人碎屍萬段。像你，席安說。也像你，我親愛的朋友。我們活像個臭婊子，我們活像個女惡魔，身後拖著我們的寂寞。

如今，這麼多年以後，我想知道在布宜諾斯艾利斯區那棟灰暗大樓裡，我是否曾與我的妹妹有過那樣的對話。在我們曾短暫共存、而後漸行漸遠的墨西哥城裡，我們是否曾有機會談論自己的寂寞？我們是否，就像曾經有過的那樣，依然談論著愛？

無論如何，那本書得獎了。同年的十一月，我前往聖路易斯波托西州領取印有金色字樣的證書及一張支票，而有了那張支票與一些微薄的存款，我才能支付一九八八年初夏飛往美國的機票。兩年後，當新書發表會在位於城市南邊科約阿坎區（Coyoacán）的烏鴉酒吧（El Cuervo）舉辦時，莉莉安娜並不在那裡。

儘管如此，莉莉安娜活著，在書本的內頁裡。

莉莉安娜一直都在那裡。

分離令人痛苦

一九八八年四月十四日，在烏普薩拉

哈囉莉莉。

我的寶貝女兒：

我先是收到了你的最後一封信才收到上一封，也就是說，你三月十五日寫的信在四月十三日抵達，而三月二十三日寫的信則是在四月五日才到。它跟你母親的信同時寄到，所以我這幾天非常開心。每週收信讓我保持活力。內心感覺真的很好。總之，我會依照你寫信的時間，而非我收到它們的順序來回信。但是首先，讓我告訴你在池子（大西洋）這一側最近發生的一些事情。我已經交出了預備出版的第一份作品而現在只需等待決定，他們不是接受就是拒絕，沒有其他選項了。與此同時，我正在準備接下來的作品。幸好，我現在知道足夠多的英文可以寫我的稿子，雖然不完美、只是還可以的程度，但是文章得經過語言部門的修改，以及如肱骨般的、我的指導教授們也需要仔細審查。他們的英文非常好，想法也很棒，這我承認。我現在的計畫是盡可能地讓事情進展，這意味著我要試著在六月前往墨西哥之前把工作告一個段落，這樣我就只要在九月時再回來瑞典接受博士論文口試就好。你很快就會明白，在博士班這檔事上，計畫往往趕不上變化。瑞典的天氣正在變好，晴天變多了。太陽通常在清晨五點半升起，晚上八點落下。現在的白天的確更長了，這點絕對比冬天好上太多，儘管氣溫仍然徘徊在攝氏零度和十度之間。

對了，四月三十日快到了。祝你兒童節快樂。小心開車，如果你可以的話，拜託，趕快考到駕照吧，那樣總是比較好——否則我強烈建議你開車時，你的母親也要同行。大學生活就是那樣，活著並享受你的學生生活。真正讓我擔心的是搬家到新的房子，去認識我們還一無所知的新鄰居那種事。在墨西哥城好好照顧自己。我多麼希望能在那裡提供你所需的一切支持。記得永遠要從一開始就和新朋友打好和平相處的基石，以免日後的任何誤解。好好吃飯，別忘記你小時候有的腸胃毛病。與你們分離令我痛苦。我正在盡我所能地趕快完成事情並提早回去。已經過了好幾個月了而我想要看著你長大聊天，聊所有一切：成功、問題、喜悅、悲傷、課業、你如何進步。如今我在這裡待得久到我真的不知道這值不值得。我想要拿到這個學位，但是我為離開你們所付出的代價太過高昂。順帶一提，我從來沒想過對你和克莉絲蒂娜有差別待遇，而我確信你母親也是如此。所以，別再胡思亂想了。每個人都有他們各自的特質，那是當然的，但是最重要的，是清楚了解自己，並且盡己所能地去理解他人。

我認為我們家中的所有人，我們都互相理解，所以放手做吧。我很清楚你現在大部分的時間都不在家，但是記得在這些稍微艱困的時刻，才能鍛鍊出一個人的人格特質，讓她更加堅強並準備好面對未來的人生。你知道你的原則，你有我的全力支持，人生是靠勇氣、堅持、大量的意志與努力得來的。學生時期是人生中最美麗的階段之一。記得你有非常、非常愛你的父母和姊姊，愛得不得了。你的父親，安東尼奧·里維拉·佩納。

IV

冬天
Winter

「是冬天造就了人們。」

│

多和田葉子，《裸眼》（*The Naked Eye*）

哈里斯堡步道

一個人可能多年來都不知道真相，但是一旦你有了知道的渴望，就會想要馬上知道一切。在我造訪過墨西哥城總檢察長辦公室之後的日子裡，一股奇怪的衝動竄過了緊繃的氣場，彷彿我仍然即將拯救她。那個秋天，我在休士頓教授一堂研究所專題討論課。我經常從家裡步行到校園，無畏溼氣與高溫，不顧無情的烈陽——這段四十分鐘的旅程讓我可以消化思緒。所有的大學生都帶有她的面容，而在那看見她的臉，在其他人的肩上、烏亮的頭髮下，令我不禁流淚。同時存在的還有惡夢。我經常夢見她正在被謀殺，而當我驚醒喘氣、汗水流下脖子和身體、胸前感到一股沉重壓力，我才意識到更糟糕的現實：莉莉安娜並不在我身邊。莉莉安娜已經在地底下三十年了。

我們在休士頓的家度過二〇一九年的耶誕節。我的父母早早在節日前抵達，準備享受拜訪親戚的日子，忘掉嚴格的飲食控管並講述說過千次的故事。我們很快地回歸了既定的習慣：每天早上沿著哈里斯堡步道（Harisburg Trail）散步，那原本是條離家約七條街的腳踏車道。以我父親的緩慢速度，這趟旅程大約需花上五十分鐘。儘管以八十四歲的老人來說，他算是精神飽滿又健壯，但他並不介意在沿路的木頭長椅上稍作休息，同時間母親與我走到步道盡頭再折返回他的休息處會合。在某個極度晴朗的一天，橡樹上的鳥兒異常大驚小怪地鳴叫的一天，松鼠發狂且狗兒被放任奔跑的一天，我小心翼翼地告訴他們，我正試圖取得莉莉安娜的檔案。世界停止了片刻。一陣旋風搖晃了橡樹的枝條，枯葉落在我們的頭髮上。葡萄柚樹的香氣前所未有地強烈。一群鴿子。在深冬之際即將有事情發生。心力交瘁、歷經了上千次挫敗的父親說：我會盡我所能地幫助你。母親睜開雙眼，霎那間沉默的淚水盈眶，她說：正義必須得到伸張。

我們決定新年晚餐不用太大費周章——我們買了麵粉和玉米捲餅、用胭脂樹香料粉（achiote）製作的肉，以及從販售傳統墨西哥食材的家庭式小店購入的鳳梨。我們將金色底盤的餐盤放置桌上，還有亞麻餐巾，並拿出最好的瓷器來享用我們普通但美味的鹹豬肉塔可餅（taco al pastor）。我把白色花朵放在桌子的尾端，幾週前買下它時還只是埋在木盒中的幾個球莖。我在盛開的花朵旁，放了張莉莉安娜的相片。我們從來沒有做過這種事，但一切感覺很好。她總是參與我們的盛事，我們單獨的家族晚餐，我們獨自吃飯的許多時刻，但是在這個冬天，僅僅這樣是不夠的，知道她在那裡是不夠的。我想要見到她，我想要她看到我們也在看著她。這是屬於你的位置，莉莉。那張肖像的木頭相框，有著低調老舊的金色裝飾和櫻桃木色。她的頭髮沐浴在高地刺眼的冬陽之下。穿越時空的純淨亮光，她的髮絲。她戴著我在墨西哥城的二手市場替她挑選的古董金框眼鏡：小小橢圓鏡片的短邊，鑲著細緻的雕刻設計；深綠色的法蘭絨襯衫從她的雙肩垂下。她的雙唇微張，比起開口說話，更像是為了呼吸。莉莉安娜直視鏡頭，看起來稍微嚇到。多年來，我在那雙眼裡看見了淒涼。困惑、責備。但是今晚，這個跨年夜，在我們吃飯時用眼角餘光看著她時，我相信她正用不一樣的眼神注視著我們。

多年來，我們第一次以完整的句子談論她。出乎我意料之外的是，沒有人放聲大哭、膝蓋發軟、支離破碎。場景一個接著一個地發生，從容不迫地。微笑與嘆息此起彼落。兒時的莉莉，在我們奇瓦瓦州德利西亞斯的家裡到處追著我跑。莉莉安娜，游著泳。莉莉安娜上幼稚園的第一天。莉莉在兒童醫院，飽受腎臟感染的痛苦。她無以倫比的微笑。她愛的模樣。她在我們每一個人身上揮霍珍貴情感的模樣。在十二點整，我們按傳統將葡萄一顆一顆地放入嘴裡。在我們吞下果實時，我能聽見彼此共同的無聲願望。接著我們高舉香檳杯乾杯。當我們彼此相擁、再也無法忍住淚水時，我突然想到這是我從未和莉莉安娜一起做過的另一件事情：喝氣泡飲。

隔天，在近乎廢棄的哈里斯堡步道半途，一名獨自騎車的自行車手與我們擦身而過。他將手伸向我，毫無預警地、連打招呼也沒有。他直視我的雙眼，暗示我接受他給予的信封。我遲疑了一下。炭疽病，我心想。還有哪些致命毒藥是透過密封信封傳播的呢？最後，我為了給自己的早晨妄想一個教訓而收下了信封。等到我拿出卡片，在裡面發現兩張分別是二十跟五美元的紙鈔時，那名自行車手早已消失。我從來不知道為什麼，在新年第一天的少許行人之中，那名有著乾癟皮膚與纖細雙手的年輕車手選擇了我。但是我感謝他。我說：謝謝你，莉莉安娜。我們怎麼能不去想，現在的一切無論如何，都與你息息相關？

大約六個月前，我答應二〇二〇年初在墨西哥國立自治大學藍色之家（UNAM Casa Azul）教授一堂密集課程，而在那邀請背後，我感覺到了她的手。在薩烏爾安排我們在二〇二〇年一月九日於墨西哥城見面的從容裡，我感覺到了她的手。活在悲傷中是這樣的：從不孤獨。逝者在日子的小小間隙中陪伴著我們，就許多方面都是無形卻又明顯的。越過雙肩、我們嗓音的皺褶裡、每一腳步的回音中。窗戶的上方，地平線的邊緣，群樹的影子之中。他們一直在那裡，也在這裡，在我們身邊也在體內，用他們的溫暖遮蔽我們，保護我們不受外在傷害。這是我們的覺醒之作：承認他們的存在，允諾那樣的存在。總有其他雙眼睛看見我所見。而想像其他視角、想像這些不屬於我的感知能透過我自身的感官觀看，總的來說，是我所知道、對於愛最好的定義。

悲傷是孤獨的終點。

銀莉花街六百五十八號

三個月前，我與朋友索拉伊絲走過拉康德薩的街道，在傍晚時分抵達阿斯卡波察爾科的公共檢察官辦事處。這一次，我的丈夫薩烏爾・赫南德茲－瓦爾加斯（Saúl Hernández-Vargas）將會與我一起跨越米克特蘭的邊界，重返蟻丘之地。薩烏爾抵達我的飯店時夜已深，我們便立刻出門找東西吃。那一區通常很繁忙，當時卻靜止且異常地安靜。正當我們打算放棄時，就發現了一間日式餐廳。這座城市什麼時候變成這樣了？坐在我們旁邊的情侶說的是英文，但是他們並非來自美國。還有一群吵鬧的德國人。他們所有人，即使是那些說著當地口音西班牙文的人，全都是白人，他們淺棕色的頭髮漂浮在空中。所有人也都非常年輕。包含食物與一切的抱怨，起了作用：它使我們放鬆並大笑。在回程路上，甚至在上床睡覺前，我們因疲憊不堪而無法交談，隔著玻璃窗觀察墨西哥城的天空。在那片被電燈穿刺的黑暗之中，繁星閃爍。

在前往阿斯卡波察爾科之前，我們安排與律師赫克托・培瑞茲・里維拉（Héctor Pérez Rivera）在他的人權文化協會（Association for a Culture of Human Rights）辦公室會面。多虧一位朋友的推薦，我在十月分就聯絡了他，並透過電話雇用他負責在無解又迂迴的正義之中尋找莉莉安娜的案件檔案，儘管那正義往往成了無盡又迂迴的有罪不罰。有鑒於不斷遭遇體制上的失能，我們決定趕在墨西哥城總檢察長辦公室員工放假前，在十二月中旬向人權部門投訴。赫克托・培瑞茲・里維拉保證，如果一切順利，我們應該很快就會收到答覆。當他姍姍來遲，一如往常地影射城內惡魔般的交通，還添加了他自行車爆胎的細節時，薩烏爾仔細地觀察他。一開始，赫克托看似在趕時間，但是他非常有耐心地回答了我們提過一遍又一遍的問題。要找到三十年前的檔案可能會很困難，但那不是不可能的任務。一九九〇年代的裁決並不包含厭女謀殺，而且我所能收集並寄給他的文件都將此案列為謀殺案，而不是一級謀殺罪，就罪行涉及了背叛和親密關係而言，這其實本該如此歸類的。他會負責所有與司法體系的官方溝通，並另外私下在不同法庭和公共檢察官辦公室做些研究。我們握手道別，並按照慣例親吻彼此臉頰。我們會找到檔案的，我們在關上門前異口同聲地說。一股樂觀席捲而來，將我們推向街頭。

這一次，我們決定搭乘大眾交通工具前往莉莉安娜在大都會自治大學學生時期居住過、位於帕斯特羅斯社區的銀荊花街六百五十八號。車程大約半個多小時。在休士頓的某個早晨，我曾對薩烏爾說，我需要看看她的校園。她住過的地方，她走過的街道，她買麵包或香菸的商店，她吃飯的小吃攤，她的地鐵站，她的公車站。我需要在這些地方為她留下鮮花，我說。然後在那乾燥晴朗的早晨，我們發現自己站在地鐵站的老舊階梯上，而莉莉安娜的雙腳，想必也踩過那裡無數次。我們又再次回到阿斯卡波察爾科區。

她的公寓距離地鐵站只有幾條街。我們在阿韋韋特斯街（Calle Ahuehuetes）上筆直向前，寬敞的街道中央有著一排樹，接著我們在銀荊花街右轉。現在，它是有著單棟層磚房與許多家庭式小店與烘焙坊的勞工階級社區，與當時如出一徹。一個擁擠的社區，但絕不暴力。許多年前，我的同事荷西．曼努爾．艾瓦雷茲（José Manuel Álvarez）聽說，我正在替剛錄取大都會自治大學阿斯卡波察爾科校區的妹妹尋找安全的住處，便提議將他自己家樓下的小公寓租給她。那個公寓基本的都有：客廳、飯廳、臥室、浴室、廚房。但有一點要注意：臥室被他們拿來作為儲藏空間，莉莉安娜必須將就著在飯廳睡覺。真正的好處是公寓的地點位置：莉莉安娜可以利用換乘地鐵和公車的快速路線，在十五分鐘內抵達大都會自治大學。荷西．曼努爾．艾瓦雷茲已婚且有幾個小孩。沒有其他住客。我以為莉莉安娜在那裡會很安全。

街道是隨時間演化的生命體。房屋編號是新的，也沒有與我們在找的六百五十八號相符的號碼。我曾去過那裡幾次，但記憶背叛了我。我們敲了幾戶人家的門都無濟於事。向郵差問路後，他將我們的注意力指向隔壁的焦紅色建築，上面有著兩組號碼，六百五十八和九十二A。我們按下電鈴並將耳朵湊近對講機。一個女性的聲音向我們打招呼，小心謹慎地。要說明我們的來意相當困難：我是三十年前在這裡被謀殺的一名年輕女性的姊姊，你可以讓我進去嗎？我並沒有那樣說，一字不差地，而是用一個冗長迂迴且愈講愈複雜的故事來暗示。幾分鐘後，女孩現身了，她將防盜門半開探出身子。是的，她有聽說過什麼。是的，她有印象發生了什麼事。什麼事？我們問她。她沒辦法告訴我們。最後，她告訴我們她的上司人不在，而我們需要他的許可才可以進去。在她關上大門去打電話前，我透過狹窄的門縫把我的名片交給她。沒多久後，她再次打開金屬大門、告知我們她的上司正在回來路上，如果我們想要的話，我們可以等他。要多久呢？半小時。我們向她微笑。我們已經等了一輩子。

我們在等待的時間到處走走。我們逛了僅僅一條街外的市場。我們在玉米捲餅店排隊。我們在塔可攤東聞西嗅。我們駐足在一間汽車零件廠，被巧合嚇了一跳。那棟有大片窗戶的公寓高樓肯定之前不在這裡吧，薩烏爾說，而我附和。我們靠在莉莉安娜過往住處旁的一輛車上，看見一名灰髮男人從隔壁大樓匆忙地走出，而我想都沒想，就追了上去。我給出同樣倉促、有些複雜的解釋。你記得那樣的事情嗎？儘管態度親切，他拒絕跟我握手，不過從人行道走到路面時他還是停了下來。薩烏爾及時趕上並握住了我的右手。的確，街道會改變，但並不健忘。記得，男人壓低嗓子地說，像是要分享祕密似的。那女孩真是漂亮，也是個非常好的人，他說。她以前每天早上去上課的路上，都會來這裡買麵包，我父親的烘焙坊。我回頭看向他指著的加水站，而他接著澄清：我父親生病後就把烘焙坊脫手了。這也是為什麼我在這裡，我來探望他的。他病得非常重，他搖頭。接著他說：她是大學生，對吧？

你記得發生了什麼事嗎？我勉強開口問他。他再度陷入沉默，坐立不安。他瞇起眼，用鞋頭壓扁假想的蟲子。他假裝別過身，輕輕地扭腰，但雙腳依然站穩街上。是她男友幹的，對吧？我們蠻常在這附近看到他的。他有輛黑色車子，有時候他會騎著紅色機車來。長得很帥的傢伙。我當時肯定是十二歲。我們在報紙上看到的。警察不是有來嗎？那是好多年前的事了。拜託，原諒我。我很久、很久沒有想起這件事了。我能想到的只有她是個非常好的人。她總是向每個人打招呼，無一例外。她甚至跟街上踢足球的孩子們打招呼呢。那一切真是令人傷心。當我把名片交給他並告訴他我的名字時，我向他問了一樣的資訊。真的對不起，他回答，真心地感到抱歉。這附近發生了太多事情。綁架，殺人，你懂的。你不再輕易地透露自己的名字了。

銀荊花街六百五十八號金屬大門身後的建築，主人是名嗓音平靜且舉止友善的纖瘦工程師，不久後就抵達了。我們不需多做解釋，他就讓我們進門了。在我們失去的人曾居住的空間中移動感覺總是奇怪的。皮下組織深處那輕微的顫抖——由血肉組成的震動，到了耳內就轉為顫慄的聲響。一種嗡嗡聲。蟻群毫不妥協地行軍，經由神經系統，再穿過體內的循環系統。還有胸口的壓力。我們如履薄冰，彷彿周遭一切由古老的玻璃做成。這裡是神聖的領地。

建築師費南多．培瑞茲．維加（Fernando Pérez Vega），是莉莉安娜在大都會自治大學的摯友之一，他憑記憶繪製出公寓的平面圖，那裡在當年很快地就成了定期聚會場所。公寓距離校園不遠，因此莉莉安娜的同學聚在這裡做作業，而學期一結束，他們也在這狂歡慶祝。啤酒，一些廉價蘭姆酒，數不清的香菸。他們就是在這裡熬夜，聽著音樂，時刻提防著音量，因為住在正上方二樓的艾瓦雷茲家對噪音很敏感。她的一些摯友偶爾在那裡過夜。一切都非常簡單，僅有基本必需品。莉莉安娜按照約定，臥房儲藏區保持原封不動，將她的床墊直接鋪在飯廳的地板上。她把普通的木箱塗上薰衣草紫，將衣服和鞋子疊放在上面，作為沒有衣櫥的彌補解方。隨時間過去，她獲得了一個小型書架，上面放著她最心愛的書、塞滿紙片和祕密訊息的鐵盒、裝有手環和耳環的小木盒、筆筒。後來，她在牆上貼滿了海報。她的繪圖板依偎著百葉窗，幾乎占據了整個客廳。她有一張凳子，還有或許幾張椅子。僅止於此。她很少使用廚房，那裡又大又暗，混凝土檯面中間只有不鏽鋼水槽和瓦斯爐的四個爐口隔開。一扇金屬與不透明玻璃的門通往小小的室內陽臺，從上傾瀉而下的自然光勉強提供了照明。她有幾個盤子跟一堆不成對的玻璃器皿。她有一些用來喝咖啡的易碎馬克杯；還有許多菸灰缸，她虔誠地、快樂地抽著的雷利牌（Raleigh）香菸菸蒂，最終長眠於此。狹小的浴室剛好可以容納淋浴和馬桶的空間，其窗戶也通往了那個小室內陽臺。一名幫忙艾瓦雷茲家務的年輕女孩，週間睡在臥室儲藏區旁的房

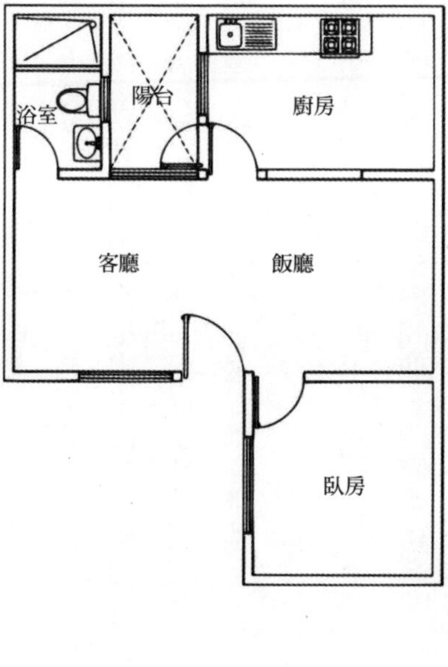

間，其入口通往公共庭院，接著直通大門。

我的阿姨桑托斯（Santos）是神通和自然治療師，在她休士頓的社區一直以來都有聲名遠播，她說她在莉莉安娜被謀殺的那晚夢見了她。她可以清楚看到這棟她從未去過的房子的設計。她說她慢慢地沿外面走廊行走，那裡由庭院連結了大門和公寓前門，而從那裡透過玻璃百葉窗，她可以看見莉莉安娜，她的手臂與雙腿顫抖著，像是無法醒來、又像是在求助。我的阿姨在她能夠伸出援手前就睜開了雙眼。

屋主和兩名祕書讓我們在現為建設公司辦公室的空間自由閒晃。五年前，他向荷西・曼努爾・艾瓦雷茲買下了這裡。從你買下它以來你有做什麼改變嗎？薩烏爾問他，四處張望著建築並小心地將雙手放在牆上。所有東西都跟之前差不多，他不加思索地說，結構跟我當初買下的時候一樣。我只有翻新或完成建築本身還沒處理完的地方。像是樓上的地板，是嗎？我說。像是樓上的地板，他證實。他沒有反對我們拍照。但是當我問他是否知道在這裡發生的悲劇時，他否認了。而先前說知悉此事的祕書則沉默不語。

活著的心不會遺忘逝去的心

創建於一九七四年的大都會自治大學教育系統，是對一九六八年學生運動所生壓力的直接回應，尤其是發生在十月二日的殘忍鎮壓——當時有一百五十至兩百名學生被古斯塔沃・迪亞斯・奧爾達斯（Gustavo Díaz Ordaz）政府屠殺。五個校區分布於墨西哥城雜亂無章的都會區，夸希馬爾帕（Cuajimalpa）、索奇米爾科（Xochimilco）、伊斯塔帕拉帕（Iztapalapa）、萊爾瑪（Lerma）和阿斯卡波察爾科，這些公立大學不僅解決了城市快速成長所帶來並增加的需求，在高等教育中更是一個創新、前衛的替代方案，相較於那些地位穩固而較傳統的學術機構。它們施行學季制，並採用支持跨學科教程和團隊合作的教學方法，而非根據個別課程授予分數。如果搬到墨西哥城總會對莉莉安娜帶來景色、步調與生活上的劇烈轉變，那麼從一所牛羊遊蕩走廊的傳統高中轉換到有著最先進教學法的寬敞校園，對她會是極端但樂於接受的改變。當我一踏上通往中央圖書館的熱鬧走道時，我說，莉莉安娜在這裡一定很快樂。

我們花了不到二十分鐘，就從銀荊花街的公寓來到大學校園的橘色大門：首先是地鐵，接著是停在大都會自治大學站外的小巴士。與我們一起分享狹小車廂空間的，有將建築平面圖捲成長條紙捲背著的學生、戴著耳機的年輕人、帶著小孩的老婦。我們和所有人在同一站下車。我們必須在有著紅色封面的出入記錄寫下自己的名字，並潦草記下抵達的時間。一名健談的員工向我們鉅細靡遺地描述到達建築系的路線。空氣裡充斥著學生來來去去的活力。喧鬧，笑聲。身體緊依的嘈雜聲。無數香菸的菸霧。牆上有著訴求不可能之事的畫作，以及宣布電影放映系列或國際講者來訪的海報。最重要的是，能量。一種不安的活力，非常靈活，高速地從樹幹纏繞又鬆脫並分散，環繞著公共雕像群，穿梭於窗戶、門下、販售菸草的攤販間，徹底地讓周遭活躍了起來。莉莉安娜曾在這裡，此時此刻也是。她的身體，匆匆地從我們身邊經過。是什麼在我們腦中觸發了，使我們無視證據，深信不疑我們許久以前所失去的將突然出現在眼前？

建築系系館魔法般地出現在學生餐廳後方。在入口處歡迎我們的，是一個小型攝影展覽與擺售書本的幾張桌子。到處都是學生。一群群有著濃密頭髮、身穿藍色牛仔褲的年輕男女平靜地聊著天或是進行激烈的討論，時不時地放聲大笑。你看，薩烏爾說。我們得以偷看一眼空蕩蕩的教室：冬陽透過大片窗戶閃耀，照亮了一排排的木製繪圖板。**活著的心不會遺忘逝去的心**——樓梯間的壁畫上寫著這幾個字，搭配色彩繽紛的大型花朵和阿約齊納帕（Ayotzinapa）學生的圖像，他們在二〇一四年九月於格雷羅州被消失，[1]爆發了來自全國與國際的怒火。建築系在大學內，也在世界上，象徵性地、批判性地，與國家暴力交鋒。我們聆聽低語並觀察，在人群的一舉一動之中，她的身體移動著——活生生地存在於他們之中。

一名沉默寡言的年輕男子獨自抽著菸，他的前臂倚著連接隔壁大樓二樓的橋的水泥牆。當我們經過他時，他轉頭用眼角餘光看著我們，彷彿認識我們已久。一抹悲傷的微笑懸掛他的嘴角。掃視下方的校園、毫無防備的運動場、廣闊的廣場和走廊，就能輕易感受到開放與自由。建築物本身體現了一間機構的教學法和精神，與其至少名義上致力於且真正地體現了改變。安赫爾在這裡鐵定非常害怕，我告訴薩烏爾。任何執迷於控制的人都會對如此開放的校園感到恐懼，我在我們走下樓梯時繼續說。冬陽刺穿了空氣，灑落在樹葉上，引起的耀眼閃光為氣氛添增了夢境般的感覺。時間同時靜止又爆炸，立即地倍增擴張。莉莉安娜就在那裡，在另一個冬天，來自同個太陽的陽光刺痛著她的肌膚。她在那裡，奔跑著，試圖及時趕上課堂。那是她，靠著其中一個露臺的石牆，一邊檢查著她的髮尾。她的嗓音，我隨處都聽得見她的嗓音。她笑聲的回音。

一名同事幫我和負責大都會自治大學學務紀錄的人取得了聯繫。雖然我們受限於隱私問題而無法查閱莉莉安娜的成績單，但是我們得知她的平均成績高於平均水準。我們去了另一間辦公室，正式申請她的紀錄。因為沒有電腦可以使用，於是我手寫了信還弄了副本，並馬上交了出去。我想要做的，是紀念，我告訴新成立的性別平等辦公室負責人羅西奧・帕迪亞（Rocío Padilla）。她立刻在辦公室接待我們，沒有事前預約。她平靜又面無表情的臉藏不住工作時的機靈。我想要在大都會自治大學阿斯卡波察爾科校區打造一個空間，向我妹妹的

1 譯注：此為伊瓜拉學生綁架案（Iguala mass kidnapping），是墨西哥格雷羅州伊瓜拉獨立市一樁牽涉當局政府的大規模綁架及失蹤事件。

存在，向她穿梭在這些教室、這些走廊、這些花園中致敬。還有，我補充，向其他被謀殺女孩們的存在致敬。向任何從性別暴力存活、或未能倖免的年輕女性致敬。我想要——我正要繼續說下去，但是帕迪亞阻止了我：讓我們一起想想怎麼做吧。讓我們一起在這件事上努力吧。

V

好一個自由的女人

There Goes a Free Woman

勞拉・羅薩萊斯 Laura Rosales

我怎麼能不記得她呢？她可是我上大學第一天第一個說話的對象呢！我到的時候她早已在教室：她引人注目的長髮，如此地直順又亮澤，她綻放的笑容，還有那修長的手臂與雙腿。她非常地高挑。不施脂粉卻非常地有女人味。莉莉安娜很美但裝作好像不知道這件事似的，或者說如果她知道，她也不認為那有多重要。她的幽默感比她的外貌更加驚人：她開所有人的玩笑卻不針對特定的人；她的諷刺如此地精準，如此地細微，如此地尖銳。我很快地就明白她很特別。

我的背景是馬格達萊納孔特雷拉斯的CEBETYS（Magdalena Contreras CEBETYS），那是屬於勞工階級的技術教育系統，當時並不被墨西哥國立自治大學承認，所以我別無選擇只能申請大都會自治大學。儘管我想要成為建築師，人們卻建議我避開建築學程，因為那裡競爭非常地激烈，並建議我轉而申請當年沒什麼人有興趣的工業設計學程。我聽從了他們的建議，而當我在一九八七年十月底收到錄取信時，我欣喜若狂。

我們相當迅速地成為了朋友。我們上一樣的課程並在同個組別一起合作。在學生餐廳、在大樓間的走廊、在圖書館外的會面區，我們滔滔不絕，時常放聲大笑並批評所有人。莉莉安娜花很多時間埋首在圖書館的書堆裡。她不只在那裡完成大部分的作業，也如饑似渴地讀著一本又一本阿嘉莎・克莉絲蒂（Agatha Christie）的小說。她總是在讀著什麼：小說、詩歌、故事。她隨身攜帶《勞動報》（*La Jornada*），那是個左派報紙，或至少當時在我們眼裡是左派的。她是個書呆子，無庸置疑。一位非常親切又直率又友善的書呆子。

我搬出了父母家並住在克拉維里亞（Clavería）社區的一位阿姨家裡，那兒距離大學算近，有天我邀請她和我們一起吃午餐。他們都很喜愛莉莉，我們本來可以聊上好幾個小時的，但是她必須提早離開，因為在大都會自治大學的頭幾天，她住在她口中非常荒蕪、可說是危險的城市邊緣社區。她一點也不喜歡那裡，我也不知道她怎麼落到那裡的。不過，在那之後不久，她在別墅大道（Avenida de las Granjas）上，租了個她在屋內占據極少空間的大房子，那距離大學更近。後來，她搬到了銀荊花街的公寓，我時不時會去那拜訪她。

莉莉安娜充滿母性——她將朋友視如己出，保護他們，引導他們，甚至餵食他們。但她是個頑皮的母親。舉例來說，我去拜訪的時候，她會打開空無一物的冰箱，並淘氣又大張旗鼓地，將一瓶孤伶伶的啤酒瓶當作給我的恩賜。我們通常出門去附近的市場買菜，而一回家，她便會說：勞拉，坐下，我要來準備你倒楣的人生中吃過最讚的法式吐司。她對鮪魚罐頭或橘子也說過差不多的話。輕快又歡樂的氛圍圍繞著她。當你在她身邊，一切都是重大的、巨大的、驚天動地的。她給人徹底享受活著的印象。我沒多久就意識到，莉莉安娜是個高尚的女孩，她一心向學，而對她的朋友尤其忠心不二。當莉莉安娜愛你，她是全力以赴地、真心誠意地，接納你本來的樣子。無須過問。

我有時候會在她的銀荊花街公寓過夜卻不讓家裡知道，因為我沒有她顯然盡情享有的：自由，一種她引以為傲的獨立，一種自主感。她每個月從父母那領零用錢，而儘管他們時不時拜訪她，她大多數的週末也都會回托盧卡，她卻擁有屬於自己的日與夜。雖然我們都是窮學生，但我眼中的莉莉安娜是富裕的：她有足夠的錢購買教授指定的材料，愛吃什麼就吃什麼，甚至每天買報紙。不過，她花錢也相當自律。儘管她生活表面上一團亂，在那之下存在著某種秩序。有時候，我會看著她走過走廊然後對自己說：好一個自由的女人。我非常欣賞她的才智與力量。她在墨西哥城無依無靠，但是她面對一切從不抱怨，且充滿好奇。她厭惡寂寞，但對危險隻字未提。我不那樣自由或勇敢。而我以身為她的朋友為傲。

我們一起成為了正式的公民，在一九八八年七月六日首次參與投票，當時我們都相信，左派的熱門候選人夸特莫克．卡德納斯（Cuauhtémoc Cárdenas）會擊敗過時的革命制度黨（Institutional Revolutionary Party），至少在墨西哥城。我們投下選票時，相信自己至關重要。當電腦系統當機而腐敗導致了一如既往的結果，選舉的舞弊讓我們大失所望，所以我們一起上街抗議。那對我們來說都是第一次。我不知道我們怎麼辦到的，但沒多久我們雙雙驕傲地高舉著布條。我們一齊呼喊口號：我們要什麼？民主。我們什麼時候要？現在。想當然爾，我們支持卡德納斯，與我們世代的許多年輕人一樣。我們就像這些還不到十八歲的年輕女性，要求著不可能之事。

拉烏爾・埃斯皮諾・馬德利加 Raúl Espino Madrigal

你是在托盧卡上中學嗎？我在終於鼓起勇氣接近她的那天，膽怯地問她。她大大的燦爛笑容讓我卸下警戒。她洪亮的笑聲。沒錯，拉烏爾・埃斯皮諾・馬德利加，她說，讓我又驚又喜。我沒料到她竟然知道我的全名，但她馬上解釋她記得我的哥哥哈維爾（Javier），他們曾在同個游泳隊一起受訓。自從第一學季我們同班開始，我就在遠處仰慕著她，但是直到第三學季我們上同堂實作課時，我才有膽跟她搭話。那肯定是一九八八年左右。平面設計？在一陣又長又尷尬的沉默之後，我問她。她再次微笑，注意到我緊張得要死。你竟敢問這個問題？她說，假裝被冒犯。想也知道，我是建築系主修，一個真正的專業，她加了一句，半開玩笑地。這將成為我們之間的主題：她鄙視平面設計，我則為即便到現在依然熱愛的專業辯護。

大都會自治大學所有藝術與設計學科的新生，在前三個學季都會上一樣的通識課程，作為我們培訓的共同核心教學之一。如果我們及格了，就會進階到我們的主修：建築，以及工業或平面設計。就是在那時，在那段轉換期，我意識到自己愛上了莉莉安娜。我們在校內遇到對方都會打招呼甚至聊一下天，但那樣並不夠。我想要更了解她；我想要花時間和她相處。我常常做著與莉莉安娜有關的白日夢並想出無數和她「巧遇」的計謀。但似乎什麼都沒什麼用。由於週末我們都會回托盧卡的父母家，我便提議我們一起搭巴士回去，但是她拒絕了。我邀她一起看電影，但是她說她沒空。然後，在數不清的拒絕後，事情終於發生了。

好，莉莉安娜說。

那是個星期天。她比平常還要早從托盧卡回來與我在地鐵站會合。我們還沒有決定要去哪吃飯，於是莉莉安娜提議我們買菜回她家煮點簡單的東西。我樂不可支。那比我期望的多太多了：我不僅有半天的時間和她待在一起，而且還是在她的住處，靠近她的東西、她的小擺設，就在她的地盤。直到我們打開一間小公寓的門前，我都還是不敢置信，公寓內有些溼冷，但她用色彩與海報，還有她的繪圖板增添了溫暖舒適。當時我住在位於南邊舒適的中產階級社區的阿姨家，而她，是個真正的女戰士，獨自住在城裡荒涼的區域。我對她充滿了敬畏與欣賞。我們用市場買到的食材拼湊出簡單的菜色，鮪魚配蔬菜之類的。我們也買了一個桃子罐頭當作甜點。我清楚記得她如何打開罐頭，將手指浸入糖漿拔出第一個桃子。我學著她的做法，羞怯地被她的動作迷倒了。我愛那一刻的簡單與自然，甚至是甜蜜。

我們打算吃完午餐後去看電影。我們想要看剛上映的《烈血大風暴》（*Mississippi Burning*），於是搭地鐵大老遠地跑到城市南邊的大學廣場購物中心（Plaza Universidad）的電影院。看到購物中心的家庭與情侶還有我們比肩行走，我們之間的對比，相當有趣。看完電影，我們去吃冰淇淋，聊天的時候，我試著聊到關於「我們」的事。真是美好的一天，我說。我真的很喜歡跟你在一起。莉莉安娜困惑地看著我，一語不發地仔細聆聽我說的話，並讓我繼續說下去。我告訴她我覺得她非常地聰明，然後出乎意料地，我瞬間膽大起來，告訴她我**真的**喜歡她。我可以從你身上學到很多，我說，呼應當年很紅的流行歌手伊曼紐爾（Emmanuel）的肉麻情歌裡的一句歌詞。她心平氣和地接受了。很巧地是我也經常想起你，她說，狡猾地用胡安·曼努埃爾·色拉特（Joan Manuel Serrat）的歌詞說了句俏皮話，這位加泰隆尼亞歌手比我引用的歌手還要有品味、也酷多了。我說了句關於我們之間差異的蠢話。她微笑看著我，彷彿身在遠方，在我遙不可及的某處偷看著。但是她看起來平靜而不是受寵若驚，依稀感興趣。我以為那是個美好的開始。

勞拉·羅薩萊斯

莉莉邀我一起在托盧卡共度週末而我開心地答應了。我們抵達她家，但因為沒人在，於是我們走去她男友家。他的名字是安赫爾。我當時並沒有跟他見到面，甚至連瞥一眼都沒有，因為莉莉安娜很快地進去他家，只是拿了作為我們代步工具的白色老金龜車鑰匙。我要帶你去一個你至今從來沒有見過的神奇地方，我們上車時她宣布著。一股謹慎的亢奮遍布我全身。我們在兩旁是垂柳的雙車道縣道上，駛過了城市。阿爾莫洛亞華雷斯（Almoloya de Juárez）。在教會後方的神聖泉水。孩子沐浴在有療效的溪流中。幾名女人頭上裹著披肩，以手搓洗著衣物。準備好，她說，保持開放的心胸。我們雙手放在圍繞泉水的鐵柵欄上並朝下伸展脖子。多彩繽紛的魚靜靜地穿梭在水藻之間。一堆金幣從水底回視著我們：來自過去的護身符是如此之多。厚重的雲層，在靜止的水面棲息著，微微顫抖。一時之間我忘記自己身在何處。那感覺像我人在水面下，在那片水中森林，與莉莉手牽手地奔跑著。仔細看，她說，打破了咒語。如果你仔細看，你會看到水面上有條線。水面上的線是什麼意思？我問，難以置信。我花了很久的時間才分辨出，那一根也被她形容為在春天將骯髒的水與乾淨的水一分為二的細絲長髮。等到我終於看見它時，我們笑了。那是，如她所承諾的，神奇的一刻。我經常與她一起體驗這樣的時刻。

莉莉要不是剛學會開車，就是不習慣那輛老福斯金龜車，因為它在我們回程路上拋錨了好幾次。但我們安全地回去了，也歸還完好無缺的車子。我們從那裡走回她家，再搭巴士回到墨西哥城。我在大學停車場或是往返校園的小巴士上，看過同一輛白色金龜車好幾次。我猜那輛車的駕駛就是我在托盧卡沒打到招呼的安赫爾。

安娜・歐卡迪茲 Ana Ocadiz

我可以吃吃看你的卡士達嗎？某天她突如其來地問我。我們在學生餐廳，面對面地坐著，儘管我們一起吃飯，莉莉安娜全程都心不在焉。我們在學校遇過幾次甚至會偶爾聊天，但我們還沒熟到分享食物的程度。我對她的請求感到有點驚訝，同時也很開心。可以，我說，不用客氣。她接著將食指直接插入卡士達，一臉愉悅地舔食著。放肆。這景象讓我顫抖不已。從來沒有人在我面前做過這種事，而那次之後也沒有人在我面前做過這種事，但是在那瞬間征服了我的喜悅既強烈又新奇。某種徹底難以理解的東西。在那之後莉莉難為情地看著我，像是預料到某種形式的批評似的。當我坐在那裡，直視她的雙眼，她始終沉默不語。我一定是笑了，因為她突然看起來鬆了口氣，彷彿她肩上某種奇怪的重擔被拿下了。彷彿她從某種令人不安的包袱中解脫了。我們噗哧大笑。

我們常常一起那麼做：噗哧大笑。我們嘲笑自己，我們嘲笑世界。我們取笑教授、特定歌曲、一些同學、第二臺的肥皂劇。事實上，我們開始看肥皂劇只是為了取笑它們的奇怪樂趣。那是我們之間的祕密，並沒有與他人分享。她的諷刺沒有限度。她的幽默感。她有獨特的人生觀——她博覽群書，而那讓她與眾不同。她很機智，甚至聰明。應該說，才華洋溢。我們一拍即合。當時，我住在瓜達盧佩湖（Lago de Guadalupe），可說是遠離一切的區域，而我常常在她家過夜，那裡距離學校只有幾分鐘路程。一切就像是永無止盡的睡衣派對：我們聊八卦、我們寫作業、我們對世界局勢發表意見。我們抱怨。然後我們大笑。

莉莉安娜在大都會自治大學第三或四學季時，把她的手指插進了香草卡士達。我時常想起那段回憶，那道謎題。透過時間的玻璃窗，我只看到了兩個女孩在擺脫傳統的同時開懷大笑。她們在嚴肅上如履薄冰，朝不同方向一齊前行。她們根本不了解彼此，而突然間，她們身處一個只屬於她們自己的世界，如此地緊緊相依，如此地自由自在。她們的快樂是多麼地真實，像肉體般真實到你可以啃食它。我看見她們在那裡，一動也不動地，對彼此感到驚嘆，深知未來正等著她們。

莉莉安娜是我為我的自由所取的名字。

勞拉．羅薩萊斯

某個星期一，莉莉步履蹣跚地來上課。你怎麼了？我問她，心想她跌倒了或是發生了意外。莉莉安娜含糊其辭地回應，心不在焉地，試著說些我無法理解的話。就那個安赫爾，她說。安赫爾怎樣了？我鼓起勇氣問她。她之前曾告訴我，自從她上了大學，安赫爾變得比以往更容易吃醋。他沒有通過入學考試，所以他別無選擇只能繼續在家族事業工作，而那在托盧卡。莉莉安娜擔心他因為她是墨西哥城的大學生而感到自卑。簡單來說那就是她：她總是擔心他人的痛苦。安赫爾怎樣了？我堅持地問。就是那時候，她暗示他傷害了她。我不確定我是否能繼續問下去或應該就此打住閉上嘴。在當時，性並不是個好對付的話題。很多女孩有性經驗，那不是稀罕的事，但公開地暢談性並不是我們會做的事，至少在我們之間是這樣。我根據她所說，勉強拼湊出前一天她去了安赫爾家，他們一起洗了澡，接著他們發生了關係。他們正打盹到一半時，他把她叫醒，堅持再做一次。莉莉安娜並沒有明說他強暴了她，但是她告訴我最後他向她道歉。

另一天，她帶著包紮過的手來到學校。當我問她發生了什麼事，她告訴我她在浴缸滑倒被碎玻璃弄傷了。這個解釋在我看來很合理，但我還是懷疑。有什麼事正在發生，但我難以確切地指出。有什麼不太對勁，但我無法理解那是什麼。她的俏皮、她的幽默感、她彷彿全世界屬於自己地走過校園的模樣，很快地消除了我的擔憂。她是如此地隨和，如此地樂觀。我沒有理由擔心。過了一陣子，莉莉告訴我她跟安赫爾分手了，但是他不肯放手讓她走。勞拉，他猛拉我的手臂，她說，接著按字面地抓著我的手臂、用身體演出她的話。她在我的前臂上留下紅通通的指印，而那痕跡只是一點一點地消失。

馬諾洛・卡西亞斯・埃斯皮諾 Manolo Casillas Espinal

我不想要交任何男朋友們，她曾向任何想聽的人宣布。怎麼會？我若無其事地問，像是沒注意到那個複數似的。因為那樣男人就會認定你是他們的所有物，她說。我才不要來那套。絕不。我沒有問她任何事情，我甚至沒有暗示那樣的可能性，但她一定知道那是我內心所渴望的。她能夠理解言外之意。她總有辦法知道我們對自己的理解只有冰山一角。我在第四學季見到她時就立刻愛上了她，就在我們正式成為建築系主修時。她外向又友善，但更重要的是，她非常直接。有時直率。幸好，她也很迷人，因此我們欣賞她的誠實。她對文字很有一套，總像是從我們才正要啟程前往的地方對我們說話。我渴望那個世界，那個她為了回到校園加入我們所拋下的世界。

我們緊接著在同一個讀書會合作。打從一開始課業就十分繁重，因此我們經常徹夜或在週末工作，而因為她的公寓就在附近，那裡成為了我們的據點。我們通常都在那裡，在銀荊花街六百五十八號，製作設計圖或比例模型，或純粹只是分享筆記。我慢慢地開始欣賞她思考建築的方式，她如何隨意地發揮想像力並針對透視或投影問題想出巧妙的解方。她快速且輕鬆地完成建築；那並非直覺的，而是仔細思考過、有組織的東西。

倘若我閉上雙眼，即使現在我也能清晰地看見她。她就在這，看看她。她的秀髮，又長又直，在陽光下閃閃發亮，在她往往匆忙行走時左右甩動。非常高挑，非常苗條，非常沉浸在自己的世界。她的黑色皮夾克，以及她背上的後背包——叛逆分子。閱讀狂熱分子。知識分子。一個不想交任何男朋友們的女人。

奧通・桑托斯・艾瓦雷茲 Othón Santos Álvarez

她說故事的模樣。那一定是在第二或第三學季的尾聲；總之我們已經有幾個小組專案即將截止。我們聚在一起吃午餐，一邊小口小口地吃，一邊聆聽她，彷彿被下咒似的。莉莉安娜在前一個週末去了特奧蒂瓦坎金字塔（Teotihuacán），她正講述這趟旅程的精采故事。我不太記得細節，但我記得她是怎麼捧腹大笑，還有她身邊的我們是怎麼都笑個不停。我們笑到快流淚，而透過這些快樂的淚水，我看見她在我們焦點的正中央——她是我們這群的領袖，無庸置疑。不僅是我們之中最聰明的，也是最專注且最成熟的。如此地機靈又愛吐槽。

我們多數人只對拿到及格分數，準備找到好的建築師工作和終於開始賺錢感興趣，但莉莉安娜不是那樣的人，她總是想要更多。建築對她而言不是種職業，而是探索我們身邊物質世界的方式，那個世界有著過去世界的痕跡。舉例來說，她熱愛墨西哥下城區。她對與我們在地根源相關的一切感興趣。她總是相機在手，不放過任何拜訪廢墟或金字塔的機會。莉莉安娜十分奮發努力。她尤其擅長規劃也很會畫畫。有一次，一名教授要求我們為一個市場打造平面圖：設計、正面外觀、空間分配。當然了，莉莉的設計是最好的。

我們隨時間過去變得很熟，特別是因為我們小組合作的關係。在莉莉的公寓、也就是我們通常見面的地方，就只有一個繪圖板。因此，當一人在畫畫的時候，另一人為比例模型製作牆面，又另一人則是打開窗戶。那是我們一起工作的模式。我們輪流睡覺。我們整個週末都這樣度過，一半的時間睡覺，一半的時間清醒，就住在咫尺。比起一群朋友，我們更像是一家人。而且是相當緊密的一家人。然而，有些議題我們從來不碰，例如政治。或是莉莉安娜陰魂不散的托盧卡男友。

每當工作一完成，大家都會一起買啤酒或香菸。接著我們回到莉莉的家放音樂，通常是民謠歌曲或一些西班牙文的前衛搖滾。我們講笑話，談論我們從何而來或未來想往哪前進。一切對我們來說是如此地開闊。

安荷爾・羅培茲 Ángel López

我有什麼菸就抽什麼菸，而她卻抽那個臭死人又沒人喜歡的雷利牌。兄弟，最近怎樣？當我們在校內遇到時她會這麼跟我打招呼。她超級體貼：她會用小小的信件、短箋、圖畫給我們驚喜。她的字跡讓人羨慕，非常獨特，就像她的其他地方。她很有型。莉莉安娜不愛出風頭，像個嬉皮，而且，沒錯，非常漂亮。我以為她不會跟我們說話因為我們——馬諾洛、奧通、赫拉多、還有我——一副非常工人階級的模樣。你看得出來我們很窮：我們做專案只用便宜材料，你可以在街角小店買到的那種材料。也許那就是我們坐在教室最後面的原因，因為那在老師的視線之外，我們可以放鬆或甚至打瞌睡。有一天莉莉安娜坐在我們附近，我們便明白她很特別。

我喜歡莉莉安娜，我的好朋友馬諾洛也是。有一天，馬諾洛和我得出的結論是，他比我更有機會贏得她的心，尤其是因為他在阿斯卡波察爾科住得離她比較近。我當時住在城市的北邊，算是滿偏遠的。而且老實說，他比我更迷戀她。隨時間過去，莉莉安娜與安娜成為了親密好友，她們去哪都黏在一起，儘管安娜和費南多在一起。或者說：安娜跟費南多約會的同時，大部分時間都和莉莉安娜在一起。

一月十三日，她做了一個蛋糕為我慶生。

諾瑪・薩維爾・昆塔納 Norma Xavier Quintana

我們都喜歡穿黑色。你是認真在讀《讀者文摘》（*Reader's Selections*）嗎？她曾問我，邊翻白眼。在這個講求變革的校園，我竭盡所能地隱藏我的宗教、中產階級、保守的背景，然而卻失敗了。我首先注意到莉莉安娜是因為她很高，但最主要是因為她身穿柔和色系，非常地Flans風，那是當年流行的少女團體。不過我們是在我後來換到夜校課程時才成為朋友。我沒有通過結構學，而莉莉安娜不想上日校老師的裝設課，所以我們在傍晚會合，在太陽西沉的時刻。到那時，她的頭髮烏黑又亮澤，而黑色已經取代了柔和色系。她從來沒有脫下那件大家都認得的機車夾克。有一次，她向我挑戰：我們來看看誰可以忍受連續三週穿同一件牛仔褲都不洗。我們兩個都沒有贏。

我跟她一起翹課，那是我人生中從來沒做過的事。我們會去喝咖啡或只是靠著牆，在人來人往之中放空。她對幾乎所有事都有看法，有很多的故事可以說。那就是為什麼我知道她最近當上了研究助理。所以那究竟要做什麼？我問，滿懷好奇。她說，她閱讀、寫摘要，並在截止日期前把文章交給教授。我不知道學校裡存在這種東西，但自己立刻就想要成為一名研究助理。她說，畢業以後，她和安娜想要去英國。那是她們的計畫，她說，彷彿那沒什麼大不了的。彷彿我們可以收拾家當拋下一切。我不禁感到一絲羨慕。

她很肯定地對我說所有的電視臺都是虛假的。

我透過她認識了讀書會的其他成員，他們的表現更像是一家人。莉莉安娜，他們的大家長。如果她說了什麼，那就是他們聽從的。對他們而言幸運的是，她喜歡讓人們開心。但是她並非偽君子。如果她喜歡你，她會為你赴湯蹈火；否則，她連看都不會看你一眼。我們一起工作的時候，她很常播放U2的卡帶，尤其是〈With or Without You〉這首歌。她會循環播放，著魔似地，直到大家都受不了並強迫她換首歌。我們的陪伴讓她歡喜。事實上，她渴望夥伴情誼。她很常請求朋友不要放她一人。或是留下來過夜。而她對這件事非常明確：當她邀請他們留在她家，是因為她想要陪伴。沒有別的。

我有一輛車。我常常借給她開。我把鑰匙交給她，當她使用完畢了，她會把車停回原來的地方。

我們後來成為了真正的朋友，大約在第五學季的時候。我有個來自庫埃納瓦卡（Cuernavaca）的男友，他在墨西哥城租了房子。有個女孩也住在那裡，而他們沒多久就在一起了。當我明白發生了什麼事，我在教室裡放聲大哭。莉莉走過來抱住了我。那不值得，她說。她交給我一張紙條：在最深寂的寒冬裡，我終於發現，我的內心藏著一個無法摧毀的夏天。這是你的冬天，她繼續說。而它會過去的。別為任何人哭泣。

李奧納多・哈索 Leonardo Jasso

我們的教授們對她讚譽有佳。有一位教授在繪圖板之間巡視時，邀請莉莉安娜加入她，評價我們的專案。每當教授做完評估，她會請莉莉安娜發表自己的評論。有一次她們到我的工作檯，莉莉安娜對我很嚴苛。盡責，但嚴苛。我本來就對她有好感，但那讓我更喜歡她了。我想要她當我的女友好一陣子了。不過我想找的是老派的女友，可以一起牽手的那種，然而莉莉安娜有不同的想法。例如，她總是說，聖經不過是充滿有趣故事的一本書，還有約會是男生用來偽裝占有欲與控制欲的手段。她不相信那些東西。她不想要當任何人的甜心。

儘管如此，我沒有輕言放棄。我抓住任何跟她搭話的機會。我就是這樣才得知她曾經是名游泳選手，那解釋了她精瘦強壯的身體。她告訴我，她父親正在外國完成博士學位，而她唯一的姊姊正在美國讀書。我想那就是為什麼她這麼聰明又認真吧。有一次我到托盧卡給了她驚喜，我知道她每週都會去那裡拜訪她父母。我毫無預警地打電話給她並堅持見面。她開著一輛老車前來，接著她帶我去阿爾莫洛亞華雷斯的一座泉水，然而就算我再怎麼想要，我還是沒辦法分辨出應該要將骯髒的水跟乾淨泉水分開的那條有名的線。在那之後，她帶我到一處空地，在附近的森林裡。我以前會跟我爸媽來這裡露營，她說。那個地方充滿了松樹跟高挑的歐亞梅爾冷杉，每當她想要獨處的時候就會回到那裡。

艾米里奧・赫南德茲・加爾薩 Emilio Hernández Garza

噢，那女孩真愛去看電影！在我經營一間位於阿爾瓦羅・奧夫雷貢區（Álvaro Obregón）的餐館大約一年半的那段時間，我們一起度過了很多時光。她隨心所欲時不時地前來，本來應該要在收銀臺幫我，但我懷疑她八成是在尋求陪伴。雖然她沒有抱怨替食物結帳得來的微薄收入。或她往往在離開前帶走的那包可怕的雷利牌香菸。不過，她很體貼。從不因為我們是表親而占便宜。我那段時間的一位好友伊莉安娜（Iliana）跟莉莉安娜很處得來。她們兩個會聊天，而我則是在餐館忙著工作，從遠處看著她們。

她真是個自作聰明的傢伙。有一次我們約好在特佐佐莫克公園會合，就在她家附近的地鐵站旁。她遲到了，而我在木椅上睡著了。她大笑叫醒了我，並告訴我她拍了些我看起來像墨西哥城醉漢的照片。她總是脖子上掛著那台小相機到處閒晃，拍攝老舊的大樓、荒涼的景色、街上來去匆匆的人群，或在公共場合打瞌睡的沉睡表親。

安排電影馬拉松是我們的最愛。每個星期天，特別是當我們從托盧卡提早回來，或是我叔叔在合理時間帶她回來時，我們能看多少電影就看多少。我們對電影沉迷到成天待在電影院都不稀罕，從早上十點開始看電影。我們會在市場買一杯巨無霸水果調酒並偷偷帶進電影院。每當我們看完電影，我會邀莉莉去我喜歡的慢燉豬肉餐廳小亭子（El Kioskito）吃飯，雖然我們也會嘗試查普爾特佩克城堡（Castillo de Chapultepec）旁的籃子塔可（tacos de canasta）。我們從未錯過國際影展。我跟她看了《巴貝特之宴》（*Babette's Feast*）和《紅高粱》（*Red Sorghum*）。我跟莉莉安娜一起看的最後一部電影是《黑眼睛》（*Dark Eyes*），由馬切洛・馬斯楚安尼（Marcello Mastroianni）主演。

拉烏爾・埃斯皮諾・馬德利加

你想要一起回家過夜嗎？她問。她是這麼說的，但我以為我聽錯了。她足夠大聲地說出，清晰地發出每一個母音與子音，但我還是沒辦法聽清楚。我對那個狀況毫無準備。在我的不斷堅持下，我們剛從托盧卡度過週末一起回來。我們在托盧卡巴士總站會合，而一抵達墨西哥城，我就陪她到她的地鐵站。我們度過了非常美好的時光，在談笑之間拋下了山間松樹並進入市區，並在那之後，一起穿越了繁忙的地鐵站。我吃驚到不知道該說什麼。莉莉安娜如此輕易地讓我啞口無言——她有辦法說出最甜蜜和最殘酷的話，沒有中間值。

我站在那裡，不知所措，腦中閃過萬千思緒，此時她多加了一句：我答應不會強暴你。我看著她，一頭霧水。她如此放鬆地提起性，甚至可說是若無其事地，而我則是愣著不動。真是高明的一招。儘管如此，我仍不想冒險。我們那天已經共度美好的時光，而且我住在洪迪多公園（Parque Hundido）附近的阿姨，正在等我吃晚餐。我有風度地婉拒，但讓我意想不到的是，莉莉安娜依然堅持。我不想要獨自一人，她終於承認。拜託，留下來陪我。如果你想要我可以請求你阿姨的許可。我不敢相信自己的耳朵。我不敢相信我是多麼地幸運。我自然而然地接受了。但是沒有性，她說，相當坦率地。我對此沒有意見。

我們在她的雙人床墊上，準備躺下的同時也不停地聊天。在某一刻，在故事之間，我問她我可不可以撫摸她的背。她頓住了，認真考慮起這件事。這是個非常重要的決定，她說。因為這可能暗示的一切，她附帶一句。但她還是接受了。過了一會，我們交換位置換她輕撫我的背。有很長一段時間我們就只是這樣，聊天加摟抱加親吻。那是天堂。我不記得是怎麼發生的，但有一度我承認自己沒有性經驗。我感到有點羞恥，但事實就是那樣。真有趣，她說，不願進一步地說下去。我坦承我沒有談過任何認真的感情，而且我對隨性的性愛也沒什麼興趣。我告訴她，我真心地想要愛，與人相愛。接著莉莉安娜用她悲傷的大眼睛看著我，幾乎沒有眨眼。這樣很完美，我說。以後還有很多時間做更多事情，等到我們準備好了。我不想要給她壓力。我想要她在我身邊感到安全。在我不久前開始的日記裡，我寫道，相當樂觀地，我們的感情總算開始進展了，而我們真正地在一起的日子將會到來。我堅持，會有時間，讓我們在肉體層面上也相愛。

在莉莉安娜身旁醒來可說是美夢成真。黎明時她在我的背上留下一連串的吻。早安，她接著說，燦爛一笑。我真心以為我們終於進到下一個階段，並且總算成為了一對情侶，但情況並非如此。我起床後匆忙趕去上早上的課，而當我再次看見她時，她卻一如既往地冷漠。無論我怎麼努力嘗試，她都不讓我接近她。和她在一起就是那麼一回事：一段有著零星的關愛與親密高峰的，起伏不定的感情。

伊莉安娜・岡薩雷茲・羅達特 Iliana González Rodarte

我們聊的從來就不多，更別說是私事了，但是我們在艾米里奧經營餐館時一起度過的時光裡，以及當她到我們在聖羅倫索阿科皮爾科（San Lorenzo Acopilco）同住的家拜訪時，我的印象是莉莉安娜非常地貼近世俗。她對政治感興趣。她會邊抽很多菸邊談論電影，還有音樂。有一次她告訴我們她跟某個團體一起演唱，或不知怎地參與其中，與在大都會自治大學發跡的前衛搖滾樂團塔古巴咖啡（Café Tacuba）同臺表演。她跟她母親長得真像！當我們到托盧卡拜訪他們時，她總是很友善，非常地有教養；她的舉手投足展現了和藹可親的優雅。陶器。咖啡杯。高挑書櫃。我多希望當時有跟莉莉安娜多聊聊她的私生活。如果她對我說過什麼，任何事情，我當然會跟你的父母分享。或許那就是為什麼她沒有那麼做。

莉莉安娜，用一個形象概括來說：夾在她手臂下的報紙，知識分子的眼鏡。

安娜·歐卡迪茲

一場巨人之戰／將空氣／變成天然氣。／一場瘋狂的決鬥／警告／我距離進入有多接近。／在一個巨大無比的世界裡／我感受到自己的脆弱。

Nacha Pop的這首歌讓我們為之瘋狂。我們總是強調**脆弱**這個詞。我的，她的。然後我們會一起談論我們的力量。我不記得究竟何時，但是莉莉安娜借給我對她而言向來至關重要的一本書：《米蓮娜》（*Milena*），作者是瑪格麗特・布伯—諾伊曼（Margarete Buber-Neumann）。有著黑色封面和汙痕內頁的一本書。該書講述了傑出的作家兼倡議者米蓮娜・耶森斯卡（Milena Jesenská）的故事，而有幸或不幸地，如今她更常被記得的，是身為她深愛的男人法蘭茲・卡夫卡（Franz Kafka）的情婦。故事的開始與結束，都在瑪格麗特和米蓮娜相遇的集中營，她們無視不幸與悲劇，無視飢餓與寒冷，無視時代的惡劣，成為了朋友。我們對她們兩人都以飽滿而輕盈的愛，挑戰了威權及所處環境的敵意而感到驚訝。米蓮娜，其名為「心愛」之意，更是出於習慣而非原則地違抗集中營的規則——她以一種有時看似愚蠢的決心，慷慨地將自己奉獻給他人，而不是只顧自己，或變得乏味或孤立或邪惡。但那就是她的信條：愛。

一位視友誼為至高無上，習慣慷慨大方，給予所有人關注與善意的女性（儘管米蓮娜也要求一切的回報），使莉莉安娜不僅與其產生了共鳴，同時也在書中認出了我們所處環境的跡象：一個有時候，在我們感到最黑暗的時刻，被我們視為集中營的世界。我們如此地受限——或者說，我們對人生的期待是如此地狹隘，以至於我們經常覺得自己被束衣綁縛著。而我說的不只是我們的父母。是整個社會。你必須依特定的方式表現。你不能付出太多的自我，更別說是隨心所欲地這麼做；你得非常謹守分寸。熟悉與獲得必須事先計算好。另一方面，莉莉安娜熱愛生命、街道、電影、她的朋友、建築、馬諾洛、我，甚至安赫爾。那是她的超能力——而那，也同樣是，她的死穴。

我一口氣就讀完了這本書，它讓我印象深刻到多年後我生下長女時，就將她取名為米蓮娜，那對我而言是說出她名字的另一種方式。說出莉莉安娜這個名字。那就是從前的我們，米蓮娜的女孩們。她的徒弟們。我們在莉莉安娜身旁都成為了米蓮娜的女孩，無論我們是男是女。米蓮娜的孩子們。我相信來自陌生地的／駭人鬼魂／以及我為了讓你開懷大笑／做盡的傻事。／在一個巨大無比的世界裡／我感受到自己的脆弱。

VI

來自陌生地的駭人鬼魂
Terrible Ghosts From a Strange Place

雷蒂西亞・赫南德茲・加爾薩

她在高中一年級時遇見了安赫爾，可能更早一點。一開始她並不喜歡他，但他能讓她笑。他很有趣。也很熱切。他邀她去看電影。他在她身上揮霍鮮花與糖果。他告訴她沒有她就活不下去。他也很殷勤：他主動提議用自己那台紅色改裝車載她去任何她要去的地方。他充滿激情的堅持最終說服了她，而在高中的尾聲，他們開始認真地交往。

安赫爾一直都非常地愛吃醋。他為了幾乎所有事情大吵大鬧。他曾因為莉莉安娜的游泳夥伴送她小禮物而小題大作。他受不了。他朝她大吼，好像她是自己的女兒或妻子般地責罵她。漸漸地她意識到他是在試圖控制她所做的一切，她的言行舉止，甚至她與誰交友。他第一次甩她巴掌時，他們已經在一起一年了。在那之後莉莉停止和他來往了一陣子。我不知道她是怎麼或為什麼跟他重修舊好。起初莉莉安娜將這視為一種遊戲，一種無害的東西，他激情的象徵，但是當她去上大學時，他變得更加暴力了。莉莉安娜遇見了他無法監督的人們她的世界在擴張成長，而他的則是陷入一團混亂。

拉烏爾・埃斯皮諾・馬德利加

正當我打算離開時，我看見她沿走廊奔跑而來。我一直在等她、也害怕她放我鴿子。我既傷心又煩惱，也擔心我們會錯過電影。等她總算趕上我時，她整個人喘不過氣。有人跑來找我，她說，氣喘吁吁。我沒有預料到的一個人。我準備好聽她繼續說，但她還在試著喘口氣。我從來都不知道她到底發生了什麼事，而我對她不讓我知道她的私生活感到憤恨。你的親戚？我問。當她呼吸平緩下來，她告訴我那是來自過往的某個傢伙。我不記得她確切用的字，但她並沒有稱他為「前男友」。她反而用了某種模棱兩可的說法，「跟我有過一段交情的人」，或「屬於過去的人」，或「來自過去的人」諸如此類的。她沒有說出他的名字。她不想多說，而我也不想聽見可能牽扯到另一個男人的答案，所以我沒有追究下去。

但後來，當我們站在那裡，她繼續說了下去。我別無選擇，她說，比起對我說更像是對她自己說。她說這個傢伙突然出現在她家且不願離開。她必須聽他的話。他極度地生氣，而她除了讓他冷靜下來沒有其他選擇。莉莉安娜，你應該叫他滾開的，我說，提醒她我們有約在先。為什麼是我得困在這裡，獨自一人，癡癡地等你？她沒有反應。她看起來迷失在自己的內心世界。你跟這個傢伙到底是怎麼回事？我終於問她，窘迫不已。她直視我的雙眼。我說過了，他是屬於過去的人，她冷靜地說。他是過去式了。他對我來說沒有任何意義。我們是現在式，她補充。過去不屬於現在，所以那並不重要。

但接著，她坦承他們的偶遇比她一開始透露的更嚴重。她說，那傢伙身上有「發射子彈的那種東西」，而我的確記得聽到一字不差的話，因為那讓我震驚不已。在她說話的同時，莉莉安娜用口袋中的拇指和食指做出手勢示範。我僵住了，暈頭轉向。我從對她生氣變成擔心她並問她還好嗎。她點點頭。就我所知，他威脅要傷害自己。自殺？我問，只是確認一下。她再次點頭。她必須等他冷靜下來，等她一有辦法離開他，她就用跑的來跟我碰面，因為她知道我在等待。

我沒有問她做了什麼讓他冷靜下來。我沒有問他是否已經離開或他人在哪。我沒有想到要環顧四周看看他是否有跟蹤她。

當時一切都非常詭異。混雜了憤怒與嫉妒的情緒讓我難以搞清楚我們在講誰。這種傢伙怎麼能夠突然出現，而那對莉莉安娜來說又代表了什麼？那個武器本身就是個問題。槍枝對我來說徹底陌生。我從來沒有接觸過槍枝，壓根不可能。槍枝根本不存在我的世界。我對莉莉安娜和那樣的事物牽扯上感到震驚，但她告訴我不該擔心，一切都在掌握之中。

你確定？我確定，她說。

我相信她。

我們現在怎麼辦？我們問自己，意識到我們還在那，坐在走廊地板上，校園除了我們空無一人。你很安全，那才是現在最重要的事，我說。我們停頓，看著彼此。你覺得我們還有辦法趕上電影嗎？我們忍不住。我們看了下時間並計劃下一步：小巴士、地鐵、計程車。我們同時起身，快速前往電影院，心知肚明我們還是會遲到。我們勉強看到那週才剛上映、由茱蒂・佛斯特（Jodie Foster）主演的《控訴》（*The Accused*）的一些片段。

那時一定是三月。一九八九年三月。

諾瑪・薩維爾・昆塔納

除了安赫爾以外我不知道其他任何男友。抱歉，我是說——莉莉安娜的前男友，不是現任男友。我不認為我有見過他本人。我知道在托盧卡時，他有時候會載她回家，有時候會在大學接她，偶爾會在銀荊花街的小公寓等她。我不知道我有沒有看過他的照片，但是我認得他。他通常會騎一台紅色機車過來，非常吵。或是一輛黑色轎車。一輛小型車。我記得莉莉想要脫離這段關係，但是做不到。那傢伙非常地執著。她正和馬諾洛穩定交往中，至少表面上看起來是這樣，然而安赫爾依然堅持她是他的女友。我從來沒有親眼看過他們之間有任何暴力行為。

安荷爾・羅培茲

我見過安赫爾幾次。一個奇怪的傢伙。我們從不直接對話。他來過校園幾次，而我從遠方看到他。有人告訴我，他是莉莉安娜在托盧卡的朋友，我就猜他是、或曾經是，莉莉安娜的男友。但是她從來沒有以此身分將他介紹給我們。他從來沒有參加過我們在莉莉安娜公寓舉辦的任何一場派對。他在莉莉安娜與我們在這裡的生活中全然地缺席。她非常地謹慎。即使是在更久之後，當她開始和馬諾洛約會時，她也是這樣：不在大庭廣眾下擁抱或親吻，不牽手。什麼都沒有。

奧通・桑托斯・艾瓦雷茲

我沒什麼優點，但是我很會觀察。每當我有朋友心情低落或憂鬱時，我會留給他們一則訊息，一段名言佳句或詩句，來為他們打氣。莉莉就像我一樣，所以我們無時無刻都在交換小短信。有一次我批評安赫爾的行為，她卻立刻就結束了話題。她直率又健談，但是她知道怎麼劃定自己的界線。安赫爾的傲慢引起了我的注意，他的那輛機車，還有整個人的態度。我一點都不喜歡他。他會把機車停在莉莉的公寓，擺在前庭。那就是為什麼我會注意到他身上帶著一把槍。我來自普埃布拉州（Puebla）的內卡沙（Necaxa），而我的家人有攜帶武器，因此我立刻就認出了他皮夾克底下、緊貼他的褲子，那背面的凸起物。我去找莉莉安娜，問起她槍的事情，但她無視我的擔憂並告訴我她對此一無所知。我試著勸她不要再見他，但是她聽不進去。安赫爾是那種對我們愛理不理的傢伙，如果他有待下來，他會把自己孤立起來，從遠處懷疑地監視著我們。或者，如果他看到我們還待在莉莉安娜的住處，他會離開一個小時或更久，然後等到我們要離開時再回來。他從來沒有為了認識我們或跟我們聊天做出任何努力。我不信任他。接著他消失了一陣子，而在那段時間莉莉安娜和馬諾洛交往了將近兩個學季。我只有在大學看過他幾次。他會在停車場等莉莉安娜，接著他們會騎著那台很吵的機車離開，兩個人都沒有戴安全帽。

赫拉多・納瓦羅 Gerardo Navarro

我不知道莉莉安娜有男友。事實上，我從來沒有看過她跟任何人在一起。我們一群人幾乎無時無刻都待在一起：這裡、那裡、到處。我們一起做作業，支援彼此的專案，我們一起吃飯，我們甚至一起辦派對。偶爾那傢伙，安赫爾，在星期五她要回托盧卡時，來我們學校接她。那是我知道關於他的唯一一件事：他就是每星期五會騎著一台浮誇的機車來接莉莉安娜的傢伙。我看過他三次左右，而每一次我都沒有注意到他們之間有任何的醋意或暴力。莉莉安娜從不談論他，不管是什麼情況；她甚至沒提過他。那就好像他不存在，或他是個鬼魂似的。莉莉安娜非常地保留。我們聊很多，不過大多是關於學校或電影，那是她非常喜歡的事物，或者我們也會開開玩笑，但我們幾乎不談這麼私人的話題。如果莉莉不是跟我們的朋友群待在一起，她總是會跟安娜在一起，有時候跟費南多。通常是跟兩者一起。

李奧納多・哈索 Leonardo Jasso

我曾在陪莉莉安娜走回她的公寓時遇過他一次。那天的課已經結束了，但我想要繼續聊天，所以我提議陪她走到地鐵站。以免你在路上發生什麼事，我開玩笑地說，而她大笑。我們想都沒想就一起穿越了阿斯卡波察爾科。我們在特佐佐莫克站下車，慢慢地走，因為我想要在她身邊待久一點。當我們轉進銀荊花街時，他正在一輛黑色車子裡等她。我幾乎憑直覺地停下。我猶豫了，但莉莉安娜告訴我沒事，安赫爾只是個朋友。來自托盧卡的朋友。接著她可說是拉著我的手肘讓我更靠近她。當安赫爾下車時，他斜眼看著我，而儘管他和我握了手，我卻感受到一股凝重的氛圍。我感覺我必須解釋我是誰或為什麼我在那裡，但是我沒有這麼做。

那一天我明白莉莉安娜並不自由。

安娜・歐卡迪茲

我見過安赫爾好幾次、也跟他相處過一些時間，總是有莉莉安娜陪同。我是在墨西哥城和他變熟的，除了我們跟他一起去托盧卡，那次我跟她父母都不知道的小旅行。我不會說我們處得非常好，但我們彼此友好。我不記得為什麼他給了我一捲卡帶合輯，我想裡面有一首當時很流行的歌，不過他在卡帶上面附了他一張護照大小的照片，也就是後來用來指認他的同一張照片。「你知道我是帶著情意將這個送給了你」，他在背面寫著。一九九〇年三月。

有一次，莉莉和我跟他待在一起，當時他在遞送偽造的、或不管怎樣在墨西哥城都是非法的車輛驗證貼紙。我既興奮又害怕。我們知道他在做某種非法勾當，而光是跟他待在一起就讓我覺得我們是他罪行的共犯，但是我們從來沒有公開討論過這件事。我們沒有說出：安赫爾是個罪犯，是個偽造者，他真的很可疑；但是我們心裡這麼想。至少我是這樣。他散發著一股潛在危險的氣息；我沒辦法解釋得很清楚，但那是種揮之不去的感覺，即使不是徹底的恐懼，也讓我感到很不舒服。隨著時間的流逝，我逐漸明白我們當時都很年輕，天真而善良。

他的占有欲表現在他的外表：雖然他不高，但是他有健壯的雙臂和肩膀以及腿，還有股令人不安的存在感。他沒做出什麼特別駭人的事情，卻總是有些突兀，就像他來到校園走過設計大樓的那次。有個東西，我不確定是什麼，讓人們在他經過時轉身。他很顯然並不屬於那裡。

他們之間曾分離、也曾和解，但我永遠不知道是誰提出分手或他們復合的原因。他不斷地打電話給她。他找尋她，毫無預警地出現。他威脅要傷害自己，算是勒索她。當他得知馬諾洛對莉莉安娜有興趣時，是他出了刺破他車子輪胎的餿主意。這是他告訴對方最好放棄的方式。

艾米里奧・赫南德茲・加爾薩

我在莉莉父母位於托盧卡的家附近初次見到了安赫爾，就在對街的小公園。我正要從計程車下車，而在遠處，我看見莉莉安娜和這個矮小、金髮、穿著單車褲的傢伙正在吵架。他不斷地推開她，朝她的胸口猛推，逼迫她向後退。我跑向他們，用力地揍他使他倒下。他試著反擊，但我比他高大多了。莉莉安娜求我不要打他因為他是她的男友。高中時他曾經是她的男友，但那是我第一次見到他。我們三人必須好好冷靜下來才走回她父母家。他把他的腳踏車靠放在柵欄上。表妹，你怎麼可以跟這種垃圾出去？我在他還沒走遠的時候說。你難道看不出來這傢伙是個矮子嗎？我譏諷著。安赫爾人又抽動了一下，但得保持冷靜。他別無選擇，接著他離開了。莉莉安娜和我進去了屋內，什麼也沒跟我叔叔或阿姨說。那個星期天她跟我一起返回墨西哥城。

安娜・歐卡迪茲

莉莉安娜出門去買彩券當作安赫爾的生日禮物，而在那當下，她多買了兩張彩券，一張給她自己、一張給我。那時候肯定是四月中旬。接著我們去阿斯卡波察爾科市場買一種用草莓、鮮奶油、檸檬冰淇淋，還有一堆蜂蜜做成的甜點。我們愛死了，但它大到我們往往要分食一份。我們往外走時，在市場的其中一個入口看到有名男子背後有高疊成山的鐵絲籠，在兜售著小鳥。她立刻想到了一個點子，眼中閃爍著光芒，而我馬上就懂了。莉莉買了一隻麻雀。將小鳥放生會是安赫爾額外的生日禮物。

我們滿心喜悅，想像她的翅膀在空中拍打。

我們衝出市場，帶著棕色紙袋裡的麻雀，直接前往大學。我們有課、還要在圖書館做點研究，但一天裡莉莉會偷看袋子裡面，只為了確保小鳥還活著。時間過去了而安赫爾沒有出現，或者他遲到了。我們必須放她自由，下午時莉莉安娜告訴我，緊張不安。我贊成。哪裡？我問。這裡？才不要呢，這個地方這麼不起眼，她說。我們得找到一個特別的地方。她思考了一下，突然間，她的眼睛亮了起來。我知道了，她說。跟我來。

我們沒多久就來到了特佐佐莫克公園，離她家並不遠。地鐵只需搭一站。她想要我們進行一個小小的儀式。自由，是人一生中最重要的所有物，她無時無刻提醒我這一點。當我們終於打開袋子時，我們期待麻雀會飛走，然而她並沒有那樣。小鳥在草地上走了幾步，就停下來並跌倒在旁。我們試著讓她復活，但我們很快地就明白一切都結束了。她的死傷透了我們的心。她現在在更好的地方了，我告訴莉莉安娜，但她動也不動，驚魂未定，彷彿她內心有什麼東西粉碎了。她就快要自由了，我們走回她家的路上她安靜地說。

她已經自由了，我說，試著安撫她。

VII

這不就是幸福嗎？

And Isn't This Happiness?

拉烏爾・埃斯皮諾・馬德利加

瓦哈卡之旅。大名鼎鼎的瓦哈卡之旅。一切都始於我的高中朋友們，我們對在海邊享受夏天的執念。埃斯孔迪多港（Puerto Escondido）。華士科（Huatulco）。如嘴裡糖果般的名字。我突然想到也邀請莉莉安娜。我提議她跟我們一起去，答應她一切都會很順利，一起旅行對於我們身為情侶會很有幫助。我那時候感覺相當有自信，因為事情都進展得很順利：我剛贏得了一個全國設計獎，而讓一切更美好的是，我原本希望跟莉莉安娜穩定下來。我總算在一九八九年七月底說服了她，由於我們必須提前買票，我們去了巴士總站TAPO。我一拿到車票就說，現在我們一起去瓦哈卡市已成定局了。打從心裡興奮，笑容滿面。先別把話說得這麼急，拉烏爾，她回應。我不知道我的人生會發生什麼事。我真的沒辦法保證你任何事情。她的典型招數，吊我胃口，避免標籤。

我們出發的日子來了，一九八九年八月九日，碰巧落在我的生日。時間過去了但我沒有莉莉安娜的消息。我們本來應該要打電話給彼此並一起前往巴士總站，但是我的電話留言沒有讓我聯絡上她。我不知道該怎麼辦，是否要去銀荊花街公寓找她，像其他時候一樣，還是要等她打電話給我。最後，我既困惑又憤怒，決定跟朋友一起前往巴士總站。

你的女孩在哪？我的朋友看到我獨自一人便取笑我。我不知道，我說，挫敗不已。我拜託他們不要繼續問下去。等等，他們其中一人說，那不正是她嗎？我們轉過身，的確，她就在那，莉莉安娜，就在遠處。我不敢相信我的眼睛。她出現了。我立刻充滿喜悅，忘記了之前發生的事。我跑向她，就像電影演的那樣，雙臂張開，欣喜若狂到甚至沒注意到她沒有以同樣方式回應我。她站著不動，身旁有一些背包。你還好嗎？等我總算抵達她那裡時我問她，她冷冷地點頭，避開了親臉頰打招呼。怎麼了？我終於開口問，害怕她的回覆。有些臨時的變動，她說。我等待，默默地。我很抱歉，拉烏爾，她開始說。你就直說吧，我說。我會去瓦哈卡市，但是跟我的建築系朋友們一起。我正在看顧我們的背包，但他們隨時都可能抵達這裡。我大驚失色，我再一次地無話可說。我知道莉莉安娜從來沒有真正地喜歡過我，但我從未想像過她會做出這種事。可是我們的車票，我說，不由自主地，結結巴巴地，我們買了車票。我幾天前改了我的票，她說，閃避我的眼神。我的心涼了半截。我崩潰了。我感覺像是在聽一個糟糕透頂的笑話，什麼也做不了或說不出口，但那並不是開玩笑，那是我的人生。而那是來真的。

今天是我的生日，莉莉安娜，我說，試著動之以情。就當作是我的禮物。我明目張膽地拜託她和我一起旅行。如果你想要的話，跟你的朋友一起旅行，但在瓦哈卡市和我見面，拜託。她沒有讓步。你可以至少給我一個擁抱嗎？我懇求。她猶豫了一下，最後膽怯地抱了我。我閉上雙眼。我不再身在墨西哥城繁忙的巴士總站，而是在我聞著她時總是神遊前往的他處。她的溫度，她的肌膚，她的貼近。我內心百感交集，但我如此深愛著她，而她的擁抱真的感覺像個禮物。我在她的朋友抵達前向她道別。然後我轉身離去，感覺我為了試圖與她建立關係而付出的每一分努力都毫無意義。

安娜．歐卡迪茲

帳篷。登山背包。鮪魚罐頭和墨西哥辣椒罐頭。錢非常地少，但另一方面，是前往我們夢想之地的真切欲望：瓦哈卡市、華士科、埃斯孔迪多港。我們都聽過這些地方，但沒人有機會造訪過。我們在最後一刻規劃了行程。我們只是在某次大家聚在一起的時候提起，事情就這樣發生了。我們會去的，我們當然會去。費南多說他要加入，當時他有時候是我男友，有時候又不是；李奧納多說他會去，他對莉莉安娜有好感；而卡洛斯，一個又高又有著一頭金髮的傢伙，也說他會加入我們。我們搭乘夜間巴士，試著充分利用假期週，順便省下住宿費。當你只有二十歲，而你的目的地是極致的美與絕對的自由，誰又會在乎那種不適或睡眠不足呢？

拉烏爾・埃斯皮諾・馬德利加

我們在隔天清晨抵達瓦哈卡市並直接走去青年旅館。我的朋友們試圖逗我開心，但我感到疲憊不堪，真心地難過。我們就只是在那裡，在大廳裡閒晃，等候我們的房間，我的其中一位朋友瞥向窗外說：拉烏爾，你瞧，你的女孩走過去了。而的確，她就在那，莉莉安娜和她的朋友們正走在街上。我忍不住。我跑出去向她搭話。跟我來吧，莉莉安娜，我再次說。這樣比較好，拉烏爾，拜託你，她說。

那並非命中注定。

隔天早上，在去看看傳統市場前，我們到巴士總站購買當晚前往埃斯孔迪多港的車票。這樣做是為了在巴士上過夜且隔天早上在海邊醒來。當我的朋友們在購買車票時我正在想自己的事，然後有人從側邊推了我一下。我有點不悅，轉過身後，才意識到那是莉莉安娜，她來跟我打招呼。真的假的啦，我笑著說。我還能怎麼辦？我們都因為在那裡偶遇彼此的巧合覺得好笑，因為莉莉安娜和她的朋友們來巴士總站也是為了買車票，只不過目的地是華士科。我整晚都在想你，我們在其中一張塑膠椅坐下時我告訴她。我也是，她坦承。我們想念彼此、人卻分隔兩地，這有任何意義嗎？我問。我們人在同一個地方不是更好嗎？這幾句話總結了我們的關係：想要在一起卻沒有真正地在一起。

我一整天都跟我的朋友在老城區閒晃，驚嘆於殖民時期的建築和牆上的色彩。又是他們，我的朋友說，指著莉莉安娜那群人給我看。那不是詛咒就是徵兆：我們所到之處他們都無所不在。我們大笑，而顯然，他們對我的嘲笑沒完沒了。我感覺被我的朋友困住了，而我相信莉莉安娜也被她的朋友困住了。我想要理清這個情況，即使那代表做出激烈或極端的事。去吧，我告訴自己。機不可失。他們在一家手工藝品店或鞋店，我不記得了。我走進去、一把抓住她的手臂。莉莉安娜，別再瞎鬧了。她請我降低音量並把我拉到人行道，好讓我們可以遠離她的朋友們，在更有隱私的地方好好談談。或許是因為我的態度或我說的話，又或許她跟她的朋友們玩得不開心，她總算答應加入我。莉莉安娜說好，我會跟你一起去，而一個嶄新的世界為我開啟了。我想去阿爾班山遺址（Monte Albán），她說，並提到前一天她的朋友不想要去那裡。我昨天去過那裡了，我說，但我很樂意再跟你去一次。這是值得的，我多加了一句。於是，我們沿岸前行，就我們倆，一男一女，前往阿爾班山遺址。

那是旅程中最棒的部分。我們在一個不可思議的地方，共享非常安靜的時刻。在這麼多的規畫與這麼久的等待之後，我因和她在一起而興高采烈。總算，就只有我們倆。那裡充滿了觀光客，但是我們留在自己的世界，不受打擾，慢步在金字塔之間，觸摸著古老的岩石，偶爾倚靠著它們。我們爬上金字塔的陡峭階梯，而就在它的頂端，我們找到了一個地方坐下，渴望那個瞬間能化為永恆。瓦哈卡谷，綠意如茵，而那天的那個時候，它因夕陽蒙上一層燦爛金光，浮現為一座海市蜃樓。我們待在那裡，大多時間沉默不語，沉浸在當下。一股溫暖、輕柔的微風包圍著我們。

一起。我們在一起。

一名男子接近，欣賞著全景而非只是看著遺址，他問：你們喜歡嗎？莉莉安娜替我們回答：非常，一邊直視那片浩瀚。我從來沒有像現在這樣喜歡她。在我的害羞與她的防備之間，要接近莉莉安娜對我而言是如此地困難。這一次我請求她讓我觸碰她的手。她笑了；陽光扎著她的肌膚，她亮澤的髮絲，她大大的、溫柔的雙眼。她伸出手並緊握我的雙手。時間靜止了。我們在一座永恆的金字塔頂端彼此相依，手牽著手。咯咯傻笑。咕噥著彼此都聽不懂的話。我不知道在我人生中還能要求什麼。我覺得很幸福。

一個永恆的瞬間。

真是弔詭，但這種事還真的存在。

李奧納多・哈索

莉莉安娜與我們一起展開旅程，但後來，在瓦哈卡市短暫停留後，她就消失了。一切都以極致的祕密與機密完成。有些人甚至沒注意到她不再跟我們待在一起了。不過我是希望跟她變熟才加入了這趟旅程，所以我馬上就知道了。她離開我們是為了跟她當時約會的某個傢伙待在一起。他是個高挑、纖瘦的傢伙，最近剛贏得了一個設計大獎。他們在學校常常談論他。我想念她，但我也不想要毀了我的旅程。所以我們繼續往海岸前進。

意想不到的是在海灘上莉莉安娜又再次加入了我們。

拉烏爾・埃斯皮諾・馬德利加

天黑的時候，我們回到瓦哈卡市，在當晚的埃斯孔迪多港之旅前與我的其他朋友會合。我們一抵達就直接前往海灘，正如我們說好的。那時候是黎明，我們躍入海中。接著我們找了間旅館並替大家租了個大房間。下午我們吃了點東西，而從她的症狀來判斷，莉莉安娜似乎感冒了。我們決定休息，希望她會快點好起來。小鎮十分熱鬧。有場衝浪比賽正在舉行，嘈雜的音樂縈繞著大街小巷。我們在晚上加入了慶典。人們快樂地跳著舞。你想要跟我一起跳舞嗎？我問莉莉安娜，在她面前緊握我的手。但她有點無精打采。我覺得不太舒服，她說。你應該替自己找個更適合的舞伴，她建議。我留下來陪她，享受當下。我要去睡了，過了一會她說。我真的不應該在這裡的。她說完後，緊接著，她就消失了。她的獨立總是讓我摸不著頭緒。我陪你走過去，我說，追趕上她。我們回到旅館，她吞了幾顆感冒藥丸，接著我們就睡著了。我們甚至沒有發現我的朋友們什麼時候回來。或他們隔天一大早什麼時候出門。你想要我帶點什麼吃的回來嗎？我在她起床時問她。她拒絕了。我只需要一個人靜一靜，她說。然後我就明白她需要點空間。

當我回到旅館看看她有沒有好轉或是否需要什麼時，莉莉安娜卻消失了。她留下了一張小紙條，以她出色漂亮的筆跡，解釋她身體不舒服並且她想要自己一個人繼續這趟旅程。她不知道是否要繼續待在瓦哈卡市旅遊或要回去墨西哥城，但無論如何，她已經做出她的決定：她將不會與我一起。她留下了她的那份錢來補貼房錢。我又再一次地崩潰了。心力交瘁。就在那裡，在那個不久前曾束縛她的房間正中央，手中仍握著那張紙條，我決定一切都結束了。

我回到朋友身邊，在海灘上待了一陣子後，我們看見莉莉安娜那群人就在附近。莉莉安娜也是。我之前一直在擔心她，深怕在海灘或路上可能發生在落單女子身上的事，所以當我從遠處看見她時便鬆了口氣。她跟朋友在一起看起來既快樂又放鬆。她是如常美麗的自己。從這個距離很難看出她心裡有什麼困擾著她。我走向她。你還好嗎？我問，純粹只是擔心她的健康，心裡沒有別的想法。我以為我至少應該得到一個解釋。我迫切地想要聽到她心裡在想些什麼。為什麼她之前那樣表現。是什麼令她煩心，讓她困在內心世界裡。我們坐在沙子上。我看著她，她則是盯著大海。昨晚我覺得非常地不舒服，拉烏爾。我感覺不對勁，她說。她猶豫了一下，接著說：一切感覺不對勁。我只想要拋下一切，她繼續說。然後她停頓了。大海的聲音填滿了沉默。我在海灘上遇到我的朋友們純屬巧合，她說，直視著我的眼睛。我接受了她的說法，在心中找到屬於她的那個位置。他們邀請我重新加入他們，她一派輕鬆地說。然後就這樣，她結束話題。她是在似笑非笑、部分認命、自我貶低嗎？她知道我再也不會用這種眼神看著她了嗎？

就這樣，我重複了一遍。

我終於明白。一切就這樣結束了。

安娜・歐卡迪茲

我們在埃斯孔迪多港經歷巨大的恐慌。莉莉安娜和我沒注意到大浪就下水了。她泳衣外多加了一件七分褲，而我則是穿了一件寬鬆、超級可笑的沙灘裙，都徹底地不適合海邊，而且非常麻煩，尤其是浸溼的時候。我們已沿著海灘漫步了一陣子，接著我們經過一個有尖石的衝浪練習區域，便決定下水。但是海浪很大而暗流開始將我們捲入。她是個經驗老道的泳者，但是在那裡，在那洶湧的水勢中，我們不過是在極度恐懼下對彼此咧嘴而笑的兩個瘋狂女孩。我真心地害怕我們的生命安全，然而莉莉安娜全程都保持平靜。我正要驚慌失措，但看見她即使在我們處於真正的危險時仍泰然自若卻讓我冷靜了下來。在緊張的幾分鐘後，我們得以游離水流往岸邊而去。她的自信讓我們回到安全的地方。我們從未提起這件事。然而她的沉著鎮定，她的自信心，拯救了我們。

一九八九年八月

我想要永遠地把握這一瞬間，也許甚至有所昇華，而這不就是幸福嗎？一個瞬間、一幅影像、一種顏色、一個手勢。我不知道寫下這些會將我帶往何處。安娜，你知道，我愛你，現在說出這句話是多麼容易，而我很高興意識到這一點。或許太陽、如此湛藍的天、如此鄰近的海、沙子。一隻孤獨的

狗。天哪！真是太容易感受到它了。我剛重讀了我寫的東西，而那看起來就像愛的宣言。那讓我覺得好笑。我討厭落於俗套，但今天我忍不住。我想我永遠不會寄給你這封信（謊言）。我希望親自把它交給你。也許等我有膽這麼做的時候，那個瞬間也將消化完畢。不管怎樣，我想我永遠都沒辦法忘記在你身邊、在海邊時，我是如此地快樂。

愛你，莉莉安娜。

一九八九年八月。瓦哈卡市，埃斯孔迪多港。

一九八九年八月十九日

親愛的最愛的姊姊，我猜你罷工去了，因為我們沒有收到你的信，而我們猜那是種施壓手段，對嗎？

我試圖從瓦哈卡市寫信但沒辦法，我突然發現自己眼前與心中有好多事讓我不知道該從何寫起。現在我回來了，我覺得那是我人生中最美好的六天。我人在瓦哈卡市、首府、華士科、埃斯孔迪多港。最後，來到阿卡普爾科（Acapulco），儘管我心存疑慮。你去過瓦哈卡市嗎？

一九八九年八月二十四日

我在打掃房子。家裡好髒而我甚至不知道從哪裡開始清。我也在抽菸，儘管我知道我不該這麼做。還有，我正在看一齣愚蠢的肥皂劇。一切真是亂七八糟：那邊一隻鞋、食用油、辣醬、我的剪刀、一雙襪子。還有這些惡臭：花瓶裡發臭的水、水管阻塞的浴室、溼氣。

儘管如此我也不覺得難受。

事實上，我感覺不錯。我感覺好極了。

安娜・歐卡迪茲

一九八九年十月四日，星期三。

一九六九年十月四日……

二十年過去了……

恭喜！

今天，我們所有認識你且愛你的人都幸福地顫抖因為我們知道我們多了一天能夠享受你的存在。

我想要告訴你一千件事情，有你相伴在我心中激起的千種感受與思緒。

你知道嗎？我意識到你真的是我生命中的那個人……讓我可以和你聊發生在我身上的事，聊我的恐懼和怪癖，而你都不會批判我，你會傾聽並支持我。我想要你知道我非常感激你是我的朋友，還有你在我需要時給予我的支持。

我也想要祝福你最完整的幸福、平安與健康，不只是在今天、你的生日，還有你整個人生與永遠……

噢，我希望接下來三百九十四年你會繼續當我的朋友，好嗎？

很快再見。

愛你，

安娜。

一九八九年十月六日

我最親愛且從不被低估的安娜：

首先，我寫在黃色紙張上因為玫瑰色紙張太俗氣了（非官方意見）。

你猜怎麼著？我有一點難過，也有點困惑。我可以告訴你一個祕密嗎？我想我戀愛了。又回到那個坑！我不知道我要做什麼來擺脫這個。愛傷害了我，然而那不正是讓我們幸福的東西嗎？

總之，那不是重點。重要的事！意想不到的事！無與倫比的事！……的事是如果你沒做出其他決定，我們就要去坦皮科了。我希望明天晚上八點三十分，在北總站黃金三星巴士前見到你（如果你找到三個金色星星，跟我說，我們來偷走它們）。

好了，這本來應該只是張字條而已沒別的。

愛你，

莉莉安娜。

附注：經歷了那個信仰耶和華見證人（Jehovah's Witness）的女人向我猛撲之後。經歷了路上賣汽油的男人以為我是已婚女子之後。經歷了所有那些糟糕的事情之後，我也不覺得難受。儘管經歷了一切，我也不覺得難受。

馬諾洛・卡西亞斯・埃斯皮諾

我知道莉莉安娜不想要交男友。她對這件事很堅決。另一方面，我呢，想要她當我的女友。或者說我想要當她的男友。怎樣都好。「我不想要大場面或抱怨，馬諾洛。」她會對我說。「我沒辦法忍受任何形式的嫉妒。我想要我的自由勝過一切。」我會傾聽她，非常有耐心地，盡我所能地深情地，期待她總有一天會改變心意。

我本來應該在安娜和莉莉安娜出發去坦皮科的那天帶她們去巴士站。我路過她家，不過因為她還沒準備好，我便進到屋裡。裡面是一如往常的凌亂：這邊一本書，那邊幾件衣服。行李箱，則是打開的。「別去，莉莉。」我突如其來地對她說。她在她的床墊上，仔細地整理一個鉛筆袋。「我為什麼要那麼做？」她問，幾乎沒有抬頭。「因為我會太過想念你。」我在她身邊坐下時說。我盡可能地靠近她，將一撮頭髮撥到她的耳後。接著我吻了她。那時是十月。大約下午五點。在她家。我們的初吻。當我送她們到巴士站以及甚至在我的回程路上，當我用右手一次又一次地觸碰我的雙唇時，我都完全不敢相信。我在往城內開車回家的路上一定笑得像個笨蛋。

我們已經花了很多時間相處，但在那趟旅程後我們變得更加親近了。我們屬於同一圈子，一起去看電影，彼此有聊不完的天。隨著時間過去，我們從清純的親吻進展到某些形式的摟抱和愛撫。她喜歡咬我的肩膀，而我，有時候，會摸她的胸部、她的腰。然而，我們從來沒有在公共場合接吻過，也沒有在校園牽手過。那太老套了，她會這麼說。我們從來沒有上床過。莉莉安娜非常地謹慎，而且一直都害怕，儘管她從來沒有告訴我到底害怕什麼，我也不想要給她壓力。當然，和她有親密關係的想法誘惑著我，但那不是我的主要目標。一點一點地，好好地且徹底地了解她，對我來說更重要。了解她的全部，她真實的模樣。

雷蒂西亞・赫南德茲・加爾薩

我見到她們的時候，她們早已滿身是沙。我猜她們回家前去了海邊，但她們在我父母家留下來，跟我們一起，在坦皮科待了大概六天。那真是令人不自在的拜訪，特別是因為安娜的過度熱情。她不讓我和莉莉單獨聊天，像我們以前一樣，而每當我問我表妹一個問題，安娜會擅自替她回答。她表現得像是她比我更了解莉莉，即便我認識她已大半輩子。莉莉非常地天真，非常地溫暖，非常地有耐心。安娜顯然有很強的占有欲。對莉莉的人生一點也沒有正面影響。事實上，莉莉在開始和她來往後變得更加孤立。她做什麼事都有她的份。她們去哪都黏在一起，像連體嬰似的。或許這是安赫爾這麼生氣的部分原因，我不確定，但她的存在令人窒息。

在十月那次拜訪期間，莉莉安娜看似患上某種感染。我跟我的醫生預約好了，她考慮要跟我一起去，但在最後一刻，她們卻離開了，甚至沒有通知我。當我下班回到家時，她們早已離開了。

莉莉安娜甚至沒有道別。

安荷爾・羅培茲

他們交往斷斷續續的。有時候他們在一起，有時候又沒有。要分辨是哪一種很簡單。當馬諾洛看起來難過的時候，那是因為他沒有跟莉莉安娜在一起；當他們復合時，他的眼裡會有火花閃現。他們彼此相愛，這點我毫不懷疑。我記得很清楚那年莉莉安娜在馬諾洛生日時的大動作。莉莉帶著用報紙包裹的一大束萬壽菊來到學校。超級巨大的一束花。那個混蛋人在哪？她問。誰？馬諾洛啊，還會有誰？馬諾洛突然出現，臉紅得不得了。有點尷尬又有點受寵若驚，感動不已。那真是浮誇的舉動，完全是莉莉的風格。

那天是三月七日。

奧通・桑托斯・艾瓦雷茲

他們真是一對搞笑的情侶。馬諾洛的個性非常有趣，他看得到所有事物有趣的那面，而莉莉安娜的幽默感一針見血。當他們開始交往後，他們所到之處總是伴隨著笑聲。

馬諾洛・卡西亞斯・埃斯皮諾

我只有在校內看過安赫爾一次，但我經常在莉莉安娜家那條街認出他的影子。他就像個鬼魂。一朵烏雲。你不需要親眼看見他就知道他人在那。我聽到他的機車接近的聲響就知道他人在附近。莉莉安娜對於他們的關係曾猶豫不決。有時候她看起來跟他處得不錯，而有時候卻又不是。然而，一段時間後，她累積了足夠多的力量開口，直截了當地，要求他不要再找她。我告訴他了，她向我吐露，他隨心所欲地在平日出現在我家，問也不問、毫無預警地，那是多麼令人不安，多麼惱人，多麼不尊重人。我再也不想要他在我身邊了，他也知道，她說。我完全再也不想要看到他了，她不只一次提到。我命令了他，馬諾洛。你必須相信我。我不知道還能怎麼辦。接著，為了表示她有多認真，她還說：我和他之間都結束了。我們永遠地結束了。然而有一天，我們一群人聚在莉莉安娜的公寓，然後他出現了，不請自來。我們在慶祝某件事，總之氣氛很歡樂，但我一見到他就心情很差。她向我保證她已經向他下最後通牒，但他人還是來了，再一次地，像個受害者似的在公寓角落鬼鬼祟祟，向我們投以威脅的目光。這傢伙到底是何方神聖？他以為他是誰，可以用他如此克制又洪亮、如此不言而喻卻又如此真實的狂怒，硬是打擾我們的派對？他在我們之中移動，或者說靜止的模樣，帶有某種東西，他瞥向莉莉安娜的模樣，像是從瞭望臺監視著她，看起來令人毛骨悚然。毫無疑問，在那裡，在那棟房子及我們這群人中，沒有他的容身之處，而那並非因為他不夠格或他不屬於這裡，而是因為他根本連試都沒有試。我怒氣沖沖地離開公寓，深信莉莉安娜選擇了他而不是我。那之後不久，我開始跟校

外的一名女孩約會。有一次我帶她一起參加在某間大學禮堂的研討會，莉莉安娜和安娜從遠處看到我們在一起時非常地生氣。相當令人意外的反應，因為莉莉安娜和我那時候算是分道揚鑣了。但隔天，又一個意想不到的舉動——莉莉安娜和安娜把我的車輪胎洩了氣，就是那台老舊的紅色普利茅斯梭魚車（Valiant Barracuda）。我一直不懂為什麼。

一九八九年十月二十七日

親愛的雷蒂：

噢，真是白痴的問候，好吧，無所謂，我確實愛你，你是我親愛的人，但這個問候語還是很白痴。我的貓在一旁玩耍，我則是陷入回憶裡。我極度地悲傷，我甚至嘗試喝個爛醉，但我還是辦不到。不過，我可以寫字，在我第六學季的筆記本上。哈。我真是個討厭鬼。好多啤酒要喝，好多香菸要抽，好多眼淚要擦。雷蒂西亞，我們的童年去哪了呢？我到處都找不到它。我在這片荒謬的混亂，在黑夜與孤獨招致而來的恐懼中，找尋著這些年……然後該死的菸熄掉了。這次我抽的是精緻牌（Delicados）。我還沒吃飯，我沒有錢，而我因為悲傷而非酒精變得更醉了。就只是渴望其他時刻，晴朗的午後，煙塵，夏日假期。我一個人，孤獨得要命。時間把我們變成這樣的怪物！

我拿起另一瓶啤酒，然後忘記自己在想什麼了。

我剛把破鞋上的灰塵擦掉了。

我不指望把這封信寄給你，對吧？

一九八九年十月三十一日

親愛的安娜：最親愛的安娜：心愛的安娜，安娜，你覺得哪個聽起來比較好？安娜，總之。安娜，又來了。天啊！

安娜，是的，一切都自有定數。即使是這二十年也跟上了我們的腳步。

我想要說得絲毫不差，但我能告訴你什麼？煽風點火你想要激起的東西，鼓勵那些活躍身心的祕密夢想。我無法說出比你已感受的更多，因為這一切是如此深植於我們的內心，你的內心，安娜，強大的安娜，愛人安娜，我的孩子安娜。讓我們用我們所有的膽識面對自己的欲望吧，不留意時間（無論是拿破崙後四百年或今年秋天後兩天），不考慮距離（因為，如果必要，我們將從最遠的非洲鑽石礦坑飛向北極的冰天雪地），不害怕藩籬或阻礙。

用深謀遠慮面對你自己的欲望，而那強大到將讓路給我們的信念與弱點。我們還有什麼好害怕的？無論你決定往哪裡走，只要你不放棄，我都會繼續支持下去，因為沒有比讓我們做自己更加糟糕或更加神聖的責任了。

愛你
莉莉安娜

附注：啊，我忘了說，生日快樂！

安娜．歐卡迪茲

超級愛你。安娜。

那份散射而出的斑斑點點。

樂意繼續依靠著那份支持，流露出我整個內心世界的感受的要告訴你……我愛你，而這讓我非常

而且我非常確信自己會這麼做，儘管不是要跟你結婚，而是我現在隨時都可能向你徵求你的手，

明確的含糊不清……哎呀呀……看來

而我理解（至少我相信）你的本質並也覺察到你的
我也和你一起離開了……我一直想著你……
奔向並擁抱你的渴望……我看見你離去而我
朋友……莉莉……如果你知道我懷有的那份想要
感受到如此美好且真實的愛，那種我總是渴望擁有的
自己能夠從一個朋友身上
代表了人類……你懂嗎？我從不相信
尖叫，因著你代表的所有一切，思考，感受而且你
瘋狂，以及你的深度，因著你的沉默，還有你的
我了解你對我來說有多重要……因著你的
我本來多麼想要那個瞬間時間暫停，因為
來說……看見你在巴士裡，說著再見……
瞬間，而那持續……昨天，舉例
當剩下的是一幅影像、一個已經發生的
這時……你懂嗎？有時候要找到合適的文字並不容易……
（不囉唆），我希望你非常地狂喜，在讀到

那將是某種嘗試……哈囉莉莉……你感覺怎麼樣？
的文字嗎？……嗯，是的……或至少那樣，
你可以創造三維連貫性用簡單
信，充滿真誠、色彩、形狀……
嗨，這是我第一次嘗試寫這樣的一封

一九八九年，十一月二十四日，星期五。

我靠符號維生

HELLO KITTY
SELLO DE APROBADO
FANTASTICO

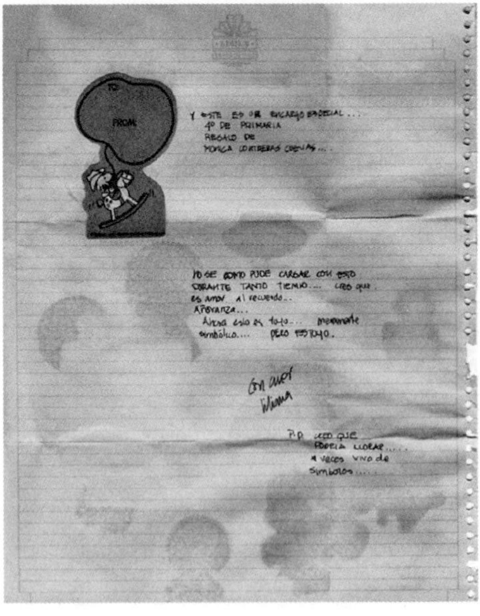
TO:
FROM:
4º DE PRIMARIA
REGALO DE
Con amor

VIII

我多麼希望我們不再是冰上仙子

How I Wish We Were No Longer Fairies in a Land of Ice

四月，她將到來

重建莉莉安娜人生的最後幾個月並不容易。她不僅僅是表面上那個陽光女孩；可靠且偶爾有保護欲的朋友；懂得用話語治癒並傷害的直率機敏的年輕女子；日漸深愛她專業領域的年輕學生；最精明的那位，魅力十足的領導人，正如她的一些朋友所描述的；正在學習相信自己的女人。除了這些之外，還有另一個莉莉安娜，即使她把世界搞得天翻地覆，也找不到適當的字來命名緊跟著她的暴力。

或許存在著那麼一本日記，如同她的朋友（不是最親密的那位）聲稱莉莉安娜持有的。我沒有在她的個人物品裡找到它。我無意中發現的是她在筆記本裡到處塗寫的無數筆記，從拱券撐架和房屋計畫的詳細說明，到藝術史和待辦事項。我找到她收到來自其他人的以及她寫給自己的訊息，錯放在筆記本的書頁間或是塵封在鐵盒或手提包和皮夾裡。它們是我永遠沒辦法完整拼湊的極複雜拼圖。這些文字是隨時間過去而沉澱下來的層層經驗，一個接著一個。我的任務是讓它們再次浮起。我的意圖，是以考古學家碰觸但不傷害、拂去塵土而不破壞的小心謹慎，開啟並同時保存這份文字：以現在的解讀將之去除並重新脈絡化。無論是莉莉安娜或是愛著她的我們，都沒有可用的洞察與語言，能夠讓我們認出危險的徵兆。從來都不是自願性而是社會性的這份盲目，在墨西哥內外導致了成千上萬女性的謀殺。如同瑞秋·

路易斯．斯奈德大力地主張，我們對家庭暴力、對親密伴侶恐怖主義的無知，殺害了她。也殺害了我們。二十世紀末的最後十年，在一個對女性的侵犯以驚人速度增長的國家裡，厭女謀殺的暴力在某一晚來到了我妹妹位於阿斯卡波察爾科的家，將一顆枕頭蓋住她的臉，奪走了她的生命。窒息死亡。然而暴力的成果，祕密而持續的成果，早在許多年前就開始了，而當時我妹妹不過是個青少年。莉莉安娜，勇敢而充滿愛，試了許多身在同樣處境的女人所做過的：她反對這份暴力，試圖逃離它、否認它、依附它、抵抗它、解除它、與它談判。她做了所有她以為可能且想像得到的，於是，直到厭女謀殺奪走她生命的不久前，她離開了他。她將自己從安赫爾移除。情感上。身體上。

根據斯奈德，以及她針對親密伴侶恐怖主義的關係所提出的漸增危險時間線，女性面臨被前伴侶殺害的更大風險，是在與前伴侶分離後的三個月內，或是在施暴者意識到這次的分離是來真的之後的三個月內。絕對的。如果這屬實，如果專家根據上千數據及上千個受脅迫女性的證詞所做出的結論有任何意義的話，一九九〇年初在莉莉安娜與安赫爾之間一定發生了什麼事，此前從未發生而無法迴避的某事，真實到打開了通往厭女謀殺暴力的那扇門。或許，某事，在三月和四月之間。五月的某事。

筆記本與零散筆記組成的系統

她的四本筆記本與其他許多物品被收在一個紙箱裡：筆刷與貼紙、原子筆、多用途小刀、牛皮紙和法比亞諾水彩紙、卡片、書籍、耳環與手環、各種尺寸的鐵盒。有兩本US Letter size的Scribe精裝筆記本及兩本格紋筆記本，都是有著小小格子的方格紙線圈裝訂而成，在第五至第八學季被她用來做筆記，而最後兩個學季她沒有完成。這些筆記本中，許多標注了日期的言論，成為其他地方出現的、無數個人筆記的骨幹。莉莉安娜，本質上是個蒐藏家，喜歡儲藏東西，尤其是小巧、看似無關緊要的物品。例如，她按時間順序整理了一九八八年以來她在路門美術社購買所有材料的收據——對折成一半、厚實的一捆紙，證明了她的整理技能及作為檔案管理員的心血，不僅關注人生的重大事件，還有日常中平淡無奇的面向。然而，這些筆記本裡的某些言辭，卻日期不明。而在這種情況下墨水的顏色或筆法幫助我確認了，至少大概粗估，它們被寫下的日期。

一旦我建立好基本的、至少是最可信的時間軸，我便著手嵌入許多出現在零散紙片或紙巾或地鐵票根上的其他筆記。其中有些標有日期，有些則沒有。我用同樣的方法指引自己：墨水顏色、筆畫類型、內容主題。我也加入了信件，以及那段時間的個人筆記或她收到的訊息。接著我抄寫一切，試著同時維持時間軸並一一安置這些線索。我在小小的彩色便利貼上輪流寫下筆記，放在我用資料夾依時間順序整理的資料旁，當桌子空間不夠時就放在長方形餐桌上。循序漸進地，莉莉安娜在我們之間自由地揭開了自己，在前門、在書房，甚至在我們的臥房迎接著我們。她就在那裡，如我們所呼吸的空氣一般真實。

在那所有的成果中浮現的是一張地圖，或更準確地說：一張藍圖。有些線條標記了地基和牆壁，有些則是替窗戶或天窗騰出了空間。莉莉安娜作為一名手無寸鐵的受害者，在施暴者難以抵擋的力量前無能為力，而重建她這樣的人生十分地誘人。這就是為什麼我偏好讓她在這些書頁間替自己發聲：我能感覺到，在路途上的每個轉彎，甚至是最黑暗的時刻，莉莉安娜並未失去將她視為自己人生作家的能力。就像許多與她處境相同的女性，莉莉安娜試過一切——用值得信任的強大朋友圈包圍自己、用更健康的方式談戀愛、將自己投身於建築、準備迎接獨立的人生。但是每每、在最意想不到的時刻，安赫爾總會出現，一次又一次地，告訴她他愛她，道歉，向她保證他會改變。然而，安赫爾並不只是在請求。他是在要求一個回應，而假如那不是他想要聽到的答案，他將釋放嫉妒的怒火、拳打腳踢、無盡騷擾、自殺威脅，以及，也許，對莉莉安娜家人的威脅。

莉莉安娜太了解這個週期了。她已經吃了至少六年的苦頭。她自身的背景將她束縛在名為大男人主義的束衣裡，用父權體制最鋒利的刀刃來砍殺她，那是我們國家歷史直到不久前都以正常狀態存在的父權體制。但是莉莉安娜，有時候以悲傷或失望形容自己的她，一片片地吞食著哀傷的寂寞女孩，堅持到最後一刻都沒有倒下。我必須站起來，她不只一次這樣說。我知道如何重新站起來，當失望或焦慮戰勝她時，她如此提醒自己。我深深地相信那個莉莉安娜。我深深地愛著那個莉莉安娜與所有存在於曾經或未來的莉莉安娜。但是在這裡，她的聲音和她的文字才算數。她自己的話。

綠色浪潮

第一冊是一本線圈裝訂、Letter size、長達百頁的方格紙Scribe筆記本。自由女神像的圖像占據了封面，她的王冠稍右側有著一輪淡黃色滿月。有人在封面上方邊緣題了「學季#5」幾個字，還替月亮加上俏皮的陰影。一個小小的蜘蛛網面朝左下角：是蜘蛛人一度存在的跡象。星期天早上的斜光讓我瞥見，相當偶然地，一些藏了數月、淡掉的藍色墨水寫成的字：「我很無聊。奧通不趕時間（**快點！**）。奧通寫得很慢（我要大叫）。不，這裡是圖書館，我不能尖叫。（一切都完了）。24０789。」封面早已溢滿符號，而當筆記本打開時，有更多從內頁傾湧而出：鬆散的紙張散落，其中有些保有我現在知道的，有些則是有著我不認得的筆跡。這些是課堂筆記，確認了一個互助組織交流的跡象，夥伴情誼。

第一頁的亮點又是「學季#5」這幾個字，而標題下方則是課表，包含兩位教授的名字。

技術	**7—8**	**B17 加百列・希梅內斯**
跨領域	**8：30—10：00**	**EB10**
實作	**10—3**	**L013 吉列米娜・羅培茲**
理論	**7—8：30**	
方法	**8：30—10**	
實驗	**10—3**	

筆記在高度掌握的鉛筆與原子筆手寫字下，真正地開始了。有草圖。有更多文字，有些是小寫字，而其他全是強調了內容重要性的大寫字。「過渡風建築。頂尖拱券撐架工程。蠟紙。死線：早上十點十五分。」然而，很快地，課堂的狀態被打斷了，而彷彿內容是同一主題，在同樣的筆法下，第一則個人題詞出現在130689，一九八九年，六月十三日：

……儘管如此
我多麼希望我們不再是冰上仙子。
陪伴的渴求是如此之多。

沒有任何解釋伴隨這些句子，除了一份名單，也許是她當時一起合作的學生名字（璜・卡洛斯・西埃拉〔Juan Carlos Sierra〕、阿曼多〔Armando〕、安娜、費南多、艾德華多〔Eduardo〕）。第一行的刪節號和轉折句暗示在此之前的情況是正面的。儘管如此。雖然可是。即使那樣，依然存在著願望、永恆的期盼、也許是尚未實現的憧憬。仙子雖有各式各樣，但是在大眾的想像裡仍是典型的女性化型態。無論是天上貶下的天使或是多元詮釋下的惡魔，仙子向來是擁有超自然力量的魔法生物，有時候還包含了閃閃發亮的翅膀。雖然她們的淘氣或甚至惡意使他人亮出護身符或奉上禱告來擊退她們，仙子常常帶著無限的善意來到人類所在之處。她們足智多謀且無私大愛，就像神仙教母，或是牙仙子，慷慨又樂於助人，甚至卑躬屈膝。在冰冷又艱苦的淒涼環境，在因著根本惡意和極端卑劣而變得冷若冰霜的男男女女之間，這些魔法生物能做些什麼呢？童話故事陪伴了許多女孩的童年，教導她們優雅、乖巧、無私的重要性，無論多麼地拐彎抹角。但早在莉莉安娜開始使用這本筆記本之前，她就已經厭倦了這種刻板印象。她是如此極其地希望成為受困條件愈加惡劣荒原裡的仙子以外的東西。她對仙子與童話故事外世界的想望使她渴求真正的情誼。她悲傷但同時也坐立不安，沮喪但同時也清醒。她對不同的人生、不同的愛的欲望，正逐漸成為一種信念。

由於筆記的脈絡不明，這個筆記看似無中生有。

但是寫作並不會無中生有。

那是個一如往常的午後。莉莉安娜和勞拉像平常一樣在圖書館前的走道短暫地碰面，但她看起來不太對勁。她們正接近學期結束及學年的尾聲，而一九八八年的那個秋天特別地明亮又乾燥，然而莉莉安娜的舉止讓勞拉感到奇怪。怎麼了？就在莉莉持續拐彎抹角、難以言語、不著邊際地說話時，勞拉問她。我覺得我懷孕了，她終於開口。她很顯然想要談這件事但不知道該如何啟齒，具體來說。她很擔心，痛苦——那顯而易見。她不知道該怎麼辦，但也不希望任何人知道。更重要的是，她不想要分享這件事。勞拉，我還不想要當媽媽，她總算告訴她，我還沒準備好。我們才剛上大學一年而已，她繼續說，作為事後補充。一年多一點，勞拉嘆氣，像是初次意識到這件事似的。未來，她說。如此地開闊，如此地龐大。她們坐在沉默地見證過笑話、八卦、驚人的一句玩笑的石柱上。而這次莉莉安娜直盯著地面，試圖在乾燥的草地裡尋找訊息。一切都會沒事的，勞拉輕聲地說。無論你做什麼決定，那都是正確的選擇。所有的決定都沒有錯，而那終究是勇敢的決定。我知道，她說，並不信服。她停頓下來，往上看向天空，藍得要死。我知道這是我的決定，也只有我能做決定，她說。可是我覺得好孤單。

當時在墨西哥要墮胎並不容易。即使是今天，由阿根廷女性主義者組織的綠色浪潮動員也非常清楚地證明墮胎權的抗爭遠未結束。高舉綠色手帕作為支持主張墮胎合法倡議者的象徵是一如既往地必要。即便女人走上街頭，一齊遊行要求免費且安全的墮胎管道，依然有無數個女孩們獨自一人又害怕地站在祕密診所門口的故事。莉莉安娜向勞拉吐露祕密那時，中產階級女性經常能以一些現金做為交換，求助願意在陰暗、看起來不太合法的診所實施墮胎手術的醫生，但是他們往往傾瀉大量的罪惡感和辱罵在絕望的病人身上。可憐的女性必須訴諸甚至更加可疑的管道，冒著若非失血就是感染而死的風險。

在當時性教育包含偶爾用抽象委婉的語言搭配低品質圖示的演講，在當時持有保險套被譴責為道德淪喪的象徵，而意外懷孕是常有的事。雖然年輕人對避孕方法略知一二，實際上吃藥或取得避孕器或多或少暗示了性並非只是暫時、單一次的青春失誤，而是例行公事。一種新的生活方式。許多女孩沒有準備好，先是對自己、再對父母，承認她們屬於那一類的人。避孕方法當然也不是百分之百安全。少數年輕女性公開地，更少數人則在家中，表達她們的性渴望，她們賀爾蒙與性欲的活躍生活。女孩應該要受萬無一失的端莊，或是讓她們不計代價保持形象的慎重所保護，以防前者失敗。她們得成為仙子，在永遠充滿敵意的國度成為仙子。

墮胎在墨西哥城直到二〇〇七年才合法化，授權以Zacafemyl（美服培酮）終止長達十二週的妊娠。在我寫下這些的同時，墮胎只有在墨西哥城和瓦哈卡州被除罪化，而且是從二〇一九年起。瓜納華托州和克雷塔羅州只授權強暴情況下的墮胎。在墨西哥其他地方，墮胎只有在強暴情況下合法，或是當懷孕牽涉到母親的健康或死亡風險時。在某些州，例如猶加敦州，母親的經濟不穩定被容許作為墮胎的法律依據。至於拉丁美洲的其他地方，只有古巴、蓋亞那與烏拉圭的女性被授予墮胎權，而截至二〇二〇年十二月三十日為止，在不計其數、始終強大的大型民眾抗爭之後，在阿根廷，安全且免費的墮胎受到法律保障。如果莉莉安娜在我們之中活著，而且再次懷孕，對她來說留在墨西哥城會是明智之舉。或是搬到瓦哈卡州或布宜諾斯艾利斯。情況改善了，確實——但在許多方面，事情還是沒什麼改變。儘管不清楚在拉丁美洲有多少非法墮胎被實施，有些人口統計學家使用「殘差法」估計出光是阿根廷每年就有多達四十五萬名女性終止懷孕，而刑事定罪持續危及女性的性命。儘管宗教權與極度保守的父權體制（大男人主義永遠的盟友）想要將墮胎描繪為道德議題，越來越多民眾認為墮胎不僅是公共衛生也是人權議題。那個選擇是女性自己的責任，不該被立法或由他人規範。**性教育是為了決定，避孕是為了避免墮胎，合法墮胎是為了阻止死亡**：這個座右銘無論是在今天，或是在當年阿根廷女性主義者首次吟誦、手中高舉著綠色手帕時，都一樣名正言順。

一九八八年十一月中，莉莉安娜用自由詩寫了篇筆記，是一種形式上的偏離，與她段落式的寫作有所不同，頁面上有破壞性影響的突然空白。而在那裡，在每一行斷句裡，獲得自由的深切渴望，以及面對已逝去之事時攻擊她的念舊之情，強烈地相互抗衡著。人絨毛膜促性腺激素這幾個字，透過血液檢測出的孕期賀爾蒙，寫在她的通訊錄的最後一頁和一九八八年十二月第一週的地鐵票一角上，暗示了這篇斷句連連的內容或許和她的墮胎有關。這些句子時而表達孤獨與拋棄，時而表達遠走高飛並重新開始的渴望。

十一月十五日，一九八八年

如果釋放指的不過是舉手投降呢？
如果螺旋推移向上的時間不過是電扶梯自我掩埋又活下來的演變呢？
讓我們來數數那些沒有升起的太陽
那些摧毀現今完整的事物
讓我們來數數無限
那些沒有碰觸我們的雙手
那些我們永遠無法填滿的空虛。

讓我們追究這些十一月的午後，
那無數
環繞我們的孤寂，我們的
與缺席的人。

我現在該怎麼辦？

數數那些從未發生的瞬間
那些拒於門外的愛
那些最羞怯的接近
那些無數的**不**
所有補充了存在與存有的事物
這個立方體，幾何的，黑白風景。
數數不在此處的空氣
消失無蹤的雲絮。
數數易於觀察的行為
那些距離
你無數次已確認的缺席
讓我們來數數它。
現在雙眼溢出淚滴
淺薄的雲層

這悲痛欲絕的汗水
我不想要數它們
不是那樣。
它們用當下填滿我
如此地響亮，如此地永恆。
我即是現在，也就是，你宇宙的一部分。

讓我們來數數缺席的事物。
把我也一起算進去。
別客氣。

如同她的某些文章，這首詩出現了不止一次，有時候是片段，有時候些微修改過。然而原版，也就是接下來幾個月她修改的草稿，源自那個十一月，當她害怕她懷孕的可能性，或只是剛得知這件事的時候。

在一九八八年年底前，獨自經歷墮胎的莉莉安娜是幸運的。一名醫生讓她感到極度的罪惡感，但是他並沒有害死她。我現在可以從遠處認出她，問起她身邊徹底絕望的人們提出的問題，尋找得來不易的資訊。她就在那，搭乘地鐵，獨自走在城市北邊的勞工階級區瑙卡爾潘（Naucalpan）又窄又破的人行道上，試著在滿是彩色告示與傳單的牆上辨識一組號碼。我想要加入她，即便是在那冷冰冰的等候室裡，在那裡她一次又一次地被詢問，她是否確定。我確定，她說，而我在她身邊點頭。我牽起她的手，我的雙臂環繞她的肩膀。你不是一個人，莉莉。我與你同在。我全心全意地支持你。而且，就如同你幾年來傾聽我、愛著我本來的樣子，我不會批判你。我在這裡陪你。求求你，明白這一點。

莉莉安娜選擇了一個既沒有孩子也沒有與安赫爾永遠結合的未來。她在接下來的日子慢慢地舔拭自己的傷口，由自己陪伴而沒有別人。她對她的墮胎非常謹慎，但毫不猶豫地將她的經驗與安娜分享，而她也在馬諾洛試圖誘使她發生關係時向他講述了此事。一九八九年年初，在她寫給托盧卡的高中老朋友加布里埃拉（Gabriela）的信裡，她坦承墮胎在心理上比在身體上造成更多創傷，而那標誌了她人生中難以抹滅的之前與之後。她在大都會自治大學的朋友從來沒有聽說過細節，甚至連確切日期都不知道，他們稱它為發生在「過去」的一件事來應對了事。

在手術後幾個星期，在她第一次分享祕密的同一條走道上，莉莉安娜告訴勞拉事情結束了。她們目光相接。勞拉溫柔地將手放在莉莉的前臂上，而她們再也沒有提起這件事。我上課要遲到了，她說。勞拉看著她，如她以前做過無數次的：她就在那，匆匆離去，推擠著穿過那些長長的走廊，一個自由的女人。

我試著誠實

一號筆記本裡點綴了塗鴉亂寫的課堂筆記，出自一九八九年的春天和夏天。一方面，裡面有一個勤勉且專心的學生之插畫、數字及想法，符合這段時間她成績上的進步；而另一方面，裡面也有一個在過去與新環境吸引力之間拉扯的人所草草寫下的省思。在兩者之間，莉莉安娜追求某種簡單卻複雜的東西：誠實。在一九八九年六月十六日，她回到了孤寂這個主題：

160689

我是站在悲傷上的女孩。

我是變成蘋果蛋糕的那個人。

一個星期後，在從未成功成為信件的一則筆記裡，她寫信告訴我她的學術熱忱：

六月二十七日，一九八九年

星期二

我親愛的最喜歡也是唯一的姊姊：

我對之前沒有寫信感到有點內疚（我覺得我老是在說一樣的話，我不記得了），但我的作業實在太多了。我有預感這個學季將會非常辛苦（也非常有趣）。現在的專案計畫是在克雷塔羅的特基斯基亞潘鎮蓋一座度假村，我完成了所有的實地考察，很快地（今天）我將開始規劃。終於，我開始上墨西哥建築史的課程了，而我非常喜歡。星期四我們會開始實地造訪。我想……我打算進修歷史遺跡修復，你知道的，畢業之後。其實，那正是我離開實驗專題討論（那是課程的名字）時的想法，但我離開理論或方法課時，我思考了很多關於城市規畫研究所訓練的事。我現在還不太確定。

自從一九八七年的夏天以來，七月便代表了創傷的週年紀念月，因為那正是莉莉安娜首次得知安赫爾不忠的時候，進而導致了持續數月的分手。一九八九年七月也沒什麼不同。月初時，一則神祕的筆記暗示她悉心照料的克制正在逐漸崩解，而某個令人不安的存在再次出現，不祥地步步逼近。

030789

我的隱私正被連續轟炸，我的主體性。我感到被看守，不斷地被監視。保護著我的孤獨正慢慢地破裂，而我如此在意的那一層保護正被刺破中。我是這個侵犯的始作俑者（而這是最糟的）。我侵犯了自己。我無法忍受。他媽的蛆蟲。

七月六日或七日（我不知道過午夜了沒），一九八九年

寫信給你看似很蠢，尤其我還有這麼多作業，但我覺得很奇怪，也許我愛你。

100789

當我們繼續過活，當我們在空虛的宇宙裡，一天天地在這個匱乏的魚缸裡暢游，在世界沒有失去它愚蠢的重心條件下，一切看似正常、甚至無害，但接著，毫無預警地，恐懼浮現，瞬間的恐怖，就在你幾乎沒有感知另一種可能性時，總是被渴望的、總是被期待的可能性時，另一個無法辨識的臉孔提供我們，一個鬼魂，一名受詛咒的巫師，在我們的孤獨、那杳無人煙的空間神出鬼沒。

我依然是我，我依然在蘋果蛋糕上，吞噬著悲傷。

儘管如此，陪伴的渴求是如此之多。

莉莉安娜記錄了一九八九年七月另一次與安赫爾痛苦難忘的分手。

我希望一切都不一樣，但我們是如此極度地消沉，如此惡魔般地複雜，以致無路可逃。我很傷心，非常傷心，我想要逃離這一切，逃離過去三年，逃離我邪惡的作風，逃離我理解的不足，逃離你的回憶。我不知道這會將我們帶往何方。儘管如此，無論所有邏輯，無論理性。我感到多麼地糟糕。兩年前你與阿拉賽莉在一起。我相信我們所有的悲劇時刻都已經在七月發生了。我們將不再有七月，不再有討論，不再有尊重。為什麼？為什麼事情非得這樣呢？

看吧？我試著告訴過你。沒有什麼是永遠的，而正是這件事讓我很挫折。我感到憤怒。但，超越理性與邏輯之外。

回憶。我淹沒在影像之中，無臉的怪物吞噬了我。一切都結束了。安赫爾，我告訴過你多少次？沒有什麼是永遠的。而這份怒火，超越邏輯，超越理性。假如我說這樣比較好，那會很殘酷。我不明白。這就是為什麼這麼痛的原因嗎？難道童年的糟糕尾聲來了嗎？難道青春結束了嗎？是這樣嗎？安赫爾，為什麼？瘋狂安赫爾，善良安赫爾，天使安赫爾。怎樣才能不重複說你的名字？沒有怨恨的餘地。沒有什麼可恨的。你不會再聽到我的消息。我是個模糊的圓點，慢慢地消失在地平線上。讓我們來數數那些沒有升起的太陽。那淺薄的雲層。那令人窒息的汗水。讓我們來數數那些拒於門外的愛。

這些主題一再地出現，就像某種病態的旋律。情緒的印記。一九八七年夏天的事件與她在一九八八年冬天寫下的句子不可分割。「讓我們來數數那些拒於門外的愛。讓我們解釋沒有發生的一切，未能成為的事物。」那場分手所結束的關係不只橫跨了兩年的大學生活，還有他們一起共度的高中時光。此外，據她所說，安赫爾同時是有吸引力又邪惡的。他們太了解彼此了。他們熟知彼此所有的祕密用語。然而，這一次，失敗的責任不僅落在他們各自的個性上，也落在更大的某個東西，莉莉安娜稱為**後現代主義**的某個東西，那是建築系學生之間流行的術語，意思或許是要表達，或許，**父權主義**。不同於先前分開時那般單一主題、密集的事件，在同個月，有另外兩個名字出現在她的筆記本裡：拉烏爾・埃斯皮諾・馬德利加和李奧納多・哈索。她同意在親密而熟悉的托盧卡與他們見面，並直截了當地，告訴這兩位年輕男子，她不相信約會，她不想成為任何人的所有物。她的獨立，她所說的自由，一直是她的寫作中反覆出現的主題，甚至早於高中時期，然而這樣的主題出現在這些頁面時卻帶有前所未見的清晰。

300789

我被夾在一個自虐又有自殺傾向的瘋子，一個脆弱而憂鬱的偽知識分子，以及一個無知的偽富家子兼學人鸚鵡之間。

300789

我希望「發生什麼事？」的答案可以像問題本身自然地脫口而出。我做不到。我不會說我不愛你了，我只是不再是十七歲了，或許我不像當年那樣脆弱，或許我更是如此。我真是厭倦了一切。都是後現代主義的錯。我是我的時代的產物，這一切都是一堆有條不紊的混亂，而我就是那堆混亂的結果。你在我面前讓場面難堪。我在你面前把事情鬧大。那就是後現代主義的關係。這個嘛，前提是至少你跟我理解的一樣，那麼事情會好好的，但不是，你非得帶著那（爛透的）關於感覺、關於忠貞、關於特殊案例的理想主義。我真是受夠自己了。我只是個該死的混蛋說謊女。任何事情背後都沒有原因。我很訝異你不知道這點。

我想要見你。為什麼不？沒為什麼？為什麼不。沒為什麼。為什麼不。因為不。

安赫爾．岡薩雷茲．拉莫斯。李奧納多．哈索．奧特嘉。拉烏爾．埃斯皮諾．馬德利加。

從她開始寫作的那一刻起，莉莉安娜就對於揭露她筆下角色的真實姓名十分小心。這些年來她變得更加謹慎，在表姊雷蒂西亞的明確敦促下，她建議莉莉安娜在信件中省略名字，如此一來刺探的雙眼即使打開信封也無法獲得訊息。安赫爾的名字相當頻繁地出現在她的文字裡，作為某種習慣性動作，然而其他收件對象並非如此。那就是為什麼一九八九年夏天她在寄給拉烏爾・埃斯皮諾・馬德利加前，寫了又重寫至少兩次的信件，是異乎尋常的。那時拉烏爾已經迷戀她好一陣子了，而莉莉安娜儘管偶爾受到誘惑，也反覆地拒絕了他的追求。他似乎不理解莉莉安娜非常明確表示的一件事：她不喜歡把戲、操控、詭計。此時此刻，她可以從遠處就識破它們。誠實在她的個人詞彙中是一種基本觀念。

我本來不打算寫信給你，但我面前有一張紙，所以這可能是最後一次了。

你知道的，對吧？我永遠不會跟你在一起。我永遠不會屬於任何人。而那，有時候，讓我感到悲傷。我知道你會將這解讀為純粹的放肆，傲慢的表現，但你必須知道並不是這樣的。我這麼努力地奮鬥，為了成為這樣的我，為了盡可能自然地感受事物，而非約束我的人生。而這麼做帶來的是一種持續的不確定狀態。你一直認為我只是在賣弄，但你不明白這只是對你頻繁的心計與失敗的計畫所做出的回應。僅此而已。

也許我們之間的一切早在開始前就分崩離析，當你第一次讓我讀你的日記，我看到了一個我以為在尋找類似自由的事物的人，其實卻算計著機會，密謀、下注於一種徹底自私的愛，我因此感到反感。我試著忘記，或至少裝沒事，但是我做不到。是的，也許就是那樣。

我本來不打算寫信給你，但是我面前有一張紙。我可能不會再這麼做了。

我在試著講重點並按照慣例地誠實，你知道的，對吧？

我永遠不會完全地跟你在一起。

我不是，甚至一點也都不是，最適合你的人。

你會將我所說的一切解讀為純粹的放肆。你真是太有偏見了。你將世界分成絕對真理、完美無瑕的持有者；還有蠢貨們。拉烏爾，那我呢？我屬於哪一者？在中間，也許就在正中間，兩邊的打擊如雨落下。我誇張了，確實。但我真的誇大其詞了嗎？

我藉著極少的幫助嘗試到達了我現在所在之處。你打算說我在吹噓，對吧？但是你真的懂嗎？想當然爾，你會覺得我選擇了最簡單的解決方法，但不是那樣的，我想要這成為一種生活方式，而你一直沒能夠明白那點。我不知道是什麼讓你覺得你可以把我當做帶著到處跑的女伴。不，我覺得你不懂我。你相信一切都是為了與眾不同的拚死掙扎，但是你相信這件事是因為那是你自己的掙扎。然而那不是我的掙扎。我的掙扎是誠實。或至少去嘗試。我試著誠實。

假如有一隻熊朝你撲來，你會怎麼做？

莉莉安娜以寫給她親愛的朋友安娜．歐卡迪茲的信，開啟了二十世紀最後十年的第一年。在白紙上，打字機打出的，那封信同時邀請卻也阻礙了閱讀。要閱讀一篇文字間所有空白都被移除，而所有字詞的所有字母都成了一行無間斷連寫句的內容，並不容易。事實上，只是雙眼快速掃過紙張，匆匆地閱讀這樣的一封信，是不可能的。莉莉安娜蓄意的晦澀不僅需要讀者本身的決心、不論阻礙地閱讀的意願，同時也需要共謀。甚至是愛。你總是必須對某些事情保持緘默，莉莉安娜在她還不過是個青少年時如此寫道，你必須知道如何精打細算你的資訊、你的意義、你自己。而在這裡，在寫下渴望被讀取、被理

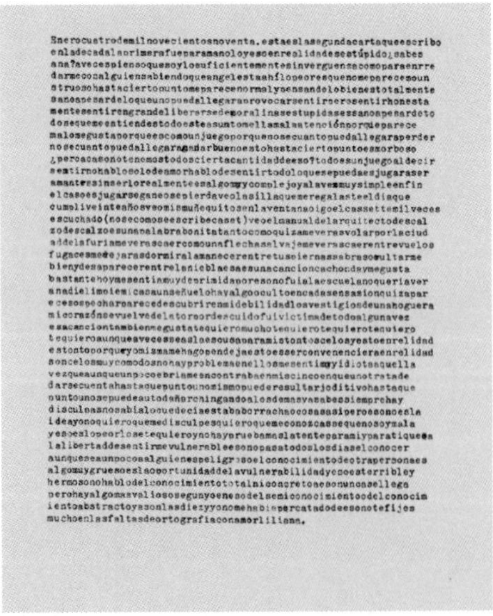
eneroeuatrodemilnovecientosnoventa.estaeslasegundacartaqueescribo
enladecadalaprimerafueparamanoloyesoenrealidadesestúpido¿sabes
ana?avecespiensoquesoylosuficientementesinverguenzacomoparaenre
darmeconalguiensabiendoqueangelestaahílopeoresquenomepareceoun
struosohastaciertopuntomepareceanormalypensandolobienestotalmente
sanoapesardeloqueunopuedallegaraprovocarsentirseresentirhonesta
mentesentiremgrandeliberarsedemoralinasestupidasessanoapesardeto
dosequemeentiendestodoesteasuntomellamalaatenciónporqueparece
malomegustaporqueescomounjuegoporquenosecuantopuedallegaraperder
nosecuantopuedallegaraandarbuenoestohastaciertopuntoesmorboso
¿peroacasonotenemostodosciertacantidaddeeso?todoesunjuegoaldecir
sentirnohablosolodeamorhablodesentirtodoloquesepuedaesjugaraser
amantessinserioorealmenteesalgomuycomplejoyalavezmuysimpleenfin
elcasoesjugarsegane osepierdaveolasillaquemeregalasteeldiaque
cumpliveinteañosveomismuñequitosenlaventanaoigoelcassettemilveces
escuchado(nosecomoseescribecaset)veoelmanualdelarquitectodescal
zodescalzoesunapalabrabonitatantocomoquizameverasvolarporlaciud
addelafuriameverascaercomounaflechasalvajemeverascaerentrevuelos
fugacesmedejarasdormiralamanecerentretuspiernasabrasoculttarme
bienydesaparecerentrelanieblaesaesunacancioncachondaymegusta
bastantehoymesentiamuydeprimidaporesonofuialaescuelanoqueriaver
anadielimoiemicasaunseñuelohayalgoocultoencadasensasionquizapar
ecesospecharoarecedescubrirenmidebilidadlosvestigiosdeunahoguera
micorazónsevuelvedelatorpordescuidofuivictimadetodoalgunavez
esacanciontambienmegustatequieromuchotequierotequierotequiero
tequieroaunqueavecesseaslaescusaparamistontoscelosyestoenrelidad
estontoporqueyomismamehagopendejaestoesserconvenencieraenrelidad
soncelosmuycomodosnohayproblemaenellosmesentimuyidiotaaquella
vezqueaunqueunpocoebriameencontrabaenmiscincoenqueunotratade
darsecuentahastaquepuntounomismopuederesultarjoditivohastaque
puntounosepuedeautodañarchingandoalosdemasyasabessiemprehay
disculpasnosabialoquedeciaestababorrachaocosasasiperoesonoesla
ideayonoquieroquemedisculpesquieroquemeconozcasseque nosoymala
yesoeslopeorlosetequieroynohaypruebamaslatenteparamiyparatiqueea
lalibertaddesentirmevulnerableesonopasatodoslosdiaselconocer
aunqueseaunpocoaalguienespeligrosoelconocimientodeotrapersonaes
algomuygruesoeslaoportunidaddelavulnerabilidadyesoesterribley
hermosonohablodelconocimientototalniconcretoesonuncasellega
perohayalgomasvaliososegunyoeneodelsemiconocimientoodelconocim
ientoabstractoyasonlasdiezyyonomehabiapercatadodeesonotefijes
muchoenlasfaltasdeortografiaconamorliliana.

解，但同時也抗拒輕鬆或有作用的閱讀的一則訊息時，莉莉安娜十分地忠於自我。

前一年在許多方面都改變了她。但是在一九八九年夏天的瓦哈卡之旅後，在同年十月中前往坦皮科前親吻了馬諾洛後，在與安娜之間熱情的書信往來間得知她們彼此深愛後，安赫爾這個名字回來了。在她歡迎新年代的信裡，第四行糾結的字句之間，那個名字依然在那裡，模糊不清，混沌不已。「我該怎麼在知道安赫爾還陰魂不散的情況下和其他人交往呢？」接著，在柏林圍牆倒塌的幾天前，他名字的鬼魂再次糾纏著她，如二號筆記本第一頁上所見：

一九八九年十一月六日

……儘管一切，我在這裡，

我們發現自己在這裡，身為一個愚蠢核心的一分子。有出口嗎？門呢？或許有吧。要是有扇窗戶就好了。發生了什麼事？世界轉呀轉，而我仍在這裡，好像什麼事也沒發生，停滯。靜止。

為什麼莉莉安娜持續回到一段至少從表面上看來只給予她動盪與傷害的關係？在《以愛為名的暴力》中，斯奈德反而提出另外兩個問題。第一：為什麼施暴者一次又一次地回來？

第二：當人被一隻熊攻擊時，最合理的反應是什麼？第一個問題給了我們空間去探索父權社會中有毒的男子氣概（toxic masculinity），邀請我們去思考父權如何扭曲並傷害了男人，就如同它對女人所做的。第二個問題則帶領我們直達重大交叉路口的中心點，攸關生與死的問題。抉擇的時刻。假如有一隻熊朝你撲來，你會攻擊回去，即使知道牠能輕易地殺死你？還是你會裝死並放棄？

受害者選擇留下，是因為他們知道，任何突如其來的舉動都將觸怒那隻熊。他們選擇留下，是因為他們多年來已經找到了方法，偶爾可以有效安撫憤怒的伴侶，諸如懇求、哀求、勸誘、承諾，以及在公開場合與對方團結一心，包括在警察、反家暴人士、法官、律師與家人面前——或許是唯一能夠拯救他們的人面前。他們選擇留下，是因為他們看到熊即將朝自己撲來，而他們希望能夠活命。

當理應保護女性不受家庭暴力傷害的制度體系失敗時，而體系相當經常且惡名昭彰地如此，體系同時也增加了施暴者實質上與象徵上的力量。一九九〇年，當時無人談論親密伴侶暴力，當時針對女性的暴力仍被視為衝動犯罪，當時無論受害者或她們心愛的人，甚至是施暴者自己，都沒有能力描述，也因此無法定義、無法對抗以愛為名的暴力，偽裝成愛的暴力，面對這樣的暴力所隱含的死亡風險而渾然未覺實在太容易了。在那封難以閱讀又晦澀的信裡，莉莉安娜在談論一場比賽——一場她明白她可以贏得、也可以輕易輸掉的比賽。一場憤怒之城中的巨人之戰。直到最後一刻，我的妹妹都以為她可以獲勝。她以為她可以獨自抵擋父權並憑一己之力戰勝它。

浮士德與拉金斯基

在墨西哥，每十年會進行一次人口普查，而在一九九〇年的最初幾個月，莉莉安娜和安娜決定加入志工團隊，挨家挨戶地收集資料。她們完成必要的培訓，接著畫了張地圖，遵循負責官員的建議，在某個陰天的星期五中午前往指定區域。她們一起（這也是她們當時做每件事的方式）拜訪了鄰近她們大學的住宅區聖帕布羅哈爾帕（San Pablo Xalpa）大樓，以便在隔週一、三月十二號進行的實際普查前熟悉該區域。一抵達那裡，她們各自尋找自己負責的大樓，帶著沉重的心情意識到她們必須分頭進行。

當她們再度會合，莉莉安娜懷裡抱著一隻白色小貓。安娜看著她，難以掩飾她的驚訝。莉莉這次又想幹什麼了？你應該看看這些人是怎麼打開公寓門然後無情地把她丟出門的，她解釋著。事實上，他們很用力地把她扔出去以至於她摔下了階梯，她戲劇性地多加了一句。

我和他們當面對質，她說。那不是我們的，住戶輕蔑地回應。你不要她嗎？那這樣我要帶她走，她出言威脅。然而他們只是聳肩無視，在沒有臺階的情況下，莉莉安娜帶著貓轉身離去。

那你要拿浮士德（Fausto）怎麼辦？安娜問，提醒莉莉安娜她不久前領養的那隻神經質、近乎瘋狂的貓。浮士德經常沒來由地攻擊她們，接著，好像他什麼也沒做似的，好像他的暴力不過是女孩的想像虛構出來似的，他會在她們看電視時可愛地依偎在她們的雙腿間。我要怎麼辦？莉莉安娜臉上帶著大大的調皮笑容重複著，在**我**這個字上加重語氣。應該說你，安娜．瑪莉亞．德勒斯安赫勒斯．歐卡迪茲．埃吉亞．利斯（Ana María de los Ángeles Ocadiz Eguía Lis），要拿克萊門蒂娜．卡蜜拉．娜塔莎．奧戈曼（Clementina Camila Natasja O'Gorman），化名拉金斯基（La Kinski）怎麼辦呢？

安娜目瞪口呆，沒有認真考慮後果就收下了禮物。後來，在她們等待人口普查處更多指示時她打字寫下的信，一封同樣由沒有空隙的字句組成的信裡，她再三地感謝莉莉安娜。當時她正經歷一段艱難的時期，在學校的表現也很糟糕，沒有和莉莉安娜待在一起時，黑暗的心情籠罩著她。最親愛且最喜歡的小莉莉安娜，她說。我非常愛你。拉金斯基前來照亮了她的孤獨，在那遙遠的蠻荒之地，她以此稱呼距離校園很長的一段路，她所居住的社區。

現在你將透過我的雙眼看世界

納米比亞於一九九〇年三月二十一日獲得獨立。而反思著兩德統一的莉莉安娜想知道：東西德的合併，是否將再一次地，孵化出蛇蛋？[1] 那年初春，她寫下了一份長長的待辦事項清單：「貓疫苗，貓糧，貓砂。跟莫妮卡談談。**瓶子**。法比亞諾水彩紙。方法課要用的紙。科技課報告（派遣工作）。繳電費。」接著，彷彿那是個官僚指令似的，她在字條上簽了全名。她另外有時間寫下另一則給安赫爾的短信：

春日

我希望我可以說話。
我希望我曾有耐心。
我希望你在餘生中亦認為我將同樣受到詛咒。
我希望我有緩解劑（給你）。

1　譯注：此處應指英格瑪・伯格曼（Ingmar Bergman）一九七七年的電影《蛇蛋》（*The Serpent's Egg*），劇情背景為一九二〇年代的柏林。

我希望我不是他們的一分子。

四月時，一封來自前高中朋友的信成了她意想不到的驚喜，那是曾在同個游泳隊上的女孩，而在她寫下卻從未寄出的回信裡，她好奇自己正在成為什麼。莉莉安娜再也認不得三或四年前那位天真的女孩。而她喜歡這個改變。在四月初，她開始更加頻繁地造訪我們表親艾米里奧的餐館，尋求陪伴以及收銀臺工作所賺取的微薄薪資。在某一刻，安赫爾出現了，而艾米里奧一看到他就把他趕了出去，甚至沒有告訴莉莉安娜。艾米里奧在托盧卡目睹過安赫爾的攻擊並懷疑他有在毆打她。他也害怕他身上有武器，儘管他沒有確鑿的證據證明其中任何一件事。以防萬一，他指示大樓保全在莉莉安娜拜訪時不讓那位矮小、壞脾氣的藍眼傢伙進來。他們照辦了。平日的時候，莉莉安娜時不時與艾米里奧及他的朋友伊莉安娜待在一起，在墨西哥城外的聖羅倫索阿科皮爾科，而不是回到銀荊花街六百五十八號。她在那裡找到了慰藉，以及一段讓她歡喜的情誼，一邊抽著菸、講笑話，暢談電影或喝些酒。透過客廳的大片玻璃窗，下方龐大城市的電燈看起來有如螢火蟲。

一九八八年夏天，我離開墨西哥前往休士頓，但返鄉度過了耶誕假期，並且在一九九〇年春季學期一結束，就在五月第一週回來了。我沒有直接前往我們父母在托盧卡的家，而是和莉莉安娜一起留在阿斯卡波察爾科，因為我想要見見墨西哥城的老朋友——更重要的是，我必須前往藝術宮，我的第一本書《戰爭無關緊要》正準備要出版上市了。當我提及我預約了一位攝影師拍攝我人生第一張作者照片時，莉莉安娜和我跳上跳下，彼此雙臂相連。誰能想得到呢？我們冷靜下來時，我這麼說。

我早就料到了，她回答。

我不確定那個五月我和莉莉待在一起多少天，不過我知道我沒有注意到任何不尋常的事。她的神態或她的聲音，她說話或表現的方式，並沒有什麼讓我警覺到任何危險。我沒有看到任何瘀青。沒有疤痕。她幾乎沒有提到安赫爾。當我問起她**妖怪葛雷姆林**（Gremlin，那是我們有時候用來指稱他的代號）的事時，她聳了聳肩。你還有在跟他見面嗎？我冒險一問。莉莉安娜沒有回答，反而轉移話題到未來，她對旅遊的興趣。我們去佛羅倫斯吧，她說，向後躺著並把長長的雙腳抬起呈V字抵著牆面。走吧，我說，模仿著她，我的左腳靠近她的右腳。我們閉上雙眼，在嘆息之間，我們去了教堂，對烏菲茲美術館的藝術品嘆為觀止，在聖母百花大教堂的聖壇前比劃十字架的手勢，抱怨所有的食物是多麼地昂貴，甚至是最簡單不過的披薩。我們開懷大笑。精神旅遊是我唯一的選項，我們轉過身趴著時，我悶悶不樂地說。暫時是這樣，她回答，始終樂觀。我隨時都可以劫機，我說，隱隱微笑。夠了，她哀嚎。你是認真在考慮，我可以從你的眼神看出來，她說，真心地被逗樂了。我可以想像你劫機，她說，食指指著我的下巴。早上，我們在窄小浴室的鏡子前梳頭時，我問她能不能讓我戴她的眼鏡。毫不遲疑地，她拿下並把它交給了我，接著繼續刷牙。我今天可以借用它嗎？她匆匆地漱了口。為了我姊姊人生第一張作者照片？她的雙眼，因著歡喜和共同參與而閃爍。那份喜悅，如此地毫不保留。當然好啊，她說。我們甚至沒有停下考慮我們的度數不同這件事。現在你將透過我的雙眼看世界，她在我調整鏡框時這麼說。現在我將會的，我回答。

但我並沒有。

在那些日子裡，我如此親近地在她的公寓裡，跟她一起睡在她的雙人床上，滔滔不絕地聊著我們的計畫，偷偷地看著客廳窗裡我們的倒影，在早上互道問候並在白天道別後各走各的路，但我卻沒有察覺到危險在我們之間振翅。她自己有感受到危險嗎？她真的那麼盲目或輕信，相信危險已經與她擦肩而過，因此毫無察覺？或是事實剛好相反？難道她那麼有威脅意識，那麼地小心後果，所以她選擇保持冷靜，就如同當她和安娜在生命威脅的恐懼中，她在華士科面對洶湧暗流時那樣？或是她感到羞愧？她怎麼能坦承，特別是在她的姊姊面前，她鄙視的傢伙總有辦法牢牢地控制她？

我在她的住處一大張紙上留下了訊息，紅色墨水與字母如警告標誌般粗大：

一九九〇年五月（我忘記幾號了）。**棒極了：**現在大概一點，我正準備好出門。看看今天會怎樣。如果我要去托盧卡，我今晚就會打給你。如果我留下，晚點你會在這裡見到我。再見。

你最喜歡的姊姊。

在那趟墨西哥城之旅唯一留下的影像，也是我人生第一張作者照片中，我戴著我妹妹的眼鏡。

在托盧卡短暫停留後，我因為暑期課程必須回到休士頓。當我們準備前往機場、輪流將我的行李堆在後車廂時，我父親拿出他的老相機捕捉當下。噢，又來了，我說，盡我所能地逃離他。這些年來，他會要我們在難以想像的地點前擺姿勢：離裝得太滿的水壩近得危險，離畜牧業博覽會充滿敵意的公牛幾公分遠。拜託，我們在趕時間，我說，有點惱火。但是他心意已決。莉莉安娜插手了。我們會給你拍，但是有一個條件，她說。我們來做鬼臉。那天我父親透過鏡頭捕捉到的，在高地那片藍得要死的天空下，是他兩個成年女兒編排的快樂啞劇。莉莉和我站在我們老家前，滑稽地面對著彼此，接著，鬼鬼祟祟地，有默契地串通好，對著鏡頭比手畫腳。在我閉眼對著鏡頭吐舌頭的同時，身材纖細、雙手插在長長的白色裙子口袋裡且綁著低馬尾的莉莉安娜，仔細地看著我。在下一張照片裡，我盯著她把脖子往左歪、嘴巴扭向一隻眼，那個動作讓我們倆都不禁大笑。我們當下在嘲笑什麼嗎？或許吧。大概是笑我們自己。也許是笑我父親和他對道別的執著。難道他不知道我們從現在起將會經常說再見嗎？當我們繼續開著玩笑的同時，一束光打在房子的白牆上，凸顯了支撐前門遮陽棚的磚柱的金黃色調。莉莉安娜突然安靜了下來，瞇起眼看著我們。在雨季開始前，那明亮、乾燥的微光正好征服了天空。

那是我最後一次見到我的妹妹活著。

不受保護

在四號筆記本裡，在宣告跨領域專題討論部分開始的折頁背面，莉莉安娜草草寫下了她打電話給我們表姊雷蒂西亞那一天，她一邊哭泣時所聽的歌曲清單。歌單的日期是五月二十四日，星期四。莉莉安娜通常週間都待在墨西哥城，但因為她在阿斯卡波察爾科沒有個人電話，所以她不太可能從墨西哥城打電話。或許她人在別處。又或許雷蒂西亞記錯了。

跨領域

一九九〇年，五月二十四日

我的情況既荒謬又悲慘。這個嘛，照我的極限來說。
小丑
向你走來。
多麼美麗的愛情。
她。
親愛的鴿子。
奇怪的世界。
心
苦澀的耶誕節
騎手
四種方式
我們走吧
非常緩慢
善的愛
沒有月光的小夜曲
向你走來

愛的眼淚
街頭手風琴藝人朋友
陰影。
總運送量。
卡拉維爾帆船
鐵柵欄殺不死人
吻我並忘了我
奴隸與主人
宣布放棄
狂人
在我的老聖胡安

哈維爾・索利斯（Javier Solís）和荷西・阿爾弗雷多・希梅內斯（José Alfredo Jiménez）那陰鬱、強而有力的嗓音，陪伴了在墨西哥的分手戀情數十年之久。他們唱著老套的歌曲，傷心之歌，以無恥的故事作為裝飾。雖然有些歌曲立誓復仇，大多數則是汲取永恆的愛，永遠不會死去的那種愛，即使、或正是因為，那是得不到回報的。被羞辱的戀人，被留下，沉浸在他的痛苦之中，並發誓永遠不會停止愛一個將仍屬於他的女人，即使那違背她的意願。那些就是莉莉安娜在五月二十四日聽的歌曲，一邊流著眼淚。

在五月二十六日，星期六，莉莉安娜在一張柔和色系的紙張頂端，以異常小的手寫字，記下她與哈維爾・索利斯及荷西・阿爾弗雷多・希梅內斯共度淚流滿面時光的隔天所經歷的一件事：

> 那件事終於在昨天發生了。而今天它看起來已消失不見。那份狂喜消逝了。沒有失望，我依然快樂。依然。原來你在這，儘管一切……我找到了你。你是知識，你是，是吧？對知識的愛與熱情與欲望。你是你。你。莉莉安娜。

現在改變更加顯著了。在另一次分手以後，她在自己身上，而不是在其他人身上下注。

她相信自己與她的知識。她自己與她的未來。或許那個五月，莉莉安娜終於準備好放手了。或許那個五月，安赫爾也意識到，終於，這一次她是認真的。或許那個五月，他知道他再也無法控制她且永遠失去了她。四天後，莉莉安娜第一次以不受保護形容自己，在墨西哥城多年來，在一個以魯莽、危險聞名的大都會裡，卻也是她感到最自在的地方。那是個短短的字條，寫在四號筆記本的最後一頁，一行細鉛筆手寫字，以紫色墨水的驚嘆號封存：

一九九〇年，五月三十日

這現在是，曾經是幾乎難以忍受。在地鐵上，如此地不受保護。

我在家裡，這個空間屬於我！

她的筆記本或鬆散字條裡沒有任何東西有助於解開這個謎題。那個威脅，讓她感到暴露、易受攻擊、徹頭徹尾地脆弱的東西，顯然來自外面的世界。那個威脅並非來自大眾交通運輸系統本身，然而，一種她不願加以描述、也因此從未讓我們看見的無助，在那裡猛地爆發了出來。在那樣的深處之中，她有辦法看見它嗎？幾天後，在她寫給拉烏爾·埃斯皮諾·馬德利加、卻從未寄出的信中，她再次使用了同一個詞彙：**不受保護**。

一九九〇年六月四日

我突然間有了走向我的筆記本並開始寫字（寫信給你）的衝動。現在我不知道要說什麼。我一直在找你寄給我的一封信，我找不到它……我感到難過，我知道你曾在那張紙上寫下了什麼……我渾身發抖，但不是因為寒冷，我很緊張，我想我終於理解在面對關於你的事時我是怎麼了。我不知道如何解釋，而理解一點也不客觀，但是我只感受到溫柔，我渾身發抖，而現在甚至不冷。

那張紙到底死去哪裡了？我不會緊抓著過去不放。我終於知道時間會過去（「而我們正在老去」）。它一定在這裡！

我的故事再也不是歇斯底里。

我思念著你，你是我所思，我所做的就是想念你，而那讓我害怕，因為你的模樣一直伴隨著懷疑、痛苦、不信任。我多麼希望想像你在一個無汙點的藍色背景前。昨天我看了《聖血》（*Santa Sangre*），那部電影，我依然震驚不已，慷慨激昂。

我該怎麼說服你，有些事情不是只為了做做樣子。

我該怎麼說服你，我不執著於瑣事上。

我該怎麼說服你，我感到不受保護，非常手無寸鐵，該怎麼告訴你那個……什麼？

我記得我們在阿爾班山遺址的那一天，那一刻，你我之間唯一的永恆瞬間。其實，我覺得那再也不重要了。我討厭覺得自己想要別人真正地了解我，因為真正地了解一個人總是有風險的。我曾經愛過你，或許我依舊是。這真是愚蠢，我才懶得在乎呢。

你聽說過有誰讓我渴望這麼多事物嗎？

……我依然聽得見海浪在我們身邊擊碎，安娜，而我依然聞得到大海的味道，但我們發現自己在另一瞬間與另一空間中。你明白了嗎？事情，儘管相似，卻不相同。我們生命中新的人的來臨，新的知識與感受的來臨。或許我們改變了：一年，一天，也許甚至一秒，都不足以維持不變。我從來沒告訴你，也許你從來沒意識到你沒有與我在同一條路上對我造成的痛苦。你會說：我們從未分開。但是你確定嗎？你可能以為大學，或甚至我們的課程，都太過乏味而無法真正地改變我們的人生或任何事，但我們不也是在那樣的時間與空間裡認識了彼此嗎？沒錯，我依然覺得受傷，依然覺得惱火。或許那就是為什麼我最近改變這麼大的原因。你感覺到了嗎？我害怕有時候自己幾乎變得暴力。像是昨天，我無聲的怒吼，責備偽裝成簡單的一句「你搞砸了一切，我並不喜歡這樣」並脫口而出。而為何我沒有大叫「你沒有與我同在」、「你沒有與我分享你的痛苦或快樂」？為什麼你沒有跟我在一起？為什麼你沒有為一堂課多做努力，一堂簡單的課？為什麼？沒有錯，我知道大學並不是世上唯一、甚至也不是最合理的東西（復述米格爾．穆里洛的話），但那不正是我們選擇的嗎？有時候我品頭論足，有時候我在我的鏡子前批評你太過頭。有時候我有失公平。你不該是唯一理應做這件事的人嗎？我真是自私到開始認為我的痛苦勝過你的。

缺乏渴望使我害怕……我覺得我不該說這個……我不知道該說什麼了……我想要向你道歉並責備你，撫摸你並打你，親吻你，親近地感受你，尖叫，拉扯你的頭髮……你聽說過有誰讓我渴望這麼多事物嗎？

你知道我愛你。你清楚得很我愛你。

……

現在我在糾結……把這個交給你是不是個好主意……我想要說真話並且誠實。我想要像這樣與你一起……與你一起我想要像這樣……像這樣，與你一起，我想要……與你一起，我想要……我想要你……噢，該死！我怎麼會想要你？……嗯……

你知道我愛你。你清楚得很我愛你。

你知道我喜歡你。
你知道我愛你。

莉莉安娜。

陰影之下，有些事物永遠結束了

除了槍支或自殺威脅的出現，除了強烈的嫉妒，持續的騷擾，以及身體與性的暴力之外，斯奈德在《以愛為名的暴力》中所分析的危險評估工具還強調了受害者逐漸孤立的危險。一九九〇年期間，一點一點地，莉莉安娜的支持團體開始瓦解，儘管她並未完全地失去它。安娜一直以來是她的忠實夥伴，她的得力助手，在她人生中過去一年裡最親近且最溫暖的存在，卻在一堂課上遇到了困難而決定換到夜間班，因此大幅地減少了她們相處的時間。「你沒有與我同在。」莉莉安娜在始終未交出的信中責備了她。拉烏爾與李奧納多都找到了讓他們遠離校園的兼職工作，他們也都開始與女孩約會，而最終，她們也都成為了他們的妻子或長期伴侶。當時我已經在美國居住了兩年。再加上就在六月底，我的父母踏上了他們期待已久的歐洲之旅。那是我父親第一次可以負擔我母親的機票，而儘管那是趟主要在德國和瑞典的出差旅行，但他們將把握機會一起拜訪其他國家。那是犧牲了一輩子的回報。那是，至少象徵意義上，他們在二十年前為自己所設的目標，在他們永遠地離開了棉花田時，而現在他們，終於，即將達成它。在一段短暫的失和過後，馬諾洛再一次地，大部分閒暇時間都跟莉莉安娜待在一起，他開著家裡的老舊白色達特桑（Datsun）前往機場，在那裡大家親吻彼此互相道別。我真替你們倆感到開心，莉莉安娜擁抱他們時說。接著，當他們走向登機門，莉莉安娜瞥向她與她父母之間逐漸拉長的距離。他們最後一次轉過身並從遠處揮舞他們的手。保重，莉莉，他們說。馬諾洛和莉莉安娜開車回托盧卡，接著搭乘巴士回到墨西哥城。儘管他們沒有正式在一起，但是慢慢地，他們成為了一對。他們一起做作業，一起在學校裡到處走，儘管沒有牽手。他常常在早上八點之前，到她家接她，開著他的紅色普利茅斯梭魚車。

一九九〇年七月十六日清晨，根據街上的目擊者所述，當安赫爾跳過大門，顯然是非法侵入、偷溜進銀荊花街六百五十八號時，莉莉安娜並非全然地孤立，然而除了馬諾洛之外，她少了最親密的親朋好友網絡的陪伴。第八學季開始時，在五月，危險評估的風險指數本來是高的，然而那時已經是七月初，它又上升到另一個等級。不存在於墨西哥，甚至也不存在於想像之中的測驗指數，顯示當時風險已達致命。

儘管她最親密的朋友不見蹤影，她全家人都不在國內，而最好的朋友忙於學業與個人問題，但莉莉安娜在銀荊花街六百五十八號並不孤單。在樓上，就在她的公寓上方，住著艾瓦雷茲一家人，而在平日，他們的家庭幫傭睡在用來當作儲藏區的房間。一個男人要如何在這樣的條件下謀殺一個女孩，同時卻沒有任何人聽到任何聲音？

儘管如此，六月不是糟糕的一個月。根據費南多．培瑞茲．維加所說，莉莉安娜當時已經減重了不少，而她以大都會自治大學學生的身分，首次捨棄了皮夾克、大件襯衫與寬褲。取而代之的是，她開始穿起洋裝。尤其是其中一件，有著粉色與藍色小花襯托著白底，她會搭配輕便的芭蕾平底鞋一起穿，那洋裝凸顯了她的腰線與肩膀，讓她看起來漂亮又十分苗條。她所做的一切都帶有某種新奇感。她走得更快，笑得更多。在三號筆記本裡，她草草寫下了碩士與博士學位課程的選項。就在六月中，她匆匆地寫下一張字條，而有趣的是，她將日期錯誤地標示為一九八六年。字跡參差不齊又奇形怪狀，以她平常的標準來說是巨大的，將方格筆記本橫著拿看的話分成兩欄。與她的許多其他字條不同的是，這一則難以破解。

160686

我依然是
喝醉的，我這樣寫
不是因為那個，而是
因為巴士讓我

我在寫給誰，
也許是給你，安赫爾（安赫爾，
兄弟）。或是給你，荷西．路易斯
（荷西．路易斯，一個新的夢想？），或是

左搖右晃（我正前往托盧卡）　給你，瑟吉歐（在感官的事上
我依然迷失在一團　如此地貼心）。
微妙的關注中。我不知道

今天我愛你們每一位。我愛你們全部。

荷西．路易斯？

目前為止，沒有任何一位莉莉安娜的朋友能夠幫助我們指認那兩個人：荷西．路易斯與瑟吉歐，他們在某個星期六下午和她在一起，就在她前往托盧卡不久前。字條心血來潮地被寫下，透露出莉莉安娜的亢奮。她有些微醺，對一系列她稱之為「微妙的關注」感到有些不知所措，衝擊強大到讓她忘記她的煩惱而甚至懷有新戀情對象的想法。在這封信中，安赫爾徹底背離了原本的角色，成為了一個兄弟，不再扮演戀愛或性伴侶的角色。難道這就是醉鬼與孩童，在最意想不到的時刻所吐出眾所皆知的真言嗎？難道這就是揭露了前所未有的心理距離的，那個眼色、那個裂痕、那個意料之外的逆轉嗎？儘管這個字條可能也是寫給安赫爾的，也因此無法完全將他排除在她的人生之外，但他的角色卻有了重大的改變。此刻他是家人。此刻他是位親戚。也許甚至是可憐的對象。也許這份感覺，將他重塑為一位兄

弟，正是安赫爾為了贏回她的心而突然加倍努力的背後原因，因為幾天後，在六月二十五日的字條上，莉莉安娜憤怒地且只用大寫字寫下，暴露了筆尖承受了全身重量的一句話：

一九九〇年六月二十五日

我搞不懂你，
我真的搞不懂你！
你這是又在假扮愛我嗎？
我不喜歡這樣！
現在你愛我，明天誰又知道？
真是個孬種的情況！

二十五
六月二五

幾頁之後，莉莉安娜用同一種墨水，雖然是以更加克制的筆觸，寫下了卡繆（Albert

Camus）曾用來安慰一位遭受背叛的女孩的一句話：

在最深寂的寒冬裡，我終於發現，我的內心藏著一個無法摧毀的夏天。

卡繆

難道她正在覺醒嗎？難道這一次，她找到了一個方法，來撫慰自己並勸說自己了嗎？她的寒冬終於結束了嗎？在筆記下方，像是某種銘文，莉莉安娜讓她的不安、她的語言、她心中的影像，順其自然地傾瀉而出：

而光將濃縮……
而它將融入我的一隻耳朵裡。
那道藍將進入我的嘴
我們將沐浴在它之中
它？
藍色不是個它，甚至不是她，或我們……
不是「我們」。

不。脂肪。脂肪能殺死脂肪嗎？

這合乎邏輯嗎？

腸胃是個大鍋嗎？

一個女巫的大鍋……鼻子上長疣的女巫。

在她內心的雲霄飛車上，她於六月二十八日寫下：

六月二十八日

我相當突然地意識到，我說「突然地」時總會說謊，因為這在我身上潛伏了很長一段時間：眼睛、場景、手、眼神、表情、是誰的想法都不重要。我不是在上週看見它那樣嗎？它在一個與另一個之中傳播著。我不是真的想要愛。反覆發生？六月。六月。六月。棒極的一九九〇年六月二十八日。六月。六月。六月。六月。六月。六月。六月。六月。六月。六月。

很難知道當時發生了什麼事。她又跟瑟吉歐或荷西・路易斯見面了嗎？她不過是滿心歡喜，想著前一週所發生的事情嗎？她與安赫爾正以「反覆發生」但稍微不同的新方式在一起嗎？無論如何，真相，破繭而出：曾經總是排除萬難站在愛的那一邊的女孩，此刻卻質疑自己的立場。正如她不久前寫給安娜的信中主張的，如果愛傷害了她，這份對愛的勉強，這句「我不是真的想要愛」，則直截了當地將她放在了對立面，或許是快樂與自由的那一面。另一種愛是有可能存在的。另一種為身體及欲望縫上褶邊的方式。隔天她收到了一份禮物——一張未署名的字條，以綠色墨水寫下，宣告著：「想不到吧。」引號及大寫字洩露了他的身分。「給非常特別的你。06—29—90。」那個字跡，甚至是用字遣詞，都顯然是安赫爾的。

或許那份對愛突然的質疑迫使她鼓起了勇氣。在七月初，莉莉安娜看似下定決心要靠自己處理問題。在她那段時間使用的記事本，一本方格紙與咖啡色塑膠封面的小筆記本裡，她一如既往地用整齊一致又優雅的字跡寫下：

一九九〇年七月九日，星期一

我想要那天是個好日子。我期待明天一切都迎刃而解。有很多事情要做而我怕我沒辦法完成它們……我害怕我的憤怒發作，我的脾氣。實作課點評。跨領域。紙。風數據……地圖集。實驗課研究。實驗課用紙。科技課點評。建設工作。上漆。裝設。準備科技課課程。畫草圖和俯視圖。

如果她的朋友們所說的話都可信，那天就是莉莉安娜終於和安赫爾分手的日子——永遠地。在字條中，她害怕自己的脾氣，但是她並不害怕他。如同她在一九八七年七月與安赫爾分手後寫給他的信中所寫，她願意承認安赫爾是個有攻擊性、壞脾氣的男人，甚至有點愚蠢，但他並非邪惡的人。她不知道，無從知道，反覆地聲明如此深愛她的、聲稱愛她勝過世上任何事物的安赫爾，有能力奪走她的生命。莉莉安娜尚未嗅到尾隨身後的危險所散發的惡臭。

不久後，七月十一日，莉莉安娜收到了一張小傳單，背面由鉛筆寫成且只有大寫字的簡短字條，傳單本身宣傳一系列墨西哥十六世紀宗教建築，昨日與今日（創世紀），建築師卡洛斯・里拉・瓦斯奎茲，六月十三日，星期三，十點。K－001。那個字條，由安赫爾署名，寫著：「**帶著給莉莉安娜的愛，七月十一日，九〇。**」

即使是此刻，我也不確定，那天她是否有在校園和他見面或是那張字條是否被留在她家，也許還伴隨了一份禮物。從信紙的選擇看來（可能是在學校大樓牆上找到的、看似隨機的一張紙），這個舉動肯定不是提前多早計劃的。由於訊息包含了**帶著愛**這幾個字，我想它是帶著別的東西一起送出的，或許是巧克力或絨毛玩具。或許是一些花。愛，致命而反覆，邪惡又殘暴，依然存在。

莉莉安娜人生的最後一個週末在銀荊花公寓度過，和璜・卡洛斯・西埃拉與馬諾洛・卡西亞斯一起，完成他們必須在七月十六日星期一一大早交出的專案。那是堂耗費心神的課，而他們都很清楚期末專案需要長時間仔細完成。七月十三日星期五早上，在等待亞歷杭德羅・米拉蒙特斯（Alejandro Miramontes）教授指導的科技課專題討論的期末專案修改期間，莉莉安娜抓到空檔，在四號筆記本上，用紫色墨水寫了以下：

一九九〇年，七月十三日

科技課點評前，從我的繪圖板後，看著你

溫柔的臉
孩子的臉
幾雙大眼睛
雀斑
蓬亂的髮
月色的髮
一雙巧手

要怎麼將這雙手與孩子
初次塗鴉的表情混為一談？
我可以說你的名字
我可以說今天我愛你
但兩者都會是謊言
你的名字，愛，會是謬誤。

名字會改變是因為愛會四處漂泊，我永遠不會視它為絕對。

我愛。
事物、名字、時間或空間都不重要。我愛。
我回頭看，而你依然在那。那個表情征服了我、困擾著我、充斥著我。月色的髮。

在等待期末專案評估時，莉莉安娜心不在焉地、看似興味索然地看著的那個人，究竟是誰？缺少代名詞讓這項任務尤其困難。有提及一個孩子，而即使如此，這個孩子也沒有性別。安娜是她唯一有雀斑的朋友。難道莉莉安娜充滿愛意地從遠處觀看的月色的髮，是她捲曲而蓬亂的頭髮嗎？是她的雙手，匆匆地掃過藍圖，讓她將它們和孩子的手混淆了嗎？我沒有確切的答案。我依然不知道那個人是誰，莉莉安娜在如此堅決地質疑過愛之後，此刻宣稱她愛的那個人。正如許多年前我們有過的一場爭執，在停在一個市場前上鎖的車內，莉莉安娜，毫不猶豫地，站在了愛的那一邊。然而事到如今，愛已經變樣了。如安娜所說，愛是她的死穴，卻也同時，是她的超能力。

莉莉安娜在這裡，就如她還是個孩子開始，訴說著一種完全自由的愛。不是將情侶束縛在一起的自私的愛，而是一種如此壯麗，如此絕對，不對任何人，不對任何事低頭的愛。一種隨心所欲地將自身與物質世界束縛並釋放的、反覆無常、變化莫測的愛，這就是莉莉安娜的愛。

然而，有些事情不對勁。或者說有什麼突然改變了她，因為在十四號星期六早上，莉莉安娜寫下了關於她不讓自己倒下的決心，關於她讓自己重新站起來的能力。或許她對於愛的訓誡，她對在身心之間自由移動的愛的堅持，是出於自私的愛試圖再次強加她身上的壓力。就是在那時她第一次，也只是以拐彎抹角的方式提起了，對她生命的威脅。

除了傳統墨西哥歌曲，莉莉安娜也聽西班牙語搖滾樂，那是由諸如查理·加西亞（Charly García）與Nacha Pop的阿根廷和西班牙樂團領頭的新潮流，以及新民歌運動（Nueva canción，即New Song Movement），其中她顯然偏愛古巴歌手西爾維奧·羅德里格斯（Silvio

Rodríguez）與阿毛里．佩雷斯（Amaury Pérez）。她也喜歡強大堅毅的女性表演者，而尤潔妮亞．里昂很快地成為了她最喜歡的一位。一九八六年，里昂發行了《再次》（*Otra vez*），那是一張結合傳統曲調與新興作曲的專輯，普遍被視為拉丁民謠或世界音樂。犯罪發生的前一晚，莉莉安娜聆聽並抄寫了由佩佩．埃洛薩（Pepe Elorza）所作的一首情歌〈Don't You Go〉的其中一段歌詞。雖然在歌詞裡，歌手懇求愛人不要拋棄她，對不放手堅定不移，然而莉莉安娜選擇強調的三句歌詞中，孤苦伶仃的愛人暗示了生命威脅的存在。

一九九〇年七月十四日

我剛起床。

我起床時覺得緊張、傷心……但我思考並對自己反覆地說我不能讓自己倒下……我不能，為了我也為了你……天你所說的話傷害了我，你不能就那樣離開我……我不會允許的。

「說任何你想說的吧
我已經是你人生的一部分，
而你無法嘗試對抗自己。」
（真是首好歌，對吧？）

就像歌曲中的尤潔妮亞．里昂，莉莉安娜難以相信一個愛人可以奪走她的生命。畢竟，難道她不是他生命中不可動搖的那部分，而任何對她的威脅，也應必然是對他自身的威脅嗎？這個邏輯無可挑剔；她以黑暗的反諷為這份抄寫文字作結，而不是真心地評論這首歌的好。瑞秋．路易斯．斯奈德令人信服地論證，那些收到宣稱深愛她們的男人的死亡威脅的女人們，被不合理地要求去顛覆自己的認知。承認威脅的現實，需要從根本上質疑打從一開始就使之成為可能的敘事。難道莉莉安娜終於來到那個階段了嗎？真是首好歌，對吧？莉莉安娜以辛酸的自嘲手法寫下，深深明白她的理智終將無法接受的情形。真是個聰明又尖刻的小妞。

那天是星期六，莉莉安娜星期五晚上與馬諾洛一起在銀荊花公寓趕工。儘管他們知道必須專注在專案上，他們偶爾確實分心了。這是我的想法：馬諾洛感覺到安赫爾正試圖再一次接近莉莉安娜，並且想要莉莉安娜向他保證，這一次，她會選擇他。這次事情會不一樣。否則。莉莉安娜面臨雙方的壓力，兩方的男人都宣稱瘋狂地愛著她。晚上，璜．卡洛斯．西埃拉邀請他們參加位在北邊中產階級社區埃切加雷（Echegaray）的派對，他們欣然答應了。他們覺得，那是在星期天即將到來的最後衝刺前放鬆的好方法。他們玩了一下，喝了幾杯啤酒，提早離開了派對。大約晚上十點，馬諾洛送莉莉安娜回家。當她在七月十五日早上十點三十分醒來時，莉莉安娜寫下：

一九九〇年七月十五日，早上十點三十分

我多麼希望我們不再是冰上仙子！

陪伴的渴求是如此之多。

那個星期天，璜・卡洛斯因為太累而沒有來到銀荊花公寓。馬諾洛提早抵達，他們馬上開始趕工。他們做專案時一邊聊天並時不時地開玩笑。他們打開卡帶播放器，一遍又一遍地聽著〈The City of Fury〉。或許他們還暢飲了一些啤酒。天黑以後，大約晚上十點，馬諾洛告訴莉莉安娜，他們得停下來。他對於他們完成了專案感到滿意。他們可以改善一兩個地方，但是主要的內容都做完了。留下來，莉莉安娜提議。我們明天早上一起提早離開。馬諾洛猶豫了。她現在要和他定下來了嗎？還是這只是她因為寂寞而發出的那種邀請？我沒辦法，莉莉，他說。我答應我媽今晚會回家。莉莉安娜看起來很失望但沒有堅持下去。她看起來很累，身心俱疲，而即便當時，當馬諾洛靠近她親吻道別時，他也覺得她很美。不要難過，親愛的，他說。我明天會來接你，跟平常一樣的時間。我們會一起把這個東西帶到學校，然後就是學季的尾聲了。拭目以待吧。

很難確切知道，在那陰雨之夜的晚上十點，與安赫爾闖入她的空間時那依然朦朧的破曉時分之間，莉莉安娜做了些什麼。從書寫用的墨水來看，她可能在深夜時刻，當她還獨自一人時，抄寫了她正在閱讀的詩。她用了四號筆記本的一整張方格紙，逐字地抄寫下何塞．埃米利奧．帕切科（José Emilio Pacheco）所作的〈存在〉（Presencia），是首獻給詩人羅薩里奧．卡斯特利亞諾斯（Rosario Castellanos）的詩，她居住德黑蘭時因試圖點燈而意外身亡。此外，在隔一頁，她抄寫了一段喬叟的詩，以及何塞．埃米利奧．帕切科的〈光與寂靜〉（*Luz y silencio*），出自《夜之元素》（*Los elementos de la noche*）。

存在

——致敬羅薩里奧．卡斯特利亞諾斯

當我死去之後，我還會留下什麼，
除了這把毫髮無傷的痛苦之鑰，
和這些隻字片語，記錄著白晝
留下了凶影的餘燼？

當那最後的匕首刺向我胸膛，
我還會留下什麼？或許屬於我的
是那喪禮般空洞的黑夜，
又驟然重返化作明媚的春日。

信仰與愛戀的苦役與遺憾
都將不復留存。浩瀚的時光，
宛如海洋與荒漠，
終將從紛亂的沙粒中抹去
救贖與束縛我的一切。
但只要有人活著，我將未曾沉睡。

（何塞·埃米利奧·帕切科）

當我躺在床上睡得深沉卻又
清醒
安眠本屬於我，我卻因無法入眠

而渾然未覺，因世上無人
（我如此猜想）比我
更飽受苦痛，因我無病亦無痛

（喬叟）

他們告訴我，你失去的一切，都屬於你。
然而回憶無一證實，此話為真。

他們聲稱，你摧毀的一切，讓你遍體鱗傷。
留下的疤痕，連遺忘也無法洗淨。

他們宣判，你所愛的一切，都已死去。
因為陰影之下，有些事物永遠結束了。

他們重複，你相信的一切，皆是虛妄。
在墜落的話語之間，你的歲月從此開始。

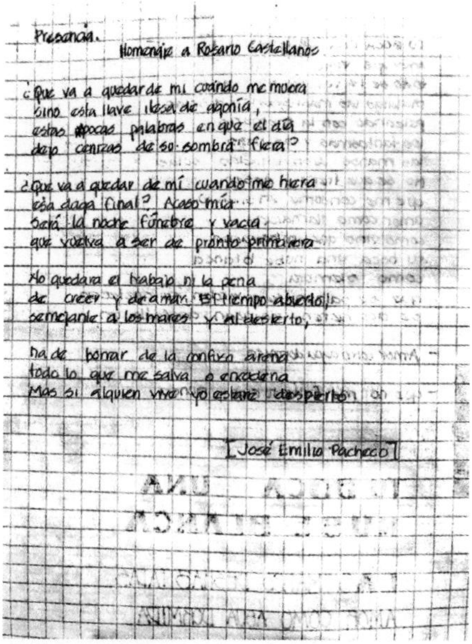

Presancia.
Homenaje a Rosario Castellanos

¿Qué va a quedar de mí cuando me muera
sino esta llave ilesa de agonía,
estas pocas palabras en que el día
dejó cenizas de su sombra fiera?

¿Qué va a quedar de mí cuando me hiera
esa daga final? Acaso mía
será la noche fúnebre y vacía
que vuelva a ser de pronto primavera

No quedará el trabajo ni la pena
de creer y de amar. El tiempo abierto,
semejante a los mares y al desierto,

ha de borrar de la confusa arena
todo lo que me salva o encadena.
Mas si alguien vive yo estaré despierto.

[José Emilio Pacheco]

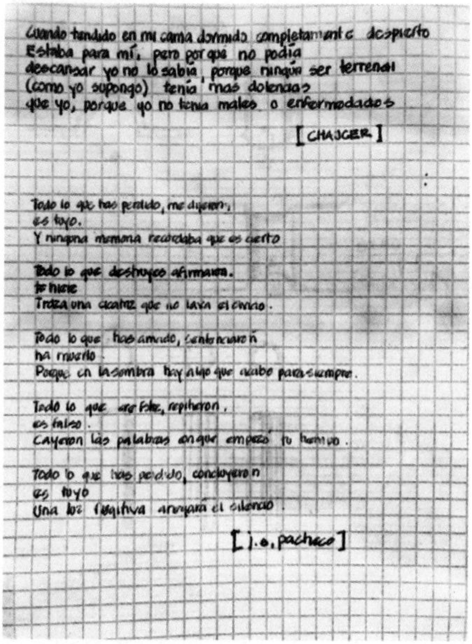

Cuando tendido en mi cama dormido completamente despierto
Estaba para mí, pero porqué no podía
descansar yo no lo sabía, porque ningún ser terrenal
(como yo supongo) tenía más dolencias
que yo, porque yo no tenía males o enfermedades

[CHAUCER]

Todo lo que has perdido, me dijeron,
es tuyo.
Y ninguna memoria recordaba que es cierto

Todo lo que destruyes afirmaría.
[illegible]
Traza una cicatriz que no lava el olvido.

Todo lo que has amado, sentenciaron
ha muerto.
Porque en la sombra hay algo que acabó para siempre.

Todo lo que eres falso, repitieron,
es falso.
Cayeron las palabras con que empezó tu himno.

Todo lo que has perdido, concluyeron
es tuyo
Una luz fugitiva armará el silencio.

[J.E. pacheco]

他們總結，你失去的一切，都屬於你。
一道倏忽的光，將淹沒那片寂靜。

（J·E·帕切科）

鑑識報告證實她官方的死亡時間，是一九九〇年七月十六日上午五點。當時我的父母正在一架小飛機上跨越著北海。

咆哮的暴風雨搖晃機身，而我的母親徹夜未眠。

IX

一樁令人費解的犯罪
An Obscure Crime

「如果你摘起一朵花，如果你搶奪一只手提包，
如果你占有一個女人，如果你洗劫一座倉庫，
蹂躪一片鄉野，或占領一座城池，你就是**掠奪者**。
你正在**掠奪**。在古希臘語中，有個動詞是如此表達，
傳到拉丁語便是*rapio*，*rapere*，*raptus sum*，
到了英語衍生出rapture（狂喜）與 rape（強暴）——這些詞彙，
沾染著少女的初血，死去城池的殘紅，世界末日的歇斯底里。
有時候我想，語言在開口之際，應蒙上自己的雙眼。」

安・卡森（Anne Carson），《特洛伊的諾瑪・珍・貝克》
（*Norma Jeane Baker of Troy*）

調查結果

那天下雨。馬諾洛七點十分抵達莉莉安娜家，正如他答應過的。他很早起床，洗澡，梳理那頭凌亂的濃密長髮，偶爾露出他小時候有的淡紅色調。他甚至有時間吃了頓豐盛的早餐。當他坐進父親送給他的紅色普利茅斯梭魚車時，他只想著，如釋重負地，學季差不多到尾聲了。上週末完成最後那項專案並不容易，但他很滿足。他甚至覺得驕傲，準備好面對發生在他身上的任何事。準備好面對未來。他在莉莉安娜家門前停車時，腦中播放著奧斯卡．查韋斯（Óscar Chávez）的歌。真肉麻，他斥責自己。接著他笑了。那就是她會說的話：真肉麻。他敲了入口大門，巴西莉雅（Basilia）前來應門，莉莉安娜曾介紹這位嬌小的年輕女子是艾瓦雷茲家新來的家庭幫傭。早安，她說。他走過庭院打開了莉莉安娜的公寓大門，門是關起的但並未鎖上。他沒有看到她起床走動，於是他從客廳叫了她的名字。他們得出發了。他們得交出專案而他們最好準時。房間的另一頭，在原本應該是飯廳的空間裡，攤著莉莉安娜的床，在那上面，被子之下，他可以看出她身體的輪廓。其他一切似乎都很正常。毫無一物井然有序，但也沒有雜亂無章。隨著時間過去，他已經熟悉莉莉安娜混亂的規則，而且心知他們前一晚工作到很晚，他想她沒有時間收拾東西。動作快，親愛的，他說。時間不早了，當她沒有反應時他堅持地說。他環顧廚房並看見一切都如前一晚一樣。她的毫無回應讓他感到奇怪。他靠近她的床。慢慢地。這是個玩笑。也許是她的其中一個惡作劇，她為了讓大家大笑而做的那種小把戲。他覺得很奇怪，她的整個身體，包含她的頭，都埋在格紋被子下。莉莉，他又說了一次，同時掀開她臉上的被子，準備迎接她跟他打招呼時肯定會發出的笑聲。我騙到你了，她會這麼說。

莉莉安娜的雙眼是閉上的。她的嘴巴微張。她躺在她的左手臂上，而她凌亂的頭髮，蓋住了她的半邊臉。她看起來熟睡著，但她的毫無反應有些不尋常。莉莉，他又說了一次。當他把被子繼續往下拉，他發現她衣著完整，她穿著牛仔褲而且襯衫是扣好的。然而，她沒有反應。出於直覺，他用手輕輕掃過她的臉頰，一陣令人難以忍受的冰冷，一種他此生從未感受過的冰冷，緊緊咬住了他的指尖，在一瞬間，擴散到他體內的每一個細胞。突如其來的絕望沿著他的脊椎下墜。他大叫。他尖叫。他喊著她的名字並大聲呼救。很快地，荷西・曼努爾・艾瓦雷茲和巴西莉雅都來到了他身後，在他身旁，他們沉重的鼻息在他的脖子上。莉莉安娜有點不對勁。他們面面相覷。他們看向她。莉莉安娜死了，他不加思索地說。絲毫不明白他剛才說了什麼。他們不敢碰她的身體，只是站在那裡，面朝下看著，在床邊動彈不得。屋主慌忙地跑到樓上打電話叫救護車。莉莉安娜死了，馬諾洛在床墊尾端喃喃自語。難以置信。徹底地僵住了。莉莉，他又說了一次，在她前方蹲下。接著他注意到她脖子周圍的痕跡，以及臉上兩處瘀青。她發紫的雙唇。

在那之後一切都發生得非常快速。救護車抵達了。馬諾洛無法分辨護理師是試圖讓她復活，還是他們是克制不去證實他的判斷。還有其他的通話，這次是打電話給警察。很快地警察與鑑識專家抵達了。你是誰？他們問他。大學同學，他說。我當時正要接她去學校。大學同學？他們回以冷笑。當警探在房間內四處窺探時，他到樓上借用了電話，試著聯絡他的表哥費南多・卡西亞斯，他是名律師。唐突地、倉促地，他告訴他發生了什麼事。你是最後一個見到她活著的人嗎？他問。看起來是這樣。而且你是發現她已無生命跡象的人嗎？是的，他說。你麻煩大了，他下了結語。在我抵達之前不要回答任何問題。在離開之前，律師聯絡了安娜・歐卡迪茲。發生了一些事，他告訴她。你得立刻趕去莉莉安娜的公寓。同時間，馬諾洛聯絡了安荷爾・羅培茲。他盡可能地簡述了事實並請他也馬上趕來。幾分鐘後，在學校，安荷爾・羅培茲抓住了赫拉多・納瓦羅的手肘並把他從其他學生邊拉到一旁。你知道嗎？他說。莉莉安娜被殺了。你在開玩笑，他回應。不，我沒有在開玩笑。我們走吧。他們剛好在出去時遇到了璜・卡洛斯・西埃拉，在聽完事情經過後，他開了另一輛車跟在他們後面。

警察在銀荊花六百五十八號內與街上展開了審問。鄰居舉報他們曾看見一名金髮藍眼的矮壯年輕男子在晚上徘徊於街口。他們之前在街區看過同一位男子，有時候在車上等待莉莉安娜或是騎著非常顯眼的機車呼嘯而過。馬諾洛告訴調查員那名男子的名字是安赫爾。她的男友嗎？不是，不完全是，他猶豫了一下。她不想要再見到他了。你確定嗎？馬諾洛開始在腦中整理頭緒，不讓人知道內情：或許安赫爾整個週末都徘徊在莉莉安娜家附近並看到他們自星期五前來又離開，卻無法看穿保護他們避開安赫爾視線的公寓牆後發生了什麼事。或許他監視他們，而他們的親密激怒了他。深信莉莉安娜屬於他，也只能屬於他的安赫爾，還能做什麼呢？除了在她家外面耐心等候，確保她獨自一人且脆弱時藉機攻擊她以外，施暴者還會做什麼呢？

馬諾洛的思緒疾速奔馳。想法匆匆湧現，有時以同心圓，有時以逆向動作，有時駛向消失點，讓他喘不過氣。或許在星期六他們前往派對時安赫爾跟蹤了他們。或許安赫爾在星期天看見他早上十點半後進去了莉莉安娜的公寓，而直到晚上十點才看見他離開，並且想像他們躺在一起，雙腿交纏。萬一發生在莉莉安娜身上的事是他的錯呢？他心想。萬一他才是安赫爾嫉妒與恨意的來源呢？這些想法讓馬諾洛不知所措，他聽聞安赫爾付了三千披索，給街區上的幾名他隨時間過去變熟的癮君子，要他們告知他莉莉安娜每天的行蹤以交換毒品。他在掌握她的行蹤，馬諾洛喃喃自語，感覺到手腕上跳動的脈搏。晚上，破曉不久前，他無意間聽到另一名證人說，安赫爾發現通往莉莉安娜家的大門上鎖，並且要求其中一個毒蟲幫助他爬過入口的牆，而那也不是特別地高，他還命令他們用手做出一個支撐點。馬諾洛轉身看見那片多雲的早晨天空，還有街道：儘管安赫爾住在遙遠的托盧卡，他還是得以監視著她。

脈搏再次跳動了，在他的手腕、太陽穴、耳膜。

當安娜抵達時，莉莉的房子已不再是個家，而是個犯罪現場。她證實了符合證人陳述的名字是安赫爾·岡薩雷茲·拉莫斯。她淺色的捲髮四散，眼神中帶有深沉的傷痛。她想要盡快見到莉莉安娜，抱抱她，證明自己並沒有永遠地失去她。不可能，她不斷地重複。這是真的嗎？這是事實嗎？即使是此刻，她也願意相信，這一切不過是惡作劇，或者，頂多是複雜的一場誤會。你又是誰？他們問。她雙眼注視著他們，重新控制顫抖的嘴唇與聲音。我是她的朋友。我是莉莉安娜最好的朋友。我是她的。當他們要她在庭院等待的同時，安娜偶然聽到，在破曉不久前，安赫爾從對街房子的醉漢借了支掃把打開了大門鎖。一進到庭院，他小心翼翼地移開了玻璃板、好從內側打開莉莉安娜的公寓大門。你認識他嗎？警察問。認識，她說。你可以向我們描述一下他嗎？他們繼續問。我有張照片放在家裡，她說。如果那能幫上忙的話。

當赫拉多抵達時，他不可置信地、渾身是汗地，口渴難耐又滿是恐懼，聽說了借給安赫爾掃把的對街鄰居。如果那位鄰居當時是睡著的，這一切就不會發生了，他心想。沒有人注意到赫拉多，因此他進到了莉莉安娜尚未被封鎖起來的公寓，一點一點地走。莉莉安娜在床墊上，就像馬諾洛發現她的那樣，衣衫完整。穿著網球鞋，綁著鞋帶。乍看之下她臉上沒有瘀青，不過隱約的紫色調蔓延在她的肌膚上。接著，赫拉多更加仔細地看著她，注意到她襯衫的其中一顆扣子解開了，而她的褲子拉鍊是半拉開的。她臀部周圍的汗漬顯示莉莉安娜失禁了。除此之外一切都正常。那是莉莉安娜的房間，原封不動。他清楚地記得，因為他花了無數小時在那裡，工作、慶祝。我第一次喝醉就是在這裡，他心想。接著，就在那瞬間，他潸然淚下。

馬諾洛成了犯罪主要嫌疑人而被帶到警察局接受進一步的訊問。同時，握有安赫爾相關資訊的調查員拿走了安娜與他們分享的照片，並請她陪同他們前往托盧卡，到她和莉莉安娜曾造訪過的皮諾・蘇亞雷斯大道二〇〇六號。一名中年女人開了金屬大門。然而當他們詢問起安赫爾時，她告訴他們她最近都沒有看見他。安娜瞥見了安赫爾那時開的黑色轎車，抬頭看向那多戶型公寓的屋頂。幾天後，她得知其中一名鄰居聲稱安赫爾在警車快抵達時從屋頂逃走了。他措手不及，沒有料到莉莉安娜的朋友們會在一大早就發現她，就在他離開後僅僅幾小時。他沒有想到，往往怠慢又腐敗的警察，會如此迅速地找到他。

當《報刊》記者托馬斯・羅哈斯・馬德里抵達銀荊花街六百五十八號時，還是大清早。極度纖瘦、又是行業中佼佼者的他，毫無畏懼地觀察犯罪現場。他一生中看盡腥風血雨、凶殘的憤怒、斬首的屍體。儘管如此，一名女孩，一名大學生被謀殺的新聞，是有潛力的。然而這名女孩衣衫完整，而且房子也整齊有序。不夠戲劇性，他自言自語。他聽著警察訊問並提出他自己的問題，仔細注意回答。由於指認遺體需要一位親屬在場，安荷爾・羅培茲帶著一群人踏上前往托盧卡的旅程，去通知莉莉安娜的父母。他們安靜地開著車，只有在問路時才打破沉默。他們因一陣寂靜的恍惚在座位上保持不動，內心凍結，無法發出任何聲音或想法。風景不過是他們穿越的一個消失點。自我吞噬的地平線。我們到了，安荷爾・羅培茲熄火時說，然而所有人依然毫無動靜，對下一步猶豫不決。我們去敲他們的門吧，他說，實事求是地，好像他的雙手沒有在顫抖似的。起初，他們輕輕地敲門，但由於無人前來應門，他們加強了呼叫的強度和韻律。里維拉女士，他呼喊，心想這時候母親更有可能在家。你在找誰？對街一位鄰居問他們。你們是誰？我們是莉莉安娜的大學朋友，他們說。我們必須跟她的父母談談。為什麼？她問，滿臉懷疑地。發生了可怕的事，他們說。她將鑰匙交給他們，並和他們一起進到了屋內尋找一組電話號碼、一個地址，任何可以幫助他們聯繫莉莉安娜父母的東西。他們拚命地找遍了客廳及廚房，試圖找到記事本。他們翻了翻散落在餐桌上的字條，也讀了電話旁的雜事清單。他們一無所獲。我的通訊錄裡可能有一組電話號碼，鄰居最後緊張地說，正當他們準備放棄的時候。不是他們的電話，她解釋，但它也許能幫助我們找到他們。她撥打了號碼並等待著；而直到那時，聽著電話鈴聲時，她才意識到眼前艱巨的任務。她的唾液在她舌下打旋，一瞬間苦澀起來。她聯絡上莉莉安娜的阿姨，一位住在塔毛利帕斯州，她在近期某次拜訪見過的女人。我有一個糟糕透頂的消息，她說。直到那時莉莉安娜的朋友們才回去墨西哥城。他們心力交瘁。他們愈是去想他們正在做的事情，一切就感覺愈不真實。他們的腎上腺素已經耗盡，而他們被留在原地，就像是一輛老車座位上裝滿厚重襪子的粗麻布袋，駛回墨西哥城。他們毫無間斷地抽菸，與此同時只有引擎的低語陪伴著他們。她的姊姊不是住在休士頓嗎？其中一個人問。是的，他們都想起來了，就在他們經過拉馬克薩斯國家公園（Marquesa National Park）那片陰鬱的松林時。

奧爾本斯路一七〇三號

那個時辰令人困惑。對於夏天的午後來說太暗，但對於晚上來說又太亮。漆成白色木頭上碰撞的指節。一次，又再一次。那個行為的陌生感：敲門。沒有人會毫無預警地那樣做，在美國不會。沒有人會不請自來地出現在位於死巷盡頭、矮小大樓的一樓公寓門前。除了耶和華見證人以及在耶誕節販賣餅乾的女童軍以外沒有人這樣。透過門上極小的貓眼，可以看到兩名黑直髮的女人東張西望。焦躁不安。她們的雙眼，迷失方向。前臂上掛著昂貴的皮包。你是莉莉安娜·里維拉·加爾薩的家屬嗎？第一個問題，以西班牙文膽怯地說出，暗示了一件意想不到的事。那兩個女人在休士頓的墨西哥領事館工作。她們的名字和職稱迷失在破碎的句子與偷偷退縮到頭骨深處的眼神中。我們非常遺憾，她們說。她們看向下方，看向彼此，試著決定誰將說出下一個句子。發生了一場意外。伴隨不完整真相的沉默。繼續下去的無力。不，她不在醫院。那是。她們輕聲地說。致命的。她們沒有更多資訊。在這個七月午後她們唯一的任務是：通知任何人可以找到的唯一家屬。我們的任務是向你提供最新資訊。是知會你。

某人必須輸入七位數號碼撥打出第一通電話。某人必須說出那些話語，戰戰兢兢地。某人觀察電話底座與手持話筒之間電話線的張力。兩者之間的緊密距離。某人必須傳遞這個消息，而那，也因此，將從另一端的手持話筒浮現。某人掛上電話。某人將幾樣東西放入登機箱並等待。走向大門。發動引擎。某人在航空公司櫃檯購買機票，提供個人資訊，移民文件，以及確認因潦草寫下而緊張且幾乎難以辨認的簽名。某人坐在登機門旁孤單座位的邊緣，而在一會兒後，坐在飛機的走道座位上。雙膝彎曲而併攏。雙手放在大腿上。某人走路。某人快速且唐突地推開試圖抓住她手肘的手。直視前方。望向窗外並想著，我曾經全心愛著墨西哥城。某人閉上她的雙眼。我希望她擁有過偉大的愛，某人喃喃地，以英文自言自語。某人突然間睜開雙眼。手中的僵硬感。咬緊的牙關。接受有如鞭打，沿著背脊而下：瞬間地明白，立刻知曉一切，一丁點懷疑也沒有。有時候意識就是這麼一回事。某人理清頭緒。某人想了起來，她的雙眼。莉莉安娜憂慮的雙眼。照片中那灑遍她微微捲起頭髮的冬陽，還有她倚著窗邊的臉上，或是她模糊的面孔上，金框眼鏡後的那雙大眼。不願相信。無地自容。那個當務之急。她的雙眼，我妹妹的雙眼，以及噴射引擎。空服員的飛速步伐。與無數乘客一同吸入又吐出、不新鮮的空氣。

認領遺體

七月十六日，星期一傍晚五點，我們的表親艾米里奧．赫南德茲．加爾薩收到了消息。他哥哥的律師朋友，里卡多．埃雷拉與奧斯卡．德洛斯雷耶斯，試圖在餐館趕上他，但等到他們抵達時，餐館已經打烊了，所以他們直接前往他們再熟悉不過的聖羅倫索阿科皮爾科的家。他一從遠處認出他們的臉，就知道發生了嚴重的事情。里卡多擁抱他並說：我有些壞消息。他感覺一陣麻木迅速地竄上他的脖子，讓他僵在原地。接著，彷彿那聲音來自另一個世界，他設法理解，由於他是唯一可取得聯繫的近親，他必須前往阿斯卡波察爾科去指認遺體。他的哥哥在密巧肯，但人已經在返家路上。

他的朋友直接將他帶往已經拉起封鎖線的銀荊花街，然而莉莉安娜的遺體早已被帶到法醫服務處（SEMEFO），那是保存死於可疑或暴力情況下受害者遺體的政府機關。

當里卡多和奧斯卡在處理文書時，他不加思索地走到了大樓的深處。真是個冰冷的地方。他的鞋子在滿是水的地板上打滑，那裡經常有遺體拖行於地上，無人認領。一直到凌晨一點，他才能見到她。那個曾趁他在公園椅子上睡著時拍照並捧腹大笑叫醒他的女孩。那個經常和他一起去看電影的女孩，一起縱情於他們共同痴迷的事物。那個人，在某一天他們走路時將手掛在他脖子上，只為了耳語，半認真、半開玩笑地說，你是我最喜歡的表哥。他的表妹。她全身赤裸，眾多遺體的其中之一，然而死亡時也如她生前般美麗。他是否看得出，在她闔上的雙眼後，她正安息、終於平靜了？他在她的臉上察覺不出一絲艱苦或恐懼。沒有渴望。沒有掙扎。他擔心政府機關人盡皆知的疏忽，或是惡劣對待，便在她身旁等待，眼睛絲毫不離開她。他的表妹。他看著長大的那個人。許多年前，他曾為她寫了一封信，而他確信她還將它保存在某處。當他詢問警察發生了什麼事，他們漫不經心地用最無修飾的措辭描述經過，告訴他凶手用一個抱枕蓋住她的臉悶死了她。誰可以對一個女孩做出那種事？他們說。哪種事？他問。先殺了她再強暴她，他們說。遮住口鼻的的員工哼著歌，在他們之間摸著無助遺體的四肢。他的表妹。

七月十七日，星期二下午兩點，艾米里奧認領了莉莉安娜的遺體。或許是更早一點。或許甚至晚了幾小時。他既沒吃飯也沒睡覺，但是他必須繼續下去。他穿著前一天的襯衫與褲子，汗水的味道與悲傷的氣息在他的腋下和鼠蹊部交融。多虧了停屍間有名祕書借他使用她的辦公室電話，他才得知阿里斯特奧叔叔（Uncle Aristeo）正要從波布拉多（El Poblado）抵達托盧卡，而他自己家裡的一些人，包含他的父親，也已經上了台老舊不堪的車子從坦皮科開來。一個同樣來自托盧卡的家族老鄰居，拉斐爾．魯伊斯．培瑞特（Rafael Ruiz Perete），及時趕到雇用了靈車，將莉莉安娜帶往位於火山腳的墓園，我們母親多年前購入的家族靈位，她絲毫沒想到，甚至沒想像過，她最年輕、年紀最小的女兒，會是第一個長眠於此的人。

你想見她嗎？

某人在機場人海中慢慢靠近。某人擁抱她，他沉重的下巴深陷她脖子與肩膀之間的空洞。某人正在說話。閉上了嘴。透過閘門以及肉體、距離、甚至更多聲響形成的敲擊聲，過濾而出的聲音。要辨認從半張的嘴躍出的話語是不可能的。牙齒從動不停的嘴唇探出，然而伴隨這些話語的聲音得花上很長的時間才能在空氣中成形。參雜訊號干擾的電視頻道。白噪音。某人安靜下來，痲木不仁。某人害怕聽到答案而拒絕提問。某人肩膀向前弓起了背並雙手交錯觸碰她的手肘。某人說：我們往這邊走。某人看著地板，機場磨損不堪的大理石地板，並且順從。我們離開這裡吧。透著車窗的黑夜。走憲法制定人大道（Constituyentes Avenue）離開墨西哥城並驅車開往托盧卡。很快地，城市被拋在身後，而山中稀疏的小村莊逐漸浮現。一會兒後，松樹與歐亞梅爾冷杉蜂擁而來。然後像是魔法一般，我們已來到了高地。維斯基盧坎（Huixquilucan）。拉馬克薩斯。國家核子研究中心。聖馬特奧阿藤科（San Mateo Atenco）。托羅坎大道高速公路（Paseo Tollocan freeway）。我們走過了這條由街燈與交通號誌照亮的道路多少次？柳樹的枝條小心地輕拂著道路緣側。那些垂柳，你還記得嗎？你多麼喜歡的柳樹。高掛在上的：黑夜中色彩斑駁的雲。雨的應許即是夏天的應許。

那裡有一間辦公室。門打開了。生鏽的金屬門，曾一度是暗金色。在那扇門後是低天花板的陰暗房間，延伸成許多其他房間。那個空間散發著霉味，來自堅固而無用的儀器，與容納的時間之臭味。接著，突然間，出現了那股香味。未知的東西，尚無正確名字的東西，撲鼻而來，且猛然地，未經許可亦未給予解釋地，強行通過了鼻孔，以十足的動力與敏捷，到達了嗅覺黏膜，結果卻只是穿越了微小孔洞直上前腦中的嗅球。這整個過程要花上多少時間？邊緣系統。下視丘。大腦皮質，顳葉與額葉。我們所說的意識。我們所說的：理解。穿越了大腦、神經系統、情緒轉動的化學探針。一切都處於警戒狀態。你想見她嗎？

某人那麼問我。

你想見她嗎？

一九九〇年，七月十七日，星期二，《報刊》

托馬斯．羅哈斯．馬德里立刻知道這則報導屬於他的報紙頭版。他負責《報刊》的犯罪新聞報導已經好一陣子，要讓他感動或驚嚇並不容易，但是親眼看見那女孩在那裡，孤零零的，在地板的床墊上，卻讓他心裡發寒。大學生不會在墨西哥城被謀殺的。還不會。他提早抵達犯罪現場，冷靜地，仔細地，搜集他報導所需的素材。他有條有理地完成，不放過任何蛛絲馬跡。他時間管理得非常有效，甚至在決定新聞標題前還有空吃掉半個三明治並喝完兩瓶汽水。那是一樁令人髮指的罪行，這點千真萬確，但是他需要一個吸睛的標題。如果那是情殺，為什麼房間內的東西都原封不動呢？沒有一灘灘的血。沒有塗抹血跡的牆面。如果凶手在深夜經由一名鄰居的幫助闖入了女孩的家，那麼為什麼在那大小不大，聲音可以透過分隔牆傳送的樓房內，沒有任何人聽見任何聲音？如果她被攻擊或性侵犯，為什麼她臨終時還衣衫完整？一樁令人費解的犯罪，就是那麼一回事。在名詞前的形容詞。一樁疑點重重的犯罪。報紙的編輯決定將頭條新聞給了前一天襲擊菲律賓的地震。然而，他和他一樣了解《報刊》的讀者，於是將羅哈斯的文章刊登在頭版的右下角：**遭勒斃的學生**。

令人費解的犯罪

一名年輕學生被發現在她的公寓遭勒斃

一名年輕的建築系學生被發現在她城市北邊租的小公寓遭勒斃殺害，而警察正——在其朋友群中找尋凶手。

二十歲的莉莉安娜·里維拉·加爾

薩，被發現於陳屍於其臥室，就在她位於阿斯卡波察爾科轄區邊陲，帕斯特羅斯社區裡，銀荊花街上的家。

這樁犯罪在早上八點被她的鄰居發現，他們並未看見她如往常時間離開而感到訝異。他們注意到通往公寓的主通道門是關上的，然而其中一扇窗戶被擊碎了。

房屋的主人荷西・曼努爾・艾瓦雷茲，同時也是大樓二樓的住戶，不斷地呼叫此年輕女性卻毫無回應，於是他趕緊決定致電警察。根據她的友人與鄰居，這位獨自居住且以打工支持學業的年輕女性，在當局進入房間時被發現身亡。

警局的醫學檢驗官表示，莉莉安娜・里維拉是被勒死的，而且極有可能也遭到侵犯。阿斯卡波察爾科總檢察長辦公室的地方轄區檢察官辦公室凶殺組警探，調查了犯罪現場，而尚未透露她房內是否有打鬥痕跡的相關訊息。

儘管這一切，根據驗屍官針對年輕學生死亡時間的評估，警方表示此犯罪發生於清晨時分。

鄰居無法解釋的是為何他們沒有聽見玻璃碎掉，或是被害年輕女性的尖叫聲——如果有的話。

公共檢察官辦事處探員在稍後抵達了犯罪現場，並要求專家縝密地追查房間內的指紋，來判斷年輕女性是否為性侵受害者。

莉莉安娜・里維拉深受鄰居好評，他們表示她品行優良，只會接待幾位朋友來訪。

嫌疑集中在她的朋友圈；前來銀荊花

街六百五十八號的其中一名警探表示，或許一位被拋棄的男友路過聊天並趁機殺了她。

這起年輕學生的謀殺案引起了不小的風波，因為阿斯卡波察爾科的這個區域相對平靜，經常有警察巡邏，然而此類事件在當地居民間造成了恐慌。

當局證實，此犯罪已經以案件40／913／990—07提交。

英國有好吃的玉米

費南多緊咬雙唇，非常緩慢地靠近諾瑪。過來，他說，我有事情要告訴你。他將手臂環繞她的肩膀繼續走，像是在保護她遠離無形的雨。她走了幾步後在半路上推開了他。時間在她的血管裡逆轉。校園中的樹瞬間改變了顏色。她再次看著他，一副她不認識眼前這位有著黑色眼睛與深色捲髮的高挺年輕男子似的。為什麼他離她這麼近？不可能，她說。莉莉安娜不可能那樣死去。莉莉安娜不可能死掉的，她改口說。她立刻開始漫遊在自己的回憶。她是否錯過了一些預示悲劇的徵兆？莉莉安娜的溫柔在她的眼前噴湧而出，她愛護她的各種方式。從她交給她那句卡繆引言的那天起，到她用愚蠢笑話逗她大笑的時刻。人們曾以為莉莉安娜很強硬，因為她很直接，而在關鍵時刻也不會隱藏她的想法。但是在她身邊，在那有著宗教背景而曾讀著《讀者文摘》的女孩身邊，她一直都很親切。莉莉安娜總是對她很溫柔，彷彿她將她變成自己的妹妹似的。不可能，費南多。就是不可能。她開始哭泣。她維持那樣大約一個多小時。難以置信。顫抖不止。

當恢復鎮定後，她想起來了，一點一點地，儘管莉莉安娜從未直接提及任何暴力或騷擾，她確實說過有這麼一個傢伙，來自她過去的傢伙，跟她有過一段歷史的人，一段關係：一個非常死纏爛打又固執己見、總是對她施壓要她和他復合的傢伙。曾有人如此地迷戀莉莉安娜嗎？覺得如果她不屬於他，也不能屬於任何人的那種人？是那樣嗎？許多流行歌涉及同樣的主題，所有那些莉莉安娜恨之入骨的歌。她回想起聽見安娜勸莉莉安娜應該離開安赫爾。然而，儘管她再怎麼想要深掘這些回憶，從記憶之霧浮現的卻非真相，而是莉莉安娜在她身邊的影像，談話著，大笑著，抬頭看著樹，玩耍著。

她的朋友，她的守護者。

在那之後不久，她的大學朋友開始規劃托盧卡之行。他們知道喪禮與下葬將在那裡舉行，在那片高地，而他們毫無疑問地都將出席。大都會自治大學核准了校車的使用，以及一名熟知莉莉安娜的教授與她的朋友群，還有建築師加百列・希梅內斯（Gabriel Jiménez），與他們一同前往。喪葬之行的沉默。有時候窗戶化作了時間隧道。諾瑪抬起膝蓋抵著前座，在外套下擁抱自己。莉莉安娜戴著她的小眼鏡站在玻璃的另一側，頭髮放下，穿著她的

Puma網球鞋。你與我，如此地天差地遠，是怎麼如此地契合？她們最後一次在校內碰面時莉莉安娜這麼問她。莉莉安娜正喝著黑咖啡，看起來是整個人癱在學生餐廳座位上，而不是端坐著。我得去繳交一份期末報告，諾瑪匆忙地告訴她。我得走了。但是莉莉安娜堅持要她留下。請你的朋友幫你交吧，她說。你跟他們一起不會更好玩的。於是諾瑪便留下來抽菸聊天。嘿，等這一切都結束了，我們要去讀碩士，對吧？她對莉莉安娜說，想起了她們先前碰面時所談過的。我們一畢業，就出發去英國，莉莉安娜回答，深信不疑地，舉起了她的塑膠杯。她們沉默了一陣子。我們要去英國讀碩士，她又說了一次，對她微笑。而諾瑪，此刻在一輛帶他們前往一座死火山山腳的難受巴士座椅上，也露出了笑容。莉莉安娜多麼輕易地就說服了她。莉莉在他們身上施了什麼樣的咒語，讓她總是為所欲為？夏日蔥鬱的道路讓她想起，莉莉安娜對大自然，對鄉村的氣息，有某種癖性。你在英國打算做什麼？她咕噥著。有好吃的玉米呀，她開玩笑地說。英國有好吃的玉米，諾瑪。你難道不知道嗎？

一九九〇年，七月十八日，星期三，《報刊》

搜索學生殺手有重大線索

莉莉安娜．里維拉．加爾薩最後一次被看到活著是星期天晚上十點左右；她在星期一早上被發現勒斃身亡，而在初步調查後，警方表示有重大線索讓他們能夠抓到凶手。

星期天這位正就讀第八學季的年輕建築系學生與一些朋友在一起，而晚上時，他們便離開讓她休息。

負責調查的司法警察的凶殺隊副局長貢薩洛．鮑德拉斯（Gonzalo Balderas），連同一群警探前往犯罪現場，檢查年輕女性遭殺害的房間。

有強烈懷疑星期天晚上犯下罪行的是一名前男友，出於恨意而決心將她除掉。然而，警方說這項假設仍需被證實。

聯邦地方檢察官辦公室的專家將於今天中午，針對這名不幸女子是否為被侵犯對象，以及她是被勒死或窒息而死，來發表意見。

對警探而言極其令人困惑的是，這名學生的鄰居在清晨時並沒有聽見尖叫聲或其他聲響。

另一項引起警方注意的細節，則是通往學生公寓門上的碎玻璃。

迫切地尋找一處角落

人。數不清的人。臉孔不斷地倍增。下垂的眼皮，高舉的雙臂，雙手，試著輕拂、觸碰、給予安慰。逃離這層層包圍是可能的嗎？瞬間消失是可能的嗎？某人尋找著一處角落。某人正迫切地尋找一處角落。一個顯著的邊角，所有物品的邊緣。倘若一瞬間毫無呼吸是可能的。某人詢問著文件，檔案櫃，家族紀錄系統。某人要求著簽名並將褪色的表格放在小小的寫字板上。某人提到了錢這個字。錢必不可少。這裡有些錢。多少錢？這些錢拿去吧。某人想要拿到電話號碼，一間航空公司的名字，一場國際研討會的名字。某人必須打幾通電話。電話必須被接聽。某人必須密切注意發生在她眼前的事情。某人必須表現得像是她知道發生了麼事，在哪裡，下一步。在遠處，窗戶的另一側，某人可以瞥向天空，布滿雲。捲積雲。積雨雲。而不遠處，黑色的靈車逐漸靠近，已令人厭倦，老舊輪胎在沒有盡頭的隊伍中緩緩地滾動著：車子、巴士、計程車。某人正在尋找一處角落。某人迫切地渴求一處角落。

他們很年輕。他們年輕地令人咋舌。他們年輕到多年來仍持續地青春煥發。這是他們的優勢，也是他們的悲劇。曬斑，乾燥的皮膚，乾裂的嘴唇，這些構成了衰老的跡象，訴說了我活著的象徵，消失在背道而馳時間的摧殘下。已然開始的未來，又再次開始。快轉。倒帶。快轉。他們依然不知道是什麼在喪禮的另一側等待著他們，當陪伴與不斷傾瀉而出的故事與擁抱來到盡頭的時候。當耳語停下的時候。還有眼淚。我們編織進由窗戶環繞房間角落的記憶迴圈，當它們變得支離破碎時，我們又會發生什麼事呢？某人看見了他們。當這極細薄膜，由話語及摩擦組成的黏液，在大庭廣眾之下孤單地融化於冷漠的陽光中，在廣闊的風面前時，又會發生什麼事呢？某人聽見了他們。當你必須離開這鏡之膠囊並回到另一個房間，而在那中央躺著的、如孤島般的，是她的棺木，將她與我們分離的棺木，屆時會發生什麼事呢？某人聞到了他們。感官作用發生時，其中的距離，這些感知自行啟動的距離，是唯一與記憶相合的事物。其餘皆是碎片。尖刺。一張嘴。一隻手。睫毛下方的麥粒腫。痘疤。溼潤的舌根。一顆斷裂的牙齒。眼瞼，緊閉。某人說：她是被愛的。某人說：墨西哥最棒的建築師。某人說：有時候我們會一起嚼食小花。某人說：這是不公不義。某人說：我會想念她的。而許多人保持沉默。毫無動靜。傷痕累累的雕像。

其餘，當守靈解散而黑暗籠罩世界時所留下的，是在一座五千公尺高的死火山頂峰守護下，這片沒有靈魂的空地。

宣言

而我們不願離去。

灰色的棺木降下，一股聲響宣告了那座墳墓最終永眠的底部。

在沉默之中，石頭尖叫著，混合了陪伴她直到生命最後痕跡的朋友之啜泣。

掘墓人的汗水滴到了棺材蓋上。他們在拋接戲法間，安置了一座又一座的墓碑，而碑石相互撞擊時發出的響音，在一片靜默之中格外引人注目。只有那三個男人匆忙地工作，他們是唯一趕時間的人，唯一想要完成工作的人。

見過她的行為，見過她的愛的眾人目光，圍繞著那個壕溝。他們眼神交會，正要陷入迷茫。其他人在那片沉默之中凝視著坑裡的黑暗；有些人別開眼神，甚至無法注視。他們的瞳孔浸淫於那逝去的感覺。

喪禮的祈禱再次讓人們淚如泉湧。那些字句就像鞭子，劃傷了心、也使淚管破裂。

幾分鐘過去了，而時間卻是永恆的。你只能感知到啜泣、嘆息，以及從火山呼嘯而來的風聲，向這美麗的人做最後的道別。我們是沉默的觀眾。

大地之母憤慨地迎接並收容了那位小女孩的遺骸後，再次恢復了原樣。她已然受納，藉此，她的歷史被封存了起來。

大地的身軀已藏起了她蹤影的最後痕跡。我們因此與她天人永隔。她的靈魂飄移在我們之中，安慰著在場的所有人。她一如往常地向我們打招呼並微笑，而我們就只是無法相信此事。不願承認此事。

一張色彩繽紛的花朵所製成的掛毯放置在那片土地上，象徵了她給予我們的愛。花朵也飽受悲傷的折磨，很快地便開始凋謝。為了平息花朵的苦痛，必須用水瓶倒出的簡易人造雨撫慰它們。

緊接著，她的朋友們向她說話，他們牽起手形成一個能量圈，唸著禱詞，提醒她，她依然存在。每一個人之間的交流都很真實，痛苦帶來的沉默形成了一個悲傷的存在，銘記在所有人的心中，過速的心跳擠壓著心臟，迴盪於那片發光的開闊天空。

而我們不願離去。

按照傳統，顯然我們的告別已來到了尾聲。那就像是標誌著儀式結尾的祝福，然而。然而所有的參加者都原地不動，沒有人願意向前一步。一片寂靜，不疾不徐。劃下結尾的無聲呼喚。

而我們不願離去。

克莉絲蒂娜，她的姊姊，喉頭帶著一個腫塊，向全體表達了一聲謝謝。我們不知道該如何是好。

而我們不願離去。

花朵悲傷地啜泣，但是它們清楚自己的榮幸：它們將成為她的庇護所。它們將一直在她身邊，一直。它們將在那片土地上陪伴她直到永恆。

他們逐一向克莉絲蒂娜道別。他們不知道該說些什麼。他們在她耳邊含糊地說了些話並試著用擁抱安慰她。那是他們唯一能做的事。

克莉絲蒂娜並沒有獨自被留下在那空間。在那一刻陪伴她的有太陽、微風、花朵，以及莉莉安娜的靈魂，她一起聊天、一起做計畫的人，始終如一。

難以抹滅的回憶將潛伏在我們心中。主所造的一個生靈現已消失，她贈與我們和一個特別的存在交談的機會，她是教導我們如此之多、點醒我們內心深處的問題，並教導我們愛護鄰居的一位非凡人物，也因此點亮了我們的人生道路。

安息吧。與此同時，我們知道你的靈魂將在活躍的燭火中與我們同在。直到我們也到達你所在之處。

我將這些話獻給這位最美麗之人的父母，他們以耐心、愛與智慧養育她；獻給她的兄弟姊妹，獻給她所愛的人，以及深深地愛著她的我們所有人，她的朋友們。

以此紀念

加百列·希梅內斯，一九九〇年，七月十八日

副本至：世上其餘地方。

一九九〇年，七月十九日，星期四，《報刊》

莉莉安娜喪禮的隔天，即使報導被移到報紙的內頁版面，托馬斯·羅哈斯·馬德里仍持續追蹤案件，向他的讀者保證警方已正式確認了凶手。儘管他們尚未公布凶手身分，警方相當樂觀。他們很快就會找到他。

殺害學生莉莉安娜·里維拉·加爾薩的凶手已確認

一批全副武裝的警探正在追捕殺害學生莉莉安娜·里維拉·加爾薩的凶手；據

聞凶手正藏匿於靠近首都的某一州。

經地方司法警察謀殺隊探員調查，導致年輕建築系學生死亡的人身分已經確立。

其中一名調查員表示，警方不願揭露凶手的身分，顯而易見地，是為了避免讓這名人士占得優勢。

而關於莉莉安娜·里維拉·加爾薩，昨日據悉她並非如當局一開始宣布獨自居住，而是其父母正在歐洲旅行，目前他們尚未抵達本市。

隨著日子過去，調查持續進行後，已經確立凶手或其一行人是在熟知地勢的情況下計劃了此年輕女性的謀殺。

他們熟知屋內的活動，以及莉莉安娜的鄰居，因此方得在週日夜晚出其不意。

警方表示，如果她沒有大聲求助，八成是因為她被持武器威脅或是她認識凶手。昨日在司法警察總部的走廊上，謠傳著犯罪相關人士將會在幾個小時內遭到逮捕。

斧頭；雙膝

孩子是出了名地殘忍的。當父母的車緩緩駛近房子時，社區裡的孩子出來迎接他們。這不是本來說好的劇本。這不在等待過程中處理家務與行政庶務的家庭成員所精心策劃的計畫之中。一切就緒。一切都準備好避免心臟病發作，精神崩潰，中風。當有人通知他們已經接近，車子終於拐了最後一個彎，阿姨與表親與鄰居們紛紛拋下他們的日常瑣事，慢慢地離開房子，悄無聲息地。他們跨過街道，打開隔壁房的大門，一點一點地，占據了房間內所有的空間：椅子、扶手椅、長椅、沙發扶手。父母剛從一趟長途旅程回來：從北海到墨西哥城。大西洋。東馬德雷山脈。那趟旅程圓滿了一生的努力，一生的奉獻。他們想必感到疲憊，卻也欣喜若狂。他們想必筋疲力竭。卻得意洋洋。不久，那畢生的努力與奉獻將被永遠地粉碎。在幾秒鐘之內，他們將跨越一道界線，到達一個未知的區域。一切將痛不欲生。嗓音。回憶。血液的循環。指甲。肝臟。脖子。他們無論做什麼都將傷害自己。牙齒。咽頭。腦脊膜。很快地他們將加入我們身處的另一個流沙國度，在那裡我們的雙腳已深陷其中，一點一滴地下沉著。

有人透過窗戶暗中監視他們抵達。有人無能為力，當街區孩子們上前直衝行進中的車子，在他們打開車門時，以可怖的喧鬧，聲嘶力竭地大叫，她死了，莉莉安娜死了。他們的面孔，起初不可置信，接著惱怒不已。這麼多小孩是從哪兒冒出來的？他們在車子周圍，像小蒼蠅般棲於車門邊，是要幹什麼？然而當房子大門緩緩敞開，他們見到我，而我看到他們見到我，我便明白一切都極其艱難。我必須告訴他們說不出口的事。我必須清楚地說出那些字。告訴我這不是真的，她的眼神說，甚至在我開口前就知道了這場悲劇。然而母親唯一說得出口的卻是：你在這裡做什麼？你不是應該在休士頓嗎？某人說：莉莉安娜。接著停頓，泣不成聲。某人說莉莉安娜已經不在我們身邊了。斧頭；雙膝。地心引力。身體之沉重。

一陣嚎哭迸出，從她的腹部，她的喉頭，與她的上顎。一陣嚎哭籠罩了書櫃與餐桌及爐灶。一陣嚎哭打開了門，嘶嘶地穿過了街道並引來了姊妹與叔叔與表親與鄰居。嚎哭將我們聚集在一起。我們仍舊一起在那陣嚎哭之中。

一九九〇年，七月二十一日，星期六，《報刊》

殺害建築系學生的凶手遭層層包圍

聯邦地方司法警探已針對殺害年輕建築系學生的凶手布下了圍攻陣勢。昨日據報，已經確認了犯人並將立即逮捕。

除了有區域代表團成員調查事實，曾抱怨工作負荷過重的阿斯卡波察爾科大隊的警探也投入了調查。分局警探與特殊凶殺檢察官辦公室，皆不惜一切代價地閃避媒體對此案的提問。

二十歲的莉莉安娜·里維拉，星期一早上被發現陳屍於其位於城市北方的家中。這名年輕女性被勒斃，目前為止此犯罪有許多令人費解的細節，而負責此調查的警方當局尚未釐清。

有一名證人

經證實有一名證人，足以讓警方順利逮捕凶手，然而警方對此仍守口如瓶。

逝者的其中一名友人告訴警方，他於星期天大約晚上十點離開公寓留下了她。

隔天早上，莉莉安娜被鄰居發現身亡，他們因為並未看見她如往常時間出門而感到訝異，因此打電話給警察，而警方進入公寓後卻發現她人已身亡。

這起事件在鄰居間引起了騷動，他們表示，原因是他們所居住的街道一直以來都相當平靜，儘管那並未阻止遊民與毒蟲在那裡遊蕩，但是他們不曾打擾任何人。

警方展開了此方向的調查，然而沒有任何一位毒蟲是凶手。

無形

這是初始的時刻。這是嚎哭的起源。在某人打開房門，靜止不動，手依然在門把上，仔細觀察一切時，她猜想著：我現在是誰？答案姍姍來遲，假如它確實存在的話。但答案並不存在。你必須靠近床鋪並坐在那裡，替自己做好心理準備，很長一段時間。無論多無精打采，你必須將雙手放在床罩上、枕頭上、布娃娃上。你必須起身輕撫衣物、書籍、筆記本。你必須感受覆蓋牆面的海報：瑪麗蓮夢露、切格瓦拉、金門大橋。而你必須在房間的正中央停下腳步，讓鬼鬼祟祟的牆發出的嗡嗡聲入耳而出。介於世上所有事物最微小的連結：聲音的縱波與橫波，挑戰真空的電磁波，β波、α波、θ波。向著象牙雕像／如那般一座、兩座與三座／移動的人跳舞扭動。你必須讓自己靈魂出竅。

而當斧頭來臨——堅定、發亮、俐落地砍斷了你的雙膝，打破一時之間成了內心僅存的、那片冰凍的海，你必須墜落。你必須學習墜落。身體的全部重量。地面的堅實。

一切皆是真實。一切皆是現實。

哭泣是文明的表現。然而在那裡，在那個房間發生的，超越了此時此地的文明。尖叫是一種以高聲或暴力所發出的刺耳聲響。尖叫往往表達了痛苦或恐懼。然而這聲音，在房內獨自徘徊，無人聽聞，穿透了靜止時空的陳舊空氣，那是來自一個未知世界的東西，與尚未誕生的世界交流著。無論那是什麼，它都不符合任何名字。隨它而來的名字皆一無是處。神出鬼沒的無形在你身後，緊盯著你。你必須抱著你的腹部，在地上以胎兒姿勢捲起。你必須隱藏你的臉。你必須乞求。

最重要的是，是的，你必須乞求。

一九九〇年，七月二十四日，星期二，《報刊》

報導在首次刊登的一週後再次回到了頭版。

這次宣布內頁內容的預告在黑色虛線框起的黃色方格裡，在演員伊爾瑪・塞拉諾（Irma Serrano）凶狠的臉一旁。她的紅唇，她明亮的雙眼，以及眉間那圓型的黑痣。警方在拒絕提供凶手的相關資訊後，不僅決定向媒體提供他的姓名，還有他的照片。幾天前，他們向民眾保證逮捕近在眼前的那份樂觀已經徹底消失。

勒脖凶手身分確認

被控殺害年輕學生莉莉安娜・里維拉・加爾薩的人，經指認為安赫爾・岡薩雷茲・拉莫斯。根據警方，這名學生被其前男友殺害，而全國上下正在積極搜捕他。

最終，昨日警方揭露學生莉莉安娜・里維拉被前男友殺害，他也立刻落荒而逃。

凶手確認為安赫爾・岡薩雷茲・拉莫

斯，此嫌犯目前列於國內所有警方組織的通緝名單。

司法警察的阿斯卡波察爾科凶殺隊長官，貢薩洛·鮑德拉斯表示，有壓倒性的證據指向安赫爾為犯罪的凶手。

而就好像是證實了這項假設一般，自從本月十六日星期一開始，也就是犯罪發生當日，安赫爾·岡薩雷茲·拉莫斯就從家中消失。

警方表示：「他的紀錄不太好。」根據他們的說法，安赫爾進到了年輕學生的家中，和她聊天，並毫無預警地殺了她。

那個星期一，二十歲的莉莉安娜·里維拉·加爾薩，被發現陳屍於位於帕斯特羅斯社區的銀荊花街六百五十八號家中。

警探們、一名法醫，以及公共檢察官辦事處的探員的結論是，她有可能遭到侵犯。

房內沒有掙扎跡象，因此從一開始侵犯就被排除在外。

當穿著制服的警察，公共檢察官辦事處與鑑識服務的人員，以及貢薩洛·鮑德拉斯長官與其警探，一點一點地審視犯罪現場時，數十人從房子外面，觀看著他們的動作。

有扇窗戶被打破，但由於沒有人聽見玻璃碎掉的聲音，因此並未被視為是罪犯所做。

公共檢察官辦事處探員一證實事發現場，便針對傷害了學生莉莉安娜·里維拉·加爾薩的相關人士，起草了案件40／913／990—07。

負責犯罪調查的其中一名指揮官，伊格納西奧・佩拉萊斯（Ignacio Parales），要求他的小組前往這位名叫安赫爾・岡薩雷茲的前男友家，但是他早已不在那裡。

奇怪的是，安赫爾・岡薩雷茲自從那天起就不在家，而警探也點名他為這樁殘忍犯罪的主使者。

貢薩洛・鮑德拉斯表示，這個說法並非只是空穴來風。有一名證人目擊了安赫爾，當今全國通緝殺人犯之一，在那晚進到了莉莉安娜的公寓。

如果你要打破，在出去而非進入時打破吧

在安赫爾偷偷摸摸且不請自來地強行進入莉莉安娜的個人空間後，在付給一個街頭毒蟲三千披索後，那個黎明的銀荊花街六百五十八號裡，究竟發生了什麼事？誰也說不準。此刻一切都是臆測。只有凶手知道，而他決定保密，從一九九〇年夏天逃亡開始。唯有完全遵從司法，才能揭開這樁「令人費解的犯罪」。而這個司法系統，在一九九〇年十一月二十九日，以「殺人罪，依第三〇二條文規定之且依刑法第三〇七條文可判處監禁」，對安赫爾・岡薩雷茲・拉莫斯發出了逮捕令。

記者托馬斯・羅哈斯・馬德里在《報刊》的文章中再三提出的問題，一如既往地有理：

有鑒於這起犯罪的殘忍行徑，怎麼可能住在附近、住在同一棟大樓二樓的人，都沒有聽見任何聲音？在深夜昏暗的照明下，有掃帚柄試著勾著金屬大門的門閂所發出的哐啷聲。還有躍過大門後、雙腳落在水泥地上的撞擊聲。為什麼屋主荷西．曼努爾．艾瓦雷茲，在凌晨兩點三十分看見安赫爾．岡薩雷茲．拉莫斯來到他的私人住宅，並在五點左右匆匆離去時，卻沒有任何反應？假設證人的證詞可信，馬諾洛．卡西亞斯與赫拉多．納瓦羅都無意間聽到，家庭幫傭巴西莉雅確認她聽見了啜泣聲、一聲低聲喊叫，但沒有準確的事發時間。是誰哭泣，又是為了什麼？那些或許是低沉而短促的聲音，但難道黎明的寂靜並未因此讓它們更響亮嗎？

在莉莉安娜下葬的那天，七月十八日星期三的新聞報導以一個意想不到的轉折，描述凶手的行為是出於仇恨。那個夏夜，安赫爾尋找莉莉安娜時，是懷著一個具體計畫要殺害她，永遠地結束她的生命，以此履行有毒男子氣概的規訓嗎？還是安赫爾是根據強烈卻仍模糊的想法，要給她一個教訓，將殘忍的教育加諸在她和她的身體上，給予她一個警誡性的懲罰，那將讓她活下來、卻永遠地留有象徵他所有物的印記。並未吵醒鄰居的寂靜支持第一個理論，而他付錢換取毒蟲的幫助進而揭露其身分，則是支持了第二個理論。無論如何，結果都是一樣的。安赫爾在我的妹妹身體上使出的駭人致命暴力，如羅哈斯指出，是出於仇恨。性別仇恨。對女性的獨立與自由的仇恨。對莉莉安娜的仇恨，那個總是站在愛的那一邊的女孩。

答案屈指可數，而事實依然無可辯駁。大約三十年來，我每一天，而每天之中，每一天的每一小時，都想念莉莉安娜。而每小時之中，每一分鐘。每一秒。對於因親密伴侶恐怖主義而失去所愛家人與所愛女性的人們來說，悲傷是一把雙面刃。如同斯奈德在《以愛為名的暴力》中所分析的，倖存者常以無與倫比的嚴厲責怪自己，他們的疏忽，或是他們的盲目。他們沒有保護好他們最深愛的；他們沒有注意到眼前顯而易見的事物；他們沒有阻止施暴者。那份痛苦並未脫離罪惡感與羞愧感，連一毫米都沒有。它在哀悼開始之前困住了，逗留在無形的地獄邊緣，文字在那裡失去了意義，而與他人及世界的連結也慢慢地消失。家人們逃往內心，甚至逃避自己。當他們連自己人都無法保護，又有什麼權利要求正義呢？

不僅如此，負責檢討受害者的體制，在事情仍新鮮的時候便開始運作，多年來未曾停歇。那是有條理的毀滅性機器，它的刀刃攪碎任何偏離其判決的解釋。它就在那，完美地運轉著，在竊竊私語的那些人之中：要是他們沒有讓她去墨西哥城就好了；如果她沒有在這麼年輕時就開始約會的話；如果她更明智的話；如果她等到婚後再發生性行為的話；如果她沒有墮胎的話；如果她沒有走上歪路的話。如果她不曾自由的話。而無論多少年過去，那充分潤滑的機器在那些人之間持續運轉，他們指指點點說，父母花很多時間在家外，母親有一份工作，父親沒有給她足夠多的錢，男友們讓她應接不暇，連女人都渴望她。他們又為什麼花這麼久的時間重審案件？在不明的表情與假裝的笑容之中，在排演過有著疲軟禮節和濫情儀式的憐憫編舞之中，那機器安靜卻有效地運轉著。背上的小心輕拍，有些過久的擁抱，消失在郵件裡的親筆字條。更重要的是，在那些感到安心、鬆了口氣的人之中，那頑強的機器起了作用，立起一條道德的界線，迅速地將我們與你分開。正是在迫切的、不可避免的、無法抗拒的要求之中，受害者被譴責，而你用她責怪自己。正是在迫切的、不可避免的、無法抗拒的要求之中，不惜任何代價地替凶手脫罪。

人無法學會沉默。人是被迫閉上嘴巴。

人是被迫沉默。

你有幾個兄弟姊妹？我從來不知道該如何回答這個看似沒有惡意的問題。僅僅只是聽見這個問題的可能性就讓我渾身錯愕不安。而答案，當我決定給出的話，只不過是漸強的胡言亂語：我曾有一個妹妹，但我不再有了；我不再有一個妹妹了，但我永遠會有一個妹妹；我有一個妹妹；我有一個妹妹，如果有的話。過了一開始的尷尬片刻，如果提問人毫無禮節或同理心或對人類關係的基本認知，提問則會接下去：她年紀比你大還是比你小？我通常選擇遮掩眼神並轉身離去，深怕之後，關於如何、何時、為什麼的疑問會隨之而來。最終，我放棄了。我說我沒有兄弟姊妹，只為了不哭泣，為了不給出解釋，為了不釋出互信的錯覺，為了不製造出一個情況，讓我得替自己辯護，尤其是，替她辯護。又或者我根本不回答，假裝突然聽不見。轉移話題是我隨時間過去而逐漸習得的技能。

多年以來一直如此。

麥可・翁達傑（Michael Ondaatje）在其詩〈獻給一位悲傷的女兒〉（To a Sad Daughter），溫柔地向十六歲的女兒傾訴。這首甜中帶苦且懷舊的詩，涵蓋了父母與孩子之間在青春期來臨時的典型橋段：分道揚鑣、分離了青少年與家的身分認同追尋、他們合理化的叛逆或徒勞的反抗。我恐怕莉莉安娜會覺得它很老套；但或許她會對包裹了抒情表達的那份不容質疑的慈愛而稍微讓步。儘管詩中的父親拒絕給予建議，有人可能會不情願地說，他必須接受，這首詩本身，即是第一堂課。監護人的建議。渴望一切，他告訴他的女兒。如果你要打破，在出去而非進入時打破吧。在我依稀的印象中，一九九〇年的那個夏天，莉莉安娜正試著逃出。在這麼多年的情感操縱後，那些年莉莉安娜學習如何藉由順從要求以馴服憤怒的態之後，在多年的反抗、掙扎、扭打、談判之後，莉莉安娜絕對在逃出的路上。

她渴望一切並也深愛一切。要求不可能之事是她的使命。而我們在家學習的、父母教導我們倆的這一課，隨後透過書籍與詩歌、設計圖與建築、歌曲、複雜的雲朵、大學校園、旅行、無盡的聚會、親密好友，進一步地深植我們內心。在我們崩潰時，在父權機器包圍了過去與未來，徹底擊垮了我們的身體與內心時，的確，莉莉安娜正在嘗試逃出。對此我毫無疑問。莉莉安娜已經逃出來了，深深地、真誠地、挑釁地相信著，一個截然不同的人生是有可能的。

另一種愛。

在一個曾裝有耶誕禮物的小小三色紙袋裡，莉莉安娜保存了她從未寄給安娜的一封信，從筆記本上撕下的幾張字條，還有我從美國寄給她的信。在我的最後一封信，日期是一九九〇年三月九日，我鉅細靡遺地描述了我的新生活，揭露了我對一個致力於量化生產力並迴避社會責任的大學體系感到徹底的驚訝與嫌惡。在信的一半，我告訴她我去看了由伊莎貝・艾珍妮（Isabelle Adjani）飾演主角的電影《羅丹的情人》（*Camille Claudel*），是關於：「一位才華洋溢的雕塑家，多年來被羅丹利用且最終被長期監禁在精神病院，大約三十年。在她生前，沒有人認可她的作品；事實上直到一九八〇年代，她的作品才獲得肯定。這部電影在很多方面都讓我印象深刻：描繪卡蜜兒對其志業之狂熱位居第一位。不過我的確有注意到她父親的關愛，他對其所謂卡蜜兒才華的信任，而理所當然地，我無法將目光從她的毀滅上移開。我堅信許多女性都曾經、也依然相信我們身為藝術家，身為種種創作者的目標，是自我毀滅——那充滿浪漫色彩的炸彈。我對那個罪，對在我們之中而我們無法辨認的許多人，感到滿腔怒火，而我立刻意識到，當我離開墨西哥時，我逃離了那些鼓勵你的聲音：這是一個深淵，你難道看不出來嗎？下潛吧。將自己扔入這片虛無吧。我不想要我或你，或是任何其他人，是那樣的結局。自我毀滅與覺醒不能作為一種真正且激烈的浪漫主義例子，而是一種殺戮的浪漫主義。確實，因為我們在此，才華橫溢，不是為了餵食他人的吸血控制，也不是為了盲目地落入瘋狂的深淵，更不是為了手握石頭如聖傑洛姆[1]。我們在此，帶著被施了魔法的存在之重，與它的輕盈，夢想的平靜輕盈，夢想為了我們尚未說出、行動、思考、再思考、再創造的許多事物。對於千千萬萬次地否定我們、抹煞我們、篡奪我們的歷史，我們的觀點是新穎的。我們必須留下；我們會一直在這裡：夠了！無論是愛的信條，或是名氣或金錢的信條，都無法同時摧毀我們內心更加堅實與更加純真的事物：渴望活得精采的那股愚蠢、羞怯、釋放的欲望。如果我們這麼做，如果我們活得精采，我們將創造出另一種人生，更加美麗的事物，更加公平的事物。那是我們的聲音與我們的雙手存在的理由。」

拉烏爾・埃斯皮諾・馬德利加回想起，某一次，他們在大都會自治大學阿斯卡波察爾科校區裡蔥鬱的花園草地上嬉鬧時，莉莉安娜借給了他一本書。一張明信片從書頁冒出，出其不意地。那是你的，他告訴我。你寄給了她。一張有著電車上的赤裸嬉皮的黑白照片。在背面，你寫著：「有一天你會來到這裡，而我們將共度生命中最美好的時光。」

演員瑞凡・菲尼克斯（River Phoenix）於一九九三年離世，而知名墨西哥裔美國歌手賽琳娜（Selena Quintanilla-Pérez）在一九九五年遇害。當我得知他們的死，我立刻想像他們在一起。莉莉安娜、瑞凡與賽琳娜，還有赤裸著身體的嬉皮們，在絲毫未沾染到一絲柔和綠意的平緩小丘坡上，從那裡仍有辦法瞥見太平洋輕輕拍打的海浪。在戶外野餐桌上，則是一堆空盤，亂成一團，塗抹著巧克力糖霜。喝了半瓶的紅酒。一些啃咬過的蘋果。貓與狗在他們之間來回遊走：浮士德在那裡，和往常一樣神經質，追著一隻蜥蜴。拉金斯基時不時地偷偷跑到畫面中，身為體驗愛之前先嘗過拒絕的貓，害羞而小心翼翼。低沉的嗓音漂泊著，模糊地，介於陣陣暖風之間。遠方的群聲歡笑。那是夏日的傍晚時分，籠罩在美好的金色光芒之中，一點一點地，被黑暗所取代。我依然聽得見他們遠處的耳語。

而他們都還活著。

1 譯注：此處指達文西未完成的畫作《聖傑洛姆在野外》（*St. Jerome in the Wilderness*）。

X

我們的女兒
Our Daughter

依爾達・加爾薩・貝米亞

莉莉安娜在我的子宮內是橫躺著的。她選擇了橫位臥躺，而不是頭朝下地安頓，為生產做好準備。當時我們住在蒙特雷，完全依靠蒙特雷科技大學（Tecnológico de Monterrey）授予你父親的獎學金過活。我們苦苦掙扎維持生計，幾乎沒有足夠的錢付房租，因此生產可能所需的特殊照護讓我們憂慮不已。有名非常好心的醫生，清楚我們身為初來乍到此城的艱苦，便選擇了一個更自然的方法：他用自己的雙手將莉莉反向安置在我的肚中，等他終於成功，他將兩條毛巾捲起放在我的腹部旁。接著好心的醫生替我包紮，試著防止我們的二女兒重回橫向胎位。我就是這樣度過孕期最後幾個月，肚子兩旁各一條毛巾，身體到臀部完全地包紮起來，在蒙特雷潮溼得要命的夏天。想像一下吧。

安東尼奧・里維拉・佩納

我錯過了你的出生，因為我當時在馬塔摩洛斯（Matamoros）的高中教課，不過莉莉在蒙特雷出生時我有準時到場。他們不讓我進去產房，但是在你的母親與妹妹歷經千辛萬苦後，我是第一個見到她們安然無恙的人。我們大可以用你其中一位祖母的名字為她命名，然而你母親和我都沒有提議為我們的二女兒取名為艾米莉亞或佩特拉。莉莉安娜打從一開始就獨一無二，她背負著家族裡沒有人用過的名字。一個徹頭徹尾全新的體驗。

你的母親說她選擇莉莉安娜這個名字，因為在那段時間，卡洛斯．里科（Carlos Lico），當時的一位流行歌手，唱了一首儘管可能過於傷感卻優美的歌，獻給他的第三或第四個女兒，而莉莉安娜是她的名字，也是歌曲的名字。我相信是我選擇了那個名字，但我說不出來為什麼我那麼喜歡它。也許我們都對歌詞中的子女情感有所共鳴：當你沉睡時你小小的可愛臉龐帶有天堂天使的甜美。莉莉安娜，我的愛。整首歌我依然牢記於心。莉莉打從一開始就非常依戀你母親。莉莉安娜不像總是瘦瘦的你，她很快地變成了一個胖嘟嘟又紅潤的寶寶。但總是到處帶著她的依爾達並沒有因此感到擔心。莉莉安娜以前常常吸著左手拇指，在你母親的懷裡安頓下來，並用右手拉著她的一隻耳環。她持續這樣做了好長一段時間，結果依爾達的耳垂最後裂成了兩半。

依爾達．加爾薩．貝米亞

我不應該監視她的，更何況是在我們替她註冊的幼稚園的院子周圍開車兜圈子。但我還是繞著那個小學校開車去了，在我認為她待著的後院，非常緩慢地開。莉莉看見了我，並開始大哭。我受不了，便進去把她接回家，也因此唐突地結束了她在奇瓦瓦州德利西亞斯幼稚園的學生生涯。

安東尼奧・里維拉・佩納

是誰一口吞下了整顆西瓜？當她是個幼童時，我一邊輕摸她的肚子一邊問她。那是個暗號，一齊釋放我們笑聲的徵兆。我們兩個之間的遊戲。我以前會稱她為我的小胖胖。或是圓滾滾。有一陣子這讓她開心，然而隨著歲月流逝，莉莉求我不要再那樣叫她。她臉紅，窘迫不已。那位已經開始在當地隊伍游泳的纖細、高挑的青少年，並不喜歡想起她曾經一度是個胖嘟嘟的小女孩。

依爾達・加爾薩・貝米亞

她總是如此地乖巧，如此地高尚，如此地富有同理心，我並沒有誇大。她從小就是那樣。她生來如此。她會瞬間從嘴裡拿出一口食物，給任何需要的人。她不忍心看見他人的痛苦卻不試著去補救。我不想要讓你難過，但你從來就不是那樣。記得她的筆記本，全都如此地整齊乾淨。她無可挑剔的房間。她愛護她的衣物、她的娃娃、與她自己的方式。她依賴陪伴、親密、對話而生存。我很慶幸當時我有時間在每天早上你們兩個起床前，溫暖你的們襪子，趁你們毫無反應時將它們拉過你們的腳跟。當我帶著你們兩個去上游泳課時，我經常留下來，在你們訓練時看著你們，事實上是欣賞你們兩個，而我總是因此感到非常有責任感，甚至成就感。記得週末當我把美乃滋或橄欖油抹在你的頭髮上，

小小的浴室瞬間變成了一間豪華的水療中心的時候，我們有多快樂嗎？不像你，莉莉總是非常地守時。當我們住在托盧卡、帶你們兩個一起上學時，她是多麼地痛苦。更糟的是，我們送她去小學前，會先帶你去高中。真是糟糕的主意。多麼地不公平。我依然相信她每天早上壓力都非常大，以致到後來她開始肚子痛。兒童結腸炎的病例。

安東尼奧・里維拉・佩納

當她長大到可以在廚房走動的時候，她毫不遲疑地煮咖啡給我喝。她會告訴我，特別是為我的爸爸煮的，然後小心翼翼地將熱氣蒸騰的杯子放在桌上。在那之前從來沒有其他女兒為我做過那樣的事情。在那之後也沒有。

依爾達・加爾薩・貝米亞

漸漸地我意識到她們正慢慢蛻變為甜心少女。莉莉安娜沒有直接跟我說，但是我們開始注意到他非常頻繁地來找她。有時他騎著他的重型機車；而其他時候，他則是開著一台老車。他不介意到處帶著莉莉處理她的事。他會帶她去任何要去的地方，再讓她下車。那讓我感到安心。那表示他在乎她，他懂她的需求，並且願意做些有用的事。然而，他從來都不踏進我們家。他從來都不是她正式的男友。對我們來說，他只不過是個癡情的追求者。

安東尼奧・里維拉・佩納

當我前往瑞典去完成我的博士學位時——而如果人生中有我後悔的事情，就是這趟旅程了，我當時到底在想什麼？到頭來那究竟是為了什麼？她的信件讓我活下去。莉莉不像你，偶爾才寄一封信給我，她從來沒有停止寫信。無論她有沒有考試或在度假，在參加游泳錦標賽或天氣糟糕透頂。她在那些信紙上不費吹灰之力地寫下一切。她的漫遊。她的疑慮。有時候她甚至抱怨她的母親或朋友，或是你。但是它們是快樂的信，非常私密的信，意味著我們很親密的信。當我在家中缺席，不合時宜地或在錯的時間去完成那此時此刻、過了這麼多年後，看起來如此無關緊要的學位時，她的信成了我的生命之鐘，衡量肉身時間的方式。

依爾達・加爾薩・貝米亞

然而他讓她在高中時期過得多麼痛苦！我不太記得他們第一次分手是什麼時候，或那究竟是不是第一次，但是莉莉為他流了好多淚。我有一次在家後面的公園巧遇她。我正準備要運動時從遠處看見了她，沿路大步走來。她看起來非常沮喪，甚至心煩意亂。她沒有面向前方，而是臉朝下，直盯著柏油路，哭哭啼啼。她哭個不停。我本能地走向她並緊緊抱著她。哭泣不是我想說的詞：嗚咽也許才是。她的啜泣甚至沒有發出一個字，而這讓我的心都碎了。我開始陪她一起哭泣。她沒辦法理解為什麼事情非得這樣。她尋求我的建議，而我心想，這是小女生短暫戀情總會遇到、她也會忘記的事，於是告訴她不要執著。這不是世界末日。一段新戀曲很快就會來臨，甚至可能是她的真愛。

安東尼奧・里維拉・佩納

我離開了那麼多個月，再怎麼對那趟旅程感到後悔都不夠。

依爾達・加爾薩・貝米亞

你父親在瑞典時，我的一位姊妹來拜訪我們。我需要帶她去墨西哥城的機場，而因為我在城內不開車，莉莉安娜請安赫爾載我們，當作幫一個個人的小忙。他非常地殷勤，非常地得體，說他很樂意幫忙。那是他第一次進到我們家裡，而他看起來有點反感、有點畏縮。我們對他的評價沒有很高，莉莉安娜因此突然間很開心，因為她覺得我們再也不能瞧不起他了。或許那就是為什麼，當你父親不在這裡，莉莉徵求我的同意跟他去看電影或騎他的機車兜風，我便讓她去了。後來，在我知道他開車去墨西哥城從學校接她並送她回家，我很感激。我們一直都對墨西哥城抱持態度健康的尊重，那是個如此雜亂無章又聲譽不佳的大城市。那座城市非常地盛氣凌人，而莉莉是那麼地年輕，那麼地輕易相信人。我很放心知道她不是搭巴士。

安東尼奧・里維拉・佩納

我因為不同原因和安赫爾對質過幾次。但是有一次，我因為他的外觀差點和他打了起來。他來見她時邋遢極了，對她、也對我們毫無尊重可言。滿身是汗。蓬頭垢面。當時莉莉安娜已經上大學了，而對我們來說，她回到家裡是一種真正的奢侈，即便只是週末。你媽總是為她買花並煮些特別的菜。見到莉莉讓我們快樂，即使只有幾個小時。我們在她身邊總是心情很好。那天他的行為越界了。我再也受不了，也忍不住了。我透過窗戶看見他：他在人行道上，草坪旁，穿著單車短褲，一件髒兮兮的T恤，全身破爛。我立刻衝了出去。這不是見女友該有的樣子，我說。我告訴他，我年輕的時候，會穿上我最好的衣服去見依爾達。乾乾淨淨的襯衫。閃閃發亮的皮鞋。梳理整齊的頭髮。我還告訴他，如果他想要來我們家拜訪莉莉安娜，他必須對她還有我們拿出點尊重。他沒有道歉，反而勃然大怒。我脾氣也很差，已經在朝他大吼，正準備揍出第一拳。莉莉安娜飛快地來到我們中間，試著讓我們冷靜下來。求求你，爸。安赫爾，求求你。我一邊走回房子一邊咒罵，怒不可遏，相當煩悶，接著莉莉追了上來。她說她會和他談談。這種事不會再發生了，我保證，她說。一切都在掌控之中，她加了一句。她顯然很窘迫，但同時，她的決心看起來是如此地嚴肅又嚴厲。接著，在短暫的停頓後，她說：求求你，也尊重我的人生。我現在是成年人了，我知道如何處理事情。相信我。我看著她，多麼勇敢而成熟。她溫柔的眼神。她值得更好的男友——我深信不疑，然而我的眼中，沒有任何人，沒有任何男人配得上她。最後她說，我愛你。我真的愛你。我有聽到，但後來我才明白我真的沒有注意到她真正想告訴我的。我花了好一段時間才理解到她飽受威脅。我終於恍然大悟，那些年來莉莉安娜一定是一直活在脅迫下。我很肯定安赫爾不只威脅要傷害自己，也威脅要傷害我們，她的家人。我相信那就是那麼一回事。我給了莉莉安娜，還有你，很多的自由。我一直都相信自由，因為唯有透過自由，我們才能知道我們的本質。自由不是問題所在。男人才是問題所在——暴力的、傲慢的、凶殘的男人。

依爾達・加爾薩・貝米亞

媽，爸在哪？她常常一回到家就問我。爸還好嗎？她會在屋內尋找他，而如果她找不到他，她會看起來很擔心。你爸沒事，莉莉，別擔心，我會說。他去為午後點心買點小牛胸腺。或是他今天在實驗室待久一點。或是他隨時都會到。

她只有在看見他走過大門時才會放鬆。

安東尼奧・里維拉・佩納

不，我沒辦法告訴你我的感受。我連跟自己說話都沒辦法。別問我這個。

依爾達・加爾薩・貝米亞

有一天，因為我們沒有從警方那聽到消息，我不顧一切地請幫我打掃家裡的女人，貝妮塔女士（Benita），前往那家人的房子。我們聽說凶手逃走了，但我有我的懷疑。那時候的我，如同現在，深信他的家人在保護著他。我們擬定了一個計畫。貝妮塔女士會去敲他們的家門並自我介紹說她是個運氣很差的移工。我有個生病的孩子需要緊急照護，她會說。求求你，給我一份工作，即使只做今天。我可以洗衣服或洗碗。我可以打掃你的廁所。我很擅長燙衣服。這個策略古怪好笑，真的，但它最後奏效了。她整個早上都在那個房子裡燙衣服，一邊留意他。你真該看看那裡，依爾達女士，她一回到家就說。那真是個混亂至極的地方，她說，疲憊不堪。人們隨心所欲地來來去去，彼此互相大吼，互相辱罵。我甚至記不得那裡確切有多少人。年輕人與老年人。一些年輕男人，一些女人。他們還真會吼！他們無時無刻都在互相咒罵。你這個狗娘養的。你這個混蛋。白痴。混帳東西。不過你對我指出的那位年輕男子，我在那裡並沒有看見他。

依爾達・加爾薩・貝米亞

能做的事我們都做了。有一天，我們收到一則線報，托盧卡有一名曾是安赫爾女友的女孩可能知道他的去向。我們毫不猶豫。你跟我一起去的，記得嗎？我們一起開車去安赫爾前一年錄取為傳播系學生的墨西哥州立自治大學校區，然後我們一起面對她。我不記得她的名字，但是她的臉龐我永遠記得：一位漂亮、苗條的女孩，長長的捲髮，充滿恐懼的眼神。你知道他在哪，我對著她大吼，要求一個答案。你知道這個孬種去哪了，我堅持著。在我大吼的時候，是否我們所在教室隔壁的所有目光都在我們身上？或許吧。求求你，告訴我們他躲在哪裡，我在放棄之前懇求著。那是一名母親的心在哀求。

安東尼奧・里維拉・佩納

別問我，求求你。我沒辦法再次複述。那些警察形容我們女兒人生、我們女兒身體的話語，玷汙了她。我不會複述那些話的。

XI

氯
Chlorine

「他們就像我們，以氫與氧的形式活著；
以碳與磷，還有鐵；以鈉，以及氯。」

克莉絲蒂娜・夏普（Christina Sharpe），
《覺醒之中》（*In the Wake*）

在墨西哥住了五年以後，我在二〇〇八年的夏天回到聖地牙哥，並且再次開始游泳。我上一次在游泳池游泳大約是二十六年前上大學之前的事了。游泳和泳池逐漸消失在我的生命中，倒也不是因為自願放棄，而是因為運動設備的缺乏，取而代之的是書本、政治討論、田野調查，還有社會運動。我本來打著利用有氧器材和一些重訓器材的算盤加入了聖地牙哥的基督教青年會（YMCA），但其實我主要是對它的桑拿設施感興趣。直到後來我才注意到游泳池的存在，而在那之後我花了更多時間來備齊所有的用具：泳裝、泳鏡、泳帽。當我終於第一次下水時，我雖然只游了兩百公尺，卻感到筋疲力盡。那裡的水怪怪的：水質硬又濃度高，讓我感覺像是在逆流而上。於是我又回到陸地上運動，偶爾有空的話會在跑道上跑一下。但自那時起，我開始迴避游泳池。

二〇一二年秋天，我有一半的休假年都在普瓦捷大學（University of Poitiers）度過。我決定帶著兒子踏上一段旅程，由法國為起點，並以春季學期的瓦哈卡市作為結尾。我們待在一棟大學公寓，離我分發於拉丁美洲文學研究大樓裡的辦公室有段距離。我沒有天天去辦公室，而是早上待在家裡，專心寫作。九月下旬的某個下午，我的學校接待賽西爾·昆塔納（Cecile Quintana）打電話給我，她因為有段時間沒看到我而感到擔心，並且提議我們在她平常游泳的泳池見面。你喜歡游泳嗎？

她來公寓接我，在替我準備了一套舊泳衣，並在附近的販賣機買了泳鏡和泳帽後，我們前往更衣室與淋浴間，走過一條狹窄走廊，有著掛滿了五顏六色毛巾的時髦掛鉤。那個時間有不少前來游泳的人，一群初學者在泳池的狹小尾端，而另一群由更加進階的泳者組成的團體則是在泳池的右側。按照邏輯，他們一定會不斷撞到彼此，但事實上他們游泳的方式讓練習暢行無阻。泳池左側的幾條水道是允許訪客使用的。你通常都游幾趟？賽西爾問。我幾百年沒游泳了，我說。我通常每次來都會游個四十趟，她若無其事地說。別擔心，如果我比你早出來，我會在旁邊的觀眾席等你，我說，咯咯笑著。

如果我和在聖地牙哥時一樣是自己來游泳，我肯定馬上就放棄了。游沒多久，我就喘不過氣，身體在水下抽搐，並做出一系列笨拙、毫無生氣的動作，而不是有律動地划過水面。我甚至吞了幾口水，那個當下我以為要溺水了。假如我人不在賽西爾的水道旁邊，在她一次又一次泰然自若地經過我時偷偷觀察著她優雅的泳姿，我肯定會馬上跳出水面離開。那個傍晚我幾乎游不到三百公尺，但當我一站在蓮蓬頭下、閉上雙眼清洗髮絲時，那樣短的距離就感覺像是個壯舉。我疲憊不堪且異常亢奮，甚至可說是狂喜。一陣從未有過的喜悅竄過我體內的肌肉。當賽西爾建議我購買泳券、在那年秋天每週和她一起來游泳時，我便下定決心這麼做。那天晚上回家後，我因為無力舉起手臂而必須拜託馬帝亞斯（Matías）幫我將襯衫往上拉、從頭頂脫掉。我們笑說我年紀到了，還在我扭身好讓他動作時，開起我體態走鐘的玩笑。

如同我答應賽西爾的，我從那時起固定去游泳，有時一週一次，有時一週三次。她會來接我，我們一路上聊天，然後潛入泳池，在那些混亂卻總是神奇地無人相撞的水道中游泳。我的身體狀態快速改善，在仔細觀察我的滑水與踢水姿勢後，我漸漸意識到游泳是一件我相當熟悉的事物。我記得我曾對自己的泳姿感到多麼自豪：我的雙臂飛舞、脖子左右扭動、換氣規律而平均。

那一定是在十一月，反正是個戶外天氣達到寒冷低溫，深夜的泳池水散發幽靈般霧氣的時候，一股無名的力量迫使我從泳池中倏然起身。我本來打算去更衣室，卻沒能這樣做，反而坐在木頭露天座位區，手中握著泳帽跟泳鏡。我待在那裡一動也不動，驚魂未定，水滴得到處都是，幾乎喘不過氣。我看著泳者來來去去，眼淚毫無預警地潸然落下。儘管我沒有發出聲音，而且眼淚很容易以假亂真成水，但我還是用右手摀住了嘴巴。

她的名字讓我猝不及防。我脫口而出：莉莉安娜。我聽到了那個名字，整個人僵住了。充滿這個地方的氯撲鼻而來，填滿我體內。這是我總是與你一起做的事情，我說。我聽到自己所說的話，一陣恍惚、不知所措，我再次投入水中，而不是前往更衣室。我用雙腳觸碰池底，用力一蹬，奮力將自己擲向水面。莉莉安娜——我一邊說著一邊向上游。莉莉安娜・里維拉・加爾薩。我在水面下反覆說著她的名字，滿口含氯的水，同時努力再次觸碰池底。

我曾在無數次場合說過，人游泳是為了獨處。但那只對了一半。有時候，隻身前往、獨自游泳、身旁毫無一人是必須的，唯有如此才能加入這水中的交流。在地理學，滯留時間（residence time）是一種概念，用來衡量一個元素、一種物質的部分，或一個如海洋、地球或大氣層等特定地點的實體的存留時長或持久性。那也可以是游泳池中的水。舉例來說，鈉的滯留時間是二點六億年。只要我躍入水中、划水踢腿，莉莉安娜將與我一起滯留於此，而呼吸將成為鮮明的記憶。

那年秋天，我在普瓦捷的游泳池連續游了二十趟。在那之後，我沒有錯過任何一次游泳的機會。在瓦哈卡市的每一天，我都會走路半小時到當地以二十五公尺長泳池為主要賣點的小度假村游泳。那裡的水來自山泉且冰冷難耐，但我還是每天在那裡游四十趟。回到聖地牙哥後，我在大學游泳池游泳，也在每一個受邀演講或寫作工作坊地點附近的游泳池游泳。甚至在詢問工作酬金前，我總是先問：請問飯店或演講廳附近有游泳池嗎？在莉莉安娜成為建築系學生前的某個百無聊賴又懶洋洋的午後，她抱怨游泳池裡的氯讓她的皮膚變得乾燥。即便也是事實，她卻沒有提到那些年來每天至少下水三小時的訓練也讓我們的頭髮受損，有著粗糙的髮質跟充滿蹊蹺的黃色光澤。同樣地，她也沒有提到我們身體的味道。那是如此明顯而持久，隨著時間過去變成我們的天然體香。那個時候，我們聞起來就像氯；氯就是我們存在的氣味。我們的童年聞起來就像那樣。氯是我們在一起的象徵。

她以碳和磷的形式持續存在著，還有鈉，以及氯。

我記得她充滿力量的踢腿，泳衣如何凸顯了她成為纖細青少年之前、那女孩兒特有的肚腩，緊箍的泳鏡在她眼下留下的印痕。當泳池開始散出蒸騰熱氣時，我們像鬼魂似地在夜間奔跑。橡膠夾腳拖、Speedo緊身泳衣、Arena泳裝、Nike。我們泡完浴池後，在猛烈的冷水柱下所發出的尖叫聲。她的轉身——游向池壁、翻個筋斗再一蹬。還有某次，她偶然瞥見我的陰毛並問我：我很快也會有那個了嗎？她在水下弓著背再往下划幾吋的模樣。她憋氣的模樣。她發皺的指尖。我們在一場競賽後比較彼此的泳速時間。哨音。我第一次看她學著在水下吐氣。還有最重要的，笑聲。我記得笑聲。陽光打在我們共享的水面上，波光粼粼。

游泳曾是我們一起做的事情。我們獨自闖入這個世界，但回到泳池成為了姊妹。這個長方形的水體曾是我們最親密姊妹情誼的空間。

它依然是。

一年半前，我因為右肩受傷而必須暫停游泳池的行程。旋轉肌。嚴重的肌腱炎。作為游泳的替代方案，我開始書寫這本書。如果疼痛痊癒，我將再次游泳。

我想要在水中再次與她相遇。我想要游泳，像從前一樣，與我的妹妹一起。

致謝
Acknowledgements

我妹妹在世時，為自己建立了一個細緻入微的檔案庫。這本書基於她遺留下來的筆記本、信件、字條、報紙剪報、照片、藍圖、通訊錄和日曆，這些個人物品在她去世後近三十年未曾被動過。這些文件揭示出過去是一個未了的過程，然而它們並未直接與當下對話。我的丈夫薩烏爾・赫南德茲—瓦爾加斯（Saúl Hernández-Vargas）的決心與技術專業，在解開其中許多祕密的過程中扮演了關鍵角色。他不懈的努力帶領我們找到並聯絡到莉莉安娜生前最親近的一些朋友：安娜・瑪莉亞・德勒斯安赫勒斯・歐卡迪茲・埃吉亞・利斯（Ana María de los Ángeles Ocadiz Eguía Lis）、馬諾洛・卡西亞斯・埃斯皮諾（Manolo Casillas Espinal）、拉烏爾・埃斯皮諾・馬德利加（Raúl Espino Madrigal）、奧通・桑托斯・艾瓦雷茲（Othón Santos Álvarez）、赫拉多・納瓦羅（Gerardo Navarro）、安荷爾・羅培茲（Ángel López）、費南多・培瑞茲・維加（Fernando Pérez Vega）、諾瑪・薩維爾・昆塔納（Norma Xavier

Quintana）。幾個月後，勞拉·羅薩萊斯（Laura Rosales）在推特上，看到我提及莉莉安娜的名字後便聯絡了我。我電話訪談了他們所有人，以筆錄而非錄音形式記錄下我們的對話。第五、六、七章中包含了我重新撰寫的訪談內容，也作為有用的間接參考資料出現在其他章節中。

在過去兩年中，我展開了無數次關於莉莉安娜的對話。儘管我沒有正式訪問我的父母，安東尼奧·里維拉·佩納（Antonio Rivera Peña）與依爾達·加爾薩·貝米亞（Ilda Garza Bermea），但與他們的談話對撰寫本書第十章至關重要。我透過電話與面對面對談，記錄了表兄姊艾米里奧（Emilio Hernández Garza）與雷蒂西亞·赫南德茲·加爾薩（Leticia Hernández Garza）的傾訴，成為本書中一些場景與過渡的基礎素材。

在研究的早期階段，我得到了赫克托·培瑞茲·里維拉（Héctor Pérez Rivera）與凱倫·維萊斯（Karen Vélez）的法律諮詢。感謝律師安德烈婭·梅迪納（Andrea Medina）在我調查的關鍵時刻給予建議。我尤其感謝律師小百合·埃雷拉（Sayuri Herrera），她是墨西哥城公共檢察官辦公室中厭女謀殺特別調查單位的負責人，我們有過許多次深度對談，而我從她那裡獲得了法律上與其他方面的寶貴建議。

我永遠感激記者丹妮拉·雷亞（Daniela Rea）。二〇二一年三月八日，她在墨西哥城的國際婦女節遊行上首次舉起了我妹妹的名字。當天活動的照片與影片皆歸她所有。

拉烏爾・埃斯皮諾・馬德利加以莉莉安娜的親筆筆跡為靈感，設計了書中記錄她的書信與筆記所使用的字體。詩人兼設計師阿瑪蘭塔・卡瓦列羅（Amaranta Caballero），為本書西文版封面提供了設計初稿。

莉莉安娜・里維拉・加爾薩文件現保存於德州大學奧斯汀分校（University of Texas at Austin）內蒂・李・班森拉丁美洲館藏（Nettie Lee Benson Latin American Collection）的克莉絲蒂娜・里維拉・加爾薩檔案（Cristina Rivera Garza Papers）。衷心感謝丹尼爾・阿爾比諾（Daniel Arbino）對這些資料的細心處理。

第一章開頭所引述的「在這裡，這樹枝下，你可以訴說愛」出自墨西哥詩人羅薩里奧・卡斯特利亞諾斯（Rosario Castellanos）的詩〈界限〉（Limit）。第二章中引述的「托盧卡三個字，意思是不幸地」出自我自己的詩〈野蠻人留下來吃晚餐〉（Los bárbaros se quedan a cenar / And the Barbarians Stayed for Dinner），收錄於《最我的》（*La más mía*，Tierra Adentro出版，一九九八年）。第三章中引述的「如果我懷有幻想／如果曾有瘋狂的激情、理由」等句出自羅德里戈・岡薩雷茲（Rodrigo González）的歌曲〈遙遠的瞬間〉（Distante instante / Distant Instant）。第五章中引述的「一場巨人之戰／將空氣／變成天然氣……」則為Nacha Pop演唱的〈巨人之戰〉（Lucha de gigantes / Battle of Giants）一曲的歌詞。第七章的標題「這不就是幸福嗎？」，來自莉莉安娜寫給安娜・歐卡迪茲的一封信，也曾被明代文人金聖歎使用過（即「不亦快哉」）。

除非另行說明，書中所有西文翻譯，包含書信、新聞報導、私人筆記、詩歌，皆由我本人所譯。

推薦文

愛，有多少謀殺假汝之名以行

吳曉樂／作家

二〇一五年，史丹佛大學聯誼派對一隅，布魯克・特納（Brock Turner）性侵了醉酒的香奈兒・米勒（Chanel Miller，米勒於多年後決定公開本名）。法官亞倫・柏斯基（Aaron Persky）僅判六個月監禁，「擔心此一性醜聞毀了前程似錦的男孩（promising young man）」。柏斯基的判決與說詞引發公憤。二〇二一年，艾莫芮德芬諾（Emerald Fennell）執導的《花漾女子》（*Promising Young Women*），片名就隱含了對此案的控訴。男女的恐懼從來不等價，瑪格麗特・艾特伍（Margaret Atwood）曾言：「男人害怕被女人嘲笑，女人害怕男人殺了她們。」（Men are afraid that women will laugh at them. Women are afraid that men will kill them.）

莉莉安娜就是這樣的故事，她恐懼的事情發生了。

一九九〇年七月十六日，本書作者克莉絲蒂娜・里維拉・加爾薩就讀墨西哥大都會自治大學建築系的妹妹莉莉安娜被謀殺，凶手是她數度嘗試要分手的前男友，安赫爾・岡薩雷茲・拉莫斯。在妹妹逝世近三十年後，克莉絲蒂娜從美國啟程，回到家鄉，為了理解為什麼莉莉安娜會死於那年夏天？她向墨西哥總檢察長辦公室提出申請書，她回到妹妹居住的舊址，她訪問妹妹的親友，她打開塵封已久的箱子，彷彿一口氣撕開舊傷。她在妹妹留下的書信、紙片、信手抄寫的詩，翻找著任何蛛絲馬跡，證明莉莉安娜活過、愛過許多人，也被許多人愛過。莉莉安娜在意著她的未來，她追求學術的進展，以及思考的深刻，她前程似錦……。莉莉安娜在讀者面前幾乎沒有保留，這是克莉絲蒂娜的選擇，我猜想有讀者在閱讀時感到不安，的確，我們無從確認莉莉安娜是否願意就這樣被看見，但克莉絲蒂娜必然做過權衡。她們在對抗的是一種非常狡猾、臃腫、古老的體制：這個體制長期散布著「如果女人被她交往過的男人傷害，一定是她哪裡做錯了」的觀念。這個體制刻意讓莉莉安娜以及她的家屬因為羞愧而不得不沉默，所以克莉絲蒂娜說「我們用沉默替你裹屍」，而莉莉安娜的父親要求司法持續調查時，得到汙辱般的索賄，羞恥感以各種形式懲罰著每個活下來的人。

莉莉安娜已經永久地、喪失為自己說話的身分，且官僚體系說明檔案可能不幸佚失，所以克莉絲蒂娜必須這麼做，她必須利用手上僅有的材料，拼湊出完整的始末。克莉絲蒂娜的用語是「我沒有其他選擇。未來的我將說，就是在這一瞬間，我明白了寫作如何反抗國家」。維根斯坦說，「語言的邊界，就是思想的邊界，就是世界的邊界」。若我們質疑既有的邊界，那我們就得推翻目前的語言。二〇一二年六月十四日以後，墨西哥官方承認「厭女謀殺」，「情殺」這個詞必須被推翻。《房思琪的初戀樂園》的作者林奕含發明了「誘姦」一詞，從此人們看待師生的「兩情相悅」都多了幾分坐立難安。但在浪漫愛的譜系裡，仍有太多的陳見依舊根植人心。很多藝術與流行文化的表達仍默許日常的、微小的、頻繁發生的騷擾。

喬治・歐威爾（George Orwell）在《一九八四》提出「雙重思考」（double thinking），意指「同時接受兩種互相矛盾的觀點」，往往以否認現實、甚至竄改記憶的方式來完成。女人在浪漫愛裡，被填鴨了大量的「雙重思想」。愛是恆久忍耐又有恩慈。愛同時也是占有與報復。莉莉安娜記錄了安赫爾甜蜜的餽贈。但她也記錄下安赫爾的自殺威脅與跟蹤。若我們拋棄雙重思想，細心檢驗那些「愛」的跡證，不難意識到更多的時刻我們捕捉到的是「控制」。我們卻指鹿為馬，將愛的缺席塗改為愛的過剩，「那一定是因為他太愛你了」。克莉絲蒂娜一次次引用瑞秋・路易斯・斯奈德（Rachel Louise Snyder）的《以愛為名的暴力》：「愛正是家庭關係，特別是親密伴侶謀殺，與其他犯罪行為的不同之處。沒有其他的極端暴力行為依賴如此普世的意識形態。」

莉莉安娜曾告訴社會學出身的克莉絲蒂娜，「妳不理解愛」。克莉絲蒂娜更傾向拆解愛，作為一種富有奇效的統治語言。但，莉莉安娜理解的愛又是什麼呢？她曾寫下這樣的字句：「他以這種方式愛我是他的錯……是他們的錯而我討厭他們以這種方式愛我。」這句話讓我聯想到《房思琪的初戀樂園》，「這愛讓我好不舒服」。為什麼愛讓人如此錯亂、且錯亂的代價是如此嚴重？莉莉安娜不是刻板的、跟家庭疏離的年輕女孩，相反地，她的父母十分在意她，他們時常碰面，寫信聯絡，莉莉安娜的父母知悉安赫爾的存在，莉莉安娜的父親甚至跟安赫爾起過衝突。莉莉安娜並非束手就擒、她掙扎過，「莉莉安娜試過一切——用值得信任的強大朋友圈包圍自己、用更健康的方式談戀愛、將自己投身於建築、準備迎接獨立的人生。但是每每、在最意想不到的時刻，安赫爾總會出現，一次又一次地，告訴她他愛她，道歉，向她保證他會改變」。當男女互訴情衷，所謂的「愛」，施加於他們身上的效果是等價的嗎？我們是否以愛來遮掩了「權力」的在場？當男女墜入愛河，我們得承認，依照父權、世俗的法則，男人就這段感情可以「主張」的權力遠大於與他同在愛河的女人。是安赫爾謀殺了莉莉安娜，但在安赫爾背後的、支持他這麼做的，我想亦是這本書想探究的：為什麼每個人都隱約覺得不對勁，仍無法阻止這一切？厭女文化所施加的雙重思想，如何阻止我們啟動直覺、防患於未然？

克莉絲蒂娜敘事上帶有一種決絕、清脆的音律，以及「想到什麼就說什麼」的隨機、私密的聲腔，這是經過設計的距離，讀者彷彿誤闖一場進行中的對話，而其中一方早已被迫離席。我們得誠實面對，如莉莉安娜的父親那樣誠實，若我們要阻止這樣的悲劇，約束女人的自由，從來不是個好主意：「我一直都相信自由，因為唯有透過自由，我們才能知道我們的本質。自由不是問題所在。男人才是問題所在——暴力的、傲慢的、凶殘的男人。」願我們永遠不要忘記，每個人的體內，就像卡繆，就像莉莉安娜，藏著一個無法摧毀的夏天。

〔identity〕012

莉莉安娜的夏天

Liliana's Invincible Summer: A Sister's Search for Justice

作者 克莉絲蒂娜・里維拉・加爾薩（Cristina Rivera Garza）
譯者 賴懷宇
副總編輯 洪源鴻
責任編輯 柯雅云
封面設計 陳恩安
內頁排版 宸遠彩藝

出版 二十張出版／遠足文化事業股份有限公司
發行 遠足文化事業股份有限公司（讀書共和國出版集團）
地址 新北市新店區民權路108-3號3樓
電話 02・2218・1417
傳真 02・2218・0727
客服專線 0800・221029
信箱 akker2022@gmail.com
Facebook facebook.com/akker.fans
法律顧問 華洋法律事務所—蘇文生律師
印刷 呈靖彩藝有限公司
出版 二〇二五年七月—初版一刷
二〇二五年十月—初版二刷
定價 四八〇元

ISBN ｜ 978-626-7662-50-2（平裝）、978-626-7662-48-9（ePub）、978-626-7662-49-6（PDF）

莉莉安娜的夏天
克莉絲蒂娜 ・ 里維拉 ・ 加爾薩（Cristina Rivera Garza）著／賴懷宇譯
一版／新北市／二十張出版／遠足文化事業股份有限公司
2025.07 ／ 336 面／ 14.8 x21 公分
譯自：Liliana's Invincible Summer: A Sister's Search for Justice
ISBN：978-626-7662-50-2（平裝）
1. 里維拉・加爾薩 (Rivera Garza, Liliana, 1969-1990.)
2. 里維拉・加爾薩 (Rivera Garza, Cristina, 1964-)
3. 性別關係　4. 家庭暴力　5. 回憶錄　6. 墨西哥
785.498　　114006416